应用技能型院校"十四五"规划教材
立体化校企合作财经教材

业财一体信息系统应用

刘　钦　曾　旎　熊威雁◎主　编
杨锐泓　姚爱丽　邱　东◎副主编

图书在版编目(CIP)数据

业财一体信息系统应用/刘钦,曾旎,熊威雁主编.
上海:立信会计出版社,2025.8. -- ISBN 978-7-5429-7922-3

Ⅰ.F232

中国国家版本馆CIP数据核字第202525D3S8号

策划编辑　　王斯龙　郑文婧
责任编辑　　王斯龙
助理编辑　　郑文婧
美术编辑　　吴博闻

业财一体信息系统应用
YECAI YITI XINXI XITONG YINGYONG

出版发行	立信会计出版社			
地　　址	上海市中山西路2230号	邮政编码	200235	
电　　话	(021)64411389	传　　真	(021)64411325	
网　　址	www.lixinaph.com	电子邮箱	lixinaph2019@126.com	
网上书店	http://lixin.jd.com		http://lxkjcbs.tmall.com	
经　　销	各地新华书店			
印　　刷	常熟市人民印刷有限公司			
开　　本	787毫米×1092毫米　　1/16			
印　　张	16.75			
字　　数	406千字			
版　　次	2025年8月第1版			
印　　次	2025年8月第1次			
书　　号	ISBN 978-7-5429-7922-3/F			
定　　价	49.00元			

如有印订差错,请与本社联系调换

随着"大、智、移、云"等信息技术的迅猛发展,会计信息化成为会计行业以及企业组织顺应时代发展的重要举措。这对于提升会计信息质量、改善企业经营管理、拓展会计职能、推动会计业务转型升级等具有重要意义。以人工智能和工业互联网为代表的新一代信息技术在产业中迅速推广,对从业人员的综合职业能力提出了更高要求。本书集理论性、实践性、综合性于一体,注重对学生的价值引领、知识传授和技能训练,贯彻"以学生为中心""以典型工作任务为导向"的编写理念,帮助学生掌握会计信息系统相关的原理、知识以及综合实操技能。

本书以用友 U8V10.1 软件为平台,以虚拟企业广州新风电器制造有限公司的经济业务为背景,对接会计岗位需求,按项目化课程开发原理进行编写,涵盖了工作任务概述、任务准备、任务内容、任务操作等环节,突出对学生技能的培养,充分体现"大、智、移、云"技术和教育教学的有机融合。本书将业财深度融合,兼顾理论与实操,可以作为财会专业、经济管理专业等相关学科的课程教学及实训用书,也可以作为从事财会工作人员的学习参考书。本书特色如下。

1. 知识系统,前后贯通,设计新颖

在内容规划上,本书以虚拟企业 1 个月的经济业务贯穿始终,每一个工作领域数据相互统一,前后呼应。每一个操作步骤既有相应的操作截图,又有详细的操作步骤视频讲解。本书是新形态教材,以学生为中心,注重培养学生的兴趣和需求。

2. 情景案例贴近教学

本书总结了编者在实际教学过程中用友 U8V10.1 软件常见的典型错误,逐一配备了错误的解决方法,供老师和同学在教学、自学过程中使用。

3. 课程思政巧妙贯穿

本书充分体现了课程思政融入课堂教学的理念,在每一章节后设置"思政小故事"模块,以引导学生提炼思政观察点,融入创新驱动发展的理念,提升会计人员的自我价值;明确优秀会计人员守责敬业、守正创新的精神,强化责任担当;培养学生的民族自豪感、自信心以及工匠精神;懂得用科学的方法解决问题;树立乐学善学的自主学习态度,帮助学生明白提升自我价值的重要性。

4. 数字资源多元立体

本书为校企合作共同开发教材,配套丰富的教学资源,包括工作任务操作视频、PPT 教学课件、教学大纲等,为教师提供全面的教学支持,方便学生自主学习,掌握用友 U8V10.1 软件的操作。

本书由刘钦、曾旎、熊威雁担任主编,杨锐泓、姚爱丽、邱东担任副主编,张优勤、赫雁翔、徐启超参与编写。

本书得到了新道科技股份有限公司、广州市泓信财务咨询服务有限公司的大力支持与帮助,在此深表感谢!

由于编者水平和实践经验有限,书中可能存在疏漏之处,恳请使用本书的老师和同学批评指正!

编 者

2025 年 6 月

目 录

工作领域一　业财一体信息系统基础知识 ··· 1
工作任务一　会计信息化基础 ··· 1
工作任务二　用友 U8V10.1 软件简介 ··· 8
思政小故事 ··· 10

工作领域二　企业初始设置 ··· 12
工作任务一　账套建立 ··· 12
　　子任务 2-1　建立新账套 ··· 14
工作任务二　用户管理与权限设置 ·· 22
　　子任务 2-2　用户管理与操作员权限设置 ······································· 23
工作任务三　账套的修改、输出、删除与引入 ································· 27
　　子任务 2-3　新建账套的基础操作功能 ·· 28
工作任务四　企业基础信息设置 ·· 34
　　子任务 2-4　人员机构信息设置 ··· 35
　　子任务 2-5　客商信息设置 ··· 40
　　子任务 2-6　存货信息设置 ··· 47
　　子任务 2-7　财务信息设置 ··· 51
　　子任务 2-8　业务信息设置 ··· 65
　　子任务 2-9　单据设置 ··· 70
思政小故事 ··· 73

工作领域三　企业期初设置 ··· 75
工作任务一　系统参数设置 ··· 75
　　子任务 3-1　系统基础参数设置 ··· 87
工作任务二　系统初始化设置 ·· 95
　　子任务 3-2　总账系统初始化 ·· 102
　　子任务 3-3　应收款管理系统初始设置 ·· 106
　　子任务 3-4　应付款管理系统初始设置 ·· 112
　　子任务 3-5　采购管理系统初始设置 ··· 118
　　子任务 3-6　销售管理系统初始设置 ··· 119
　　子任务 3-7　存货核算系统初始设置 ··· 120

1

子任务3-8　库存管理系统初始设置 …………………………………………… 123
　　　子任务3-9　固定资产管理系统初始设置 ………………………………………… 124
　　　子任务3-10　薪资管理系统初始设置 …………………………………………… 129
　思政小故事 ………………………………………………………………………………… 140

工作领域四　企业日常业务处理 …………………………………………………… 142
　工作任务一　总账系统日常业务处理 …………………………………………………… 142
　工作任务二　固定资产管理系统日常业务处理 ………………………………………… 144
　工作任务三　薪资管理系统日常业务处理 ……………………………………………… 146
　工作任务四　采购与应付款管理系统日常业务处理 …………………………………… 147
　工作任务五　销售与应收款管理系统日常业务处理 …………………………………… 149
　工作任务六　库存管理系统日常业务处理 ……………………………………………… 152
　工作任务七　存货核算系统日常业务处理 ……………………………………………… 153
　工作任务八　企业日常综合业务处理 …………………………………………………… 155
　思政小故事 ………………………………………………………………………………… 218

工作领域五　企业期末处理 …………………………………………………………… 220
　工作任务一　企业期末业务处理 ………………………………………………………… 220
　　　子任务5-1　采购管理系统的期末处理 …………………………………………… 223
　　　子任务5-2　销售管理系统的期末处理 …………………………………………… 224
　　　子任务5-3　库存管理系统的期末处理 …………………………………………… 225
　　　子任务5-4　存货核算系统的期末处理 …………………………………………… 226
　工作任务二　企业期末财务处理 ………………………………………………………… 227
　　　子任务5-5　薪资管理系统的期末处理 …………………………………………… 234
　　　子任务5-6　固定资产管理系统的期末处理 ……………………………………… 234
　　　子任务5-7　应收款、应付款管理系统的期末处理 ……………………………… 235
　　　子任务5-8　出纳管理与银行对账 ………………………………………………… 236
　　　子任务5-9　总账系统的期末处理 ………………………………………………… 239
　工作任务三　编制财务报表 ……………………………………………………………… 247
　　　子任务5-10　自定义报表 ………………………………………………………… 251
　　　子任务5-11　调用模板生成报表 ………………………………………………… 256
　思政小故事 ………………………………………………………………………………… 259

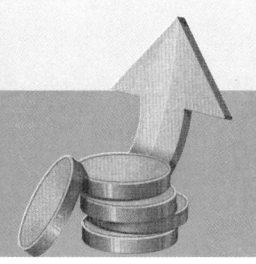

工作领域一
业财一体信息系统基础知识

  学习目标

知识目标
- 了解会计信息化的概念
- 了解会计信息化的发展阶段
- 了解财务智能化的发展趋势
- 了解财务大数据的应用领域
- 理解财务共享中心的概念、功能与作用
- 掌握用友 U8V10.1 软件的功能特点与功能模块

技能目标
- 掌握会计信息化相关基础知识,为职业技能的培养奠定基础
- 掌握用友 U8V10.1 软件的功能特点、模块数据传递关系,为后续用友 U8V10.1 软件实操奠定基础

素养目标
- 了解会计信息化的发展历程,了解国家对会计信息化的支持以及信息技术发展对会计行业的影响,树立民族自豪感及自信心
- 掌握会计信息系统的整体框架,了解会计信息系统带来的优越性,激发学生学习兴趣
- 了解财务智能对基础财务工作的替代以及财务人员面临的挑战,引导学生明白提升自我价值的重要性

工作任务一　会计信息化基础

一、会计信息化的概念

会计信息化,是指企业利用计算机、网络通信等现代信息技术手段开展会计核算,并利

用上述技术手段将会计核算与其他经营管理活动有机结合的过程。会计信息化是会计行业以及企业组织顺应时代发展的重要举措,对于提升会计信息质量、改善企业经营管理、拓展会计职能、推动会计人员转型升级等具有重要意义。

二、我国会计信息化的发展

改革开放之初,我国开始尝试推行会计信息化。1979年,财政部和第一机械工业部主持并参与了第一汽车制造厂的会计信息化试点工作,使用东德生产的EC-1040计算机试行电算化会计。1981年,第一汽车制造厂和中国人民大学联合主办"财务、会计和成本应用计算机学术研讨会",将计算机技术在会计工作中的应用正式命名为"会计电算化"。此次会议成为我国会计信息化理论研究的里程碑,这是我国首次确立"会计电算化"的概念。自20世纪80年代以来,随着计算机在会计领域的应用、推广和普及,中国人民大学联合企业开发中国首款会计应用软件,帮助企业进行账务处理、报表编制、会计核算等工作,计算机在会计领域的应用得以迅速发展起来。总体来说,我国会计信息化发展一共经历了三个阶段。

1. 会计电算化阶段

1) 缓慢探索阶段(1979—1988年)

20世纪70年代,计算机技术在会计领域的应用范围十分狭窄,涉及的业务较为单一,普遍开展的是单位单项会计业务的电算化。1988年6月,财政部财政科学研究所主办了"全国首届会计电算化学术研讨会",并首次提出了会计电算化应加强通用化、商业化,为会计电算化的发展指明了方向。

在这个阶段,会计电算化人员缺乏,计算机硬件比较昂贵,国务院、财政部及科研院校和企业等各界人士都在积极探索会计电算化的发展道路,为会计电算化的快速发展提供了理念、制度和人员上的准备。

2) 普及发展阶段(1988—1991年)

1988年12月,用友财务软件服务社(用友软件股份有限公司的前身)成立,形成从账务处理推广到包括报表、工资、固定资产在内的全面核算体系,开启了中国财务软件商品化和专业化的先河。1989年,财政部在上海召开会计电算化管理工作座谈会,讨论修订《关于会计核算软件管理的几项规定(试行)》,要求省级财政部门将会计电算化管理纳入工作范围,替代手工记账试点工作。同年,财政部颁布我国第一个会计电算化管理办法——《会计核算软件管理的几项规定(试行)》,提出了对会计核算软件的十条基本要求,建立了商品化会计核算软件的评审制度,对会计软件向通用化、商品化方向发展起到了巨大的推动作用。1990年,财政部正式成立了会计核算软件评审委员会,颁发了《关于会计核算软件评审的补充规定》。1991年9月,财政部会计司与中央广播电视大学、先锋集团公司合作举办了会计电算化实用技术电视讲座,向全社会普及会计电算化知识。

在这个阶段,以政府部委为引领,普及会计电算化知识,加强理论准备与人才培训力度,提高电算化管理水平,强化了广大财会人员对会计电算化工作的认识。

3) 推广提升阶段(1991—1997年)

1991年,财政部会计事务管理司会同《财务与会计》编辑部与北京用友电子财务技术有限公司联合举办了"会计电算化知识普及有奖读书活动"。1994年,财政部陆续发布了《关于大力发展我国会计电算化事业的意见》《会计电算化管理办法》《商品化会计核算软件评审规则》《会计核算软件基本功能规范》《会计电算化工作规范》等文件,对会计电算化人才培训、会计核算软件的评审和会计电算化管理工作提出了明确要求。

在此阶段,软件使用单位、管理部门和财务软件厂商的积极性被极大地调动起来,商品化会计软件的开发和应用开始进入快速发展阶段,推动了我国会计电算化事业的快速发展。这一阶段相继出现了以开发经营会计核算软件为主的专业公司,而且业务发展很快,逐步形成了会计软件产业。1992年,金蜘蛛软件有限公司发布了第一个局域网络版财务软件。1994年,重庆金算盘财务软件公司推出中国第一个 Windows 版财务软件。1997年,重庆金算盘软件有限公司、深圳市深软电子实业有限公司、金蝶软件有限公司相继推出基于Windows 32 平台的财务软件,用友软件股份有限公司推出基于 Windows95/NT/97 平台的7.0 版财务及企业财务软件,弥补了它在平台转移中的劣势。同年,微软公司发布 Excel 97,开始了在中国会计信息化的普及应用。

2. 会计信息化阶段

1)会计信息化产生阶段(1998—1999年)

中国软件行业协会财务及企业财务软件分会于 1998 年召开了"向 ERP 进军"发布会,改变了商品化会计软件的功能以会计核算为主的局面,管理型软件开始受到企业的关注。与此同时,1999 年 4 月,深圳市财政局和金蝶软件有限公司联合举办的"新形势下会计软件市场管理暨会计信息化理论专家座谈会"首次提出会计信息化概念。20 世纪 90 年代末推出的大型企业管理信息系统借鉴国外企业财务软件发展道路的同时,又发挥了我国会计软件公司在会计软件领域上的优势,是以财务为中心的企业资源计划(enterprise resource planning,ERP)系统,它不仅可以解决企业财务管理问题,还对企业的资金流、物流和信息流进行一体化、集成化管理。

2)会计信息化推进与发展阶段(1999—2004年)

随着互联网的成熟,金蝶软件有限公司于 1998 年推出中国第一个企业资源计划系统——金蝶 K/3 ERP,作为中国第一款三层架构的会计信息化软件,该软件基于 ERP 理念实现会计电算化由核算型向管理型转变,帮助企业实现财务、业务一体化管理,标志着我国开始进入网络财务阶段。1999 年,用友软件股份有限公司发布基于微软 SQL Server 大型数据库的战略型财务软件,实现了购销存业务处理、会计核算和财务监控的一体化管理。由于企业资源计划(ERP)、供应链管理(SCM)、客户关系管理(CRM)等综合性管理信息化系统涉及企业生产经营的全过程,对管理基础工作的规范性和各项管理业务的协同性要求很高,2002 年颁布的《关于大力推进企业管理信息化的指导意见》提出推进管理信息化是促进企业管理创新和各项管理工作升级的重要突破口,企业应实施财务管理、采购管理、营销管理、质量管理信息化,管理信息化要与技术改造相结合,增强企业市场竞争力。2003 年 11 月,全国现代信息技术在会计中应用研讨会暨全国信息技术与会计应用研究会第二届年会在杭州召开,本次会议正式提出"会计信息化",取代"会计电算化"。2004 年,《会计核算软件数据接口》(GB/T 19581—2004)国家标准发布,这一标准的实施克服了数据交换障碍,有助于提高会计数据综合利用率,有利于推进会计软件产业的发展。

3)财务与业务信息一体化管理阶段(2005—2015年)

在此阶段,由于经济全球化也使企业面临着成本上升、创新不足、风险管控难度大的困境,经济全球化使规则、流程、制度进一步趋同,一种新型的财务管理模式——财务共享服务应运而生。2005年,财务共享服务模式开始在集团企业应用。2008年11月,中国会计信息化委员会暨可扩展商业报告语言(XBRL)中国地区组织成立大会在北京召开。随后几年,财政部相继出台了《关于发布企业会计准则通用分类标准的通知》《关于企业会计准则通用分类标准实施若干事项的通知》《关于发布2015版企业会计准则通用分类标准的通知》等政策,我国进入财务与业务数据处理一体化阶段。在此期间,一大批民族软件企业逐渐壮大,软件企业在改革开放的大潮中加速前进,在学习中进步,在竞争中成长,通过学习和吸收国外先进的管理理念和软件开发技术,培养和造就了一批既懂计算机技术又熟悉会计业务的复合型人才,财务软件得到了广泛的应用。

3. 会计智能化阶段(2016年至今)

人工智能和财务的深度结合,促使财务从信息化向智能化方向转变。2016年,德勤会计师事务所宣布将人工智能引入会计、税务、审计等工作中,随后机器人流程自动化(RPA)、智能财务共享、智能化管理平台等主要产品陆续应用,标志着我国会计信息化建设进入智能化初级阶段。

三、财务智能化的发展趋势

1. 向跨组织边界方向发展

财务智能化是一种创新的财务管理模式,依托于前沿的财务管理理论、工具和方法,借助智能机器(包括智能软件和智能硬件),通过人机协同,有效解决财务人员在实务工作中遇到的难题。在财务领域,人工智能技术在产品创新、流程优化和洞察分析等方面具有显著成效。具体而言,产品层面是将人工智能技术深度融入产品或服务中;流程层面则是利用人工智能技术简化财务工作流程,显著提升工作效率;洞察层面则是通过整合多种技术手段,为企业管理层提供智能决策支持。业界专家将财务智能化的发展阶段细分为基础层(基于流程自动化的财务机器人)、核心层(基于业财一体化的智能财务共享平台)以及深化层(基于商业智能的智能化管理平台)。

2. 向财务自动化方向发展

财务管理作为企业生产经营的核心环节,承担着至关重要的职责,而多数企业的财务工作量尤为繁重。当前,众多企业的财务工作主要依赖员工重复性操作完成,这不仅容易导致人为失误频发,还直接影响了财务工作的整体质量。随着智能化技术的不断开发与应用,财务管理的智能化转型已成为企业财务管理未来发展的必然趋势。借助智能化技术,企业能够有效替代传统的人工财务核算,自动化处理财务工作中的重复性、规律性任务,从而显著提高工作效率和财务管理的质量。

3. 向大数据、财务云方向发展

当前,财务智能化发展的重要方向之一便是大数据与财务云的结合。在企业管理领域,会计信息系统最为普及且规模庞大,其"触角"延伸至各个子系统。因此,随着信息技术的不断进步,财务数据的积累与应用已然成为财务智能化的坚实基础。财务智能化需对海量财务数据进行有效收集、整理、分析和利用,以实现财务管理的精细化和智能化目标。企业通过系统化手段开展内部管理工作,不仅能显著减少人力投入,还能大幅提升内部管理水平和工作效率。

四、财务机器人的应用领域

财务机器人是机器人流程自动化技术在会计领域的具体应用,形成了一套财务数字化应用体系。它不仅能精确分析并自动处理大量重复的会计任务,还能主动执行图像识别处理、数据检索记录、平台上传下载以及数据监控分析等多项功能。其核心目标是通过先进的软件自动化技术,实现繁琐重复的财务会计工作自动化,从而节约人力成本、纠错成本等隐性开支,解放人力资源,提升工作效率,并为企业的经营管理提供科学决策支持,增强企业的市场竞争力。

目前,财务机器人主要应用于财务、税务、会计核算等基础财务会计领域,具体包括会计账务处理、财务报表编制、资金预算与管理、费用报销审核、采购与付款、纳税申报、全面预算以及信息数据收集等方面。此外,作为一种新兴的人工智能工具,财务机器人还可广泛应用于财务共享中心的各个环节,如供应商管理、应收款项管理流程等。

1. 会计核算与会计报表列报

1)会计记账自动化

首先,针对基础业务的记账处理,财务机器人通过检索交易信息和数据,依据业务类型及相应的会计准则,在电子记账凭证中准确录入与数据匹配的会计科目,从而实现由软件机器人替代人工记录会计分录的功能。其次,在会计期末,财务机器人对在建工程的价值及存货金额进行确认和暂估,完成账账、账证、账实之间的核对工作,并进行函证以验证数量和金额的一致性。最后,若工作中出现意外情况,财务机器人能够及时通知会计人员,以便进行必要的人工干预。

2)报表列报优化

财务机器人依照预设程序自动汇总数据,针对出现的差异,交由会计人员进行干预和调整,以完成报表编制工作。具体流程为:财务机器人自动下载业务数据、会计账簿及会计报表等相关数据,并进行自动核对。若发现数据不符,将启动预警提示机制,异常数据自动标红,并报送会计人员进行手工校对,直至确认无误后生成最终的财务报表。

2. 资金预算与管理优化

1)资金预算方面

在资金预算监管方面,财务机器人通过精准计算最佳现金持有量,将预算期内资金持有金额的最大值和最小值录入财务系统,实时监控资金的收取与归集。针对因信用或质量问题导致的资金收回困难作出合理应对;同时,对各部门资金不足或过剩的情况,及时通知资金管理人员,有效助力企业实现资金的合理配置。

2)资金支付方面

在资金支付过程中,财务机器人首先在财务系统中检索付款信息,自动审核凭证中的资金流向和流量。若发现不符之处,系统将提示审核不通过,并提醒会计人员予以修改;若审核无误,则进入人工审核环节。待会计人员发出支付指令后,财务机器人将查询支付结果。若付款成功,则向出纳反馈付款情况;若付款过程中遇到收款方开户行不存在或账户异常等问题,则将该付款业务退回至业务发起人,并明确提示付款失败的原因,交由人工进行处理。

3)银企对账自动化

当银行与企业进行对账时,财务机器人会自动检索相关的财务数据及对应的银行存款对账单。若遇到未达账项或特殊情况,系统将自动显示异常结果,并提醒会计人员手动进行调整。完成对账后，财务机器人将自动生成银行存款余额调节表，并将其保存在指定文件夹中，以便会计人员随时查看和核对。银企对账的自动化功能，是财务机器人在资金管理领域的显著优势。

3. 费用报账自动化

财务机器人在企业费用报销流程中扮演着至关重要的角色，通过费用报账自动化，显著提升了企业财务共享服务流程的效率。在传统模式下，费用报销管理需历经多环节审批，报销过程中充斥着大量高度重复的内容，且信息化水平较低，难以适应时代的发展，严重制约了企业的工作效率。

将财务机器人引入费用报销管理流程，不仅能将员工从繁琐重复的工作中解放出来，还能构建员工信用等级体系，并在会计期末将其纳入员工评价标准。具体操作流程如下：财务机器人先对发票进行文字扫描和识别（OCR），经过分析汇总后生成报销单据，再由财务共享中心确认发票真伪并生成记账凭证。随后，财务机器人进行审核，经过分级审批后进入付款审批环节。

在此环节中，财务机器人会从系统中批量提取报销员工的姓名、金额、账户等详细信息，并自动向员工账户转账。员工在收到报销款并确认无误后，点击确认收款，财务机器人随即自动制作凭证，完成发票抵扣，并在期末自动生成相关报表。

4. 采购付款业务自动化

财务机器人先通过文字扫描和识别技术（OCR）处理请款单，将提取的相关信息录入ERP系统，并与财务系统中的入库单信息、发票信息和订单信息进行核对。随后，财务机器人自动提取付款信息，包括付款人和账户，生成付款凭证，并提交至资金付款系统进行付款操作。付款完成后，机器人向供应商发送对账提醒。供应商在收到对账请求后，需向企业提供相应期间内的所有采购信息，财务机器人将逐一进行核对。若发现信息不符，机器人将自动通知业务人员进行自查，在找出差异并人工修正后重新提交对账信息，直至对账完全一致。最终，供应商向企业开具正式发票。此外，企业可通过系统查询订单状态和发货状态。

5. 纳税申报

财务机器人将企业中大量繁琐且耗时的税务核算操作简化并自动化，同时为税票真伪检验、税务数据获取与校验、涉税账务处理及提醒、纳税申报、税账核实等工作提供更优质的服务。

在日常业务中，财务机器人负责完成发票真伪检验，税务申报环节仅需从系统中调取相关数据，按照要求生成相应的申报表，并登录税务系统，从而实现纳税申报的全程自动化。具体操作流程如下：在会计期末，财务机器人自动登录账务系统，批量导出财务数据和增值税认证数据，然后利用企业基础信息自动生成纳税申报表底稿，并在税务系统中自动填写纳税申报表。根据企业纳税信息，财务机器人完成税务会计分录的编制，并自动计算递延所得税。入账后，系统会通过邮件提醒相关责任人。

6. 全面预算

财务机器人在预算编制、下达、执行和评价的全过程中扮演着关键角色，确保企业能够高效实施完善的预算管理活动，从而推动企业更加科学合理地发展。

在预算编制阶段，财务机器人能够从财务系统中精准提取历年所需数据，并与往年的业务数据完成情况进行细致核对，从中洞察规律，助力财务人员更加准确合理地预测下一年企业的经营状况。

在预算下达阶段,财务机器人将财务指标和业务指标整合生成工作表,并高效下发至各个下级单位,确保信息传递的及时性和准确性。

在预算执行阶段,财务机器人通过日常跟踪原始预算数据与实际执行情况,及时进行预算修正,为财务人员提供动态分析的基础,便于其形成全面且实时的分析报告。

在预算评价阶段,财务机器人依据预算与实际的差异,通过预设的特定规则进行评估,对各个下级单位的预算执行情况进行科学、客观的考核评价,为企业决策提供有力支持。

7. 优化供应商管理

通过应用财务机器人,能够有效优化企业供应商的管理,显著提升业务运行效率。首先,供应商的相关信息将自动采集并进行编号,实现对产品信息和价格变动的实时监控。其次,系统将记录并分析企业历年的采购成本,及时发现并确认采购数据的异常情况。最后,企业能够更加智能和合理地选择最优供应商,并及时更新供应商相关信息,以便企业灵活调整采购决策。

8. 优化应收款项管理

在应用财务机器人后,应收款项管理流程得以显著改善。首先,企业能够自动登录市场监管信息系统,对客户名称、联系方式、银行账号、税号及其他相关信息进行跨系统全面检索,详细了解客户的信用状况和法律纠纷情况;其次,财务机器人依据预设规则,综合考虑客户账龄记录、付款时间、付款金额、逾期记录等指标,自动对客户信用情况进行排名,销售人员可据此进行更为精准的销售决策;最后,财务机器人能够实时监控企业回款进度,自动提醒收款人员发出付款期限到期通知,并进行款项催收,确保及时足额回款,满足企业后续发展的资金需求。

五、财务大数据的应用领域

大数据具有海量、多样、低价值密度等特点。财务大数据则贯穿于企业业务申请、交易、支付、核算、报账等各个环节,涵盖丰富的财务信息。对这些信息进行高效收集、存储和分析,能够实现自动化信息管理,助力企业作出科学合理的决策。数据采集与对比分析是财务大数据应用的核心形式,通过实施大数据管理,企业能够实现财务信息的全面化、精细化管理。

1. 数据采集

数据采集是财务大数据分析应用的重要环节之一。首先,企业通过大数据库将海量数据进行统一集中管理,将数据信息库作为原始资料进行数据处理。通过对企业业务数据的处理,及时汇总企业的财务与管理信息;其次,企业通过收集和整理大数据库中的业务信息、决策信息和财务信息,分析企业经营管理中存在的弊端,使影响企业发展的各项不利因素得以凸显。数据采集人员需特别关注所收集数据的真实性和准确性;最后,企业可根据实际发展情况追溯到数据终端,对数据进行调监,从而为企业提供更加可靠的经营管理数据,促进企业的可持续发展。

2. 数据对比分析

在数据采集完成后,对数据进行对比分析,使数据变得可得、可懂、可用和可运营,从而实现大数据技术在财务领域的有效应用,为企业发展提供更具价值的信息,增强企业的竞争力。在进行财务大数据对比分析时,需借助专门的分析软件。首先,要求财务人员和相关管理人员对所分析数据内容进行预处理,然后将已采集的经营管理数据与财务数据上传至分析软件，进行信息归纳和汇总。通过对比分析，企业经营管理中的问题将得以凸显，便于企业及时应对。此外，数据对比分析不仅要求分析人员统一并熟练掌握统计工具，还需规范各项数据，特别关注数据的表现形式。

六、财务共享中心

1. 财务共享中心的概念

财务共享中心是指大型企业或企业集团公司借助信息技术，对其会计工作进行集中统一处理的一种新型财务组织管理模式。这是企业集中管理模式在财务管理领域的具体应用，旨在通过高效的运作模式，解决大型企业或企业集团在财务职能建设中的重复投入和效率低下等问题。

2. 财务共享中心的功能与作用

从最初的流程标准化、集中化，满足集团管控和提高效率要求的1.0（共享）阶段，到与采购交易、税务管理系统相集成的2.0（互联）阶段，再到以数据共享为核心的智能财务共享体系的3.0（智能）阶段，财务共享中心的功能不断演变，对企业发展转型发挥着越来越关键的作用。财务共享中心有助于降低企业运营成本、提升财务运营效率、通过内部资源的优化整合提高企业绩效、支持企业集团的发展战略，并向外界提供商业化服务。

不同企业的财务共享中心可能处于不同的发展阶段。例如，有些企业仅实现了简单的费用报销、账务处理等功能，而有些企业则在完成交易性流程的共享之外，还实现了预算与预测、税务分析、风险管控、资金运作等高价值流程的共享。从功能定位来看，部分企业仍停留在初级阶段，以降本增效、加强管控为目标；有的企业则希望将共享中心发展成为多功能的服务中心，涵盖财务、法务、技术维护、人力资源、供应链等领域；还有的企业则期望将共享中心打造成为企业新的创新中心和盈利中心。

财务共享中心的功能定位可划分为三种类型：集中核算型、集中管控型和价值创造型。集中核算型财务共享中心主要处理交易性业务流程和生产流程，其核心高价值流程尚未广泛纳入处理范围。集中管控型财务共享中心能够实时生成各分、子公司的财务信息，极大提升企业总部财务管控的效率，增强风险防范能力。价值创造型财务共享中心则随着"大、智、移、云"等信息处理的不断进步，实现了从局部共享、半自动化共享、粗制共享的集中核算型服务，向"全面共享、智能共享、精益共享"的价值创造型服务的跨越式发展。

工作任务二　用友 U8V10.1 软件简介

本书选用用友 U8V10.1 软件作为实验实训平台。用友 U8V10.1 软件由用友财务软件公司于2011年推出的一款全新的 ERP 财务软件，在国内用户量庞大，应用范围广泛，行业实践经验丰富，是当前市场上最具影响力的 ERP 企业财务软件之一，并在教育领域拥有众多合作伙伴。

一、用友 U8V10.1 软件概述

用友 U8V10.1 软件采用 All-in-One 产品战略，能够针对不同企业类型提供管理经营平

台,满足企业在多样化竞争环境、制造与商务模式、运营模式下的经营需求。此外,该软件在集成 PDM、CRM、OA、BI、分销、零售等方面,为企业提供技术创新、商务创新、渠道创新所需的应用支持,涵盖从日常运营、人力资源管理到办公事务处理的全方位产品解决方案。

作为企业经营管理平台,用友 U8V10.1 软件能够满足各级管理者对信息化的不同需求:为高层经营管理者提供丰富的收益与风险决策信息,辅助制定长远发展战略;为中层管理人员呈现企业各运作层面的状况,助力事件的监控、发现、分析、解决及反馈等处理流程,优化投入产出配比;为基层管理人员打造便捷的作业环境和易用的操作方式,助力其高效履行岗位与职能。

二、用友 U8V10.1 软件的功能特点

用友 U8V10.1 软件全面集成了财务管理系统的各个核心模块,以销售订单为驱动,以计划为核心,覆盖企业财务管理(FM)、供应链管理(SCM)、生产制造(PM)、客户关系管理(CRM)、办公自动化(OA)、决策支持(DSS)、人力资源(HR)、集团应用(FM)以及系统管理集成应用等多个模块,实现了全面的应用覆盖。

1. 管理角色应用创新

用友 U8V10.1 软件提供面向不同角色(如财务主管、采购主管、生产主管等)的工作桌面,实现经营报表的实时推送和业务工作的个性化定义,优化企业角色化的工作任务分配。功能菜单应用范式转变为桌面应用模式,界面简洁清晰。

2. 财务管理更加精细

用友 U8V10.1 软件在原有财务管理基础上,进一步强化了财务管理控制层面,实现了完整的项目预算和滚动预算功能,为企业加强战略执行提供了灵活的管理工具。

3. 供应链管理持续优化

用友 U8V10.1 软件提升了供应链管理效能,提供便捷的计划编制模型、实用的销售订单管理、严格的按单发料管理、强大的跟踪分析以及丰富的销售时效报表管理。通过销售订单号,可实现对应订单存货的销售发货(退货)、报检、检验、出库全过程的明细信息管理,便于与客户随时交流订单状态。

4. 制造业管理模式持续创新

用友 U8V10.1 软件加强了生产管理功能,通过灵活的计划跟单模式,方便企业调整和下达计划;通过精细的生产过程管理,满足企业对车间实际加工过程的追溯需求;通过生产订单追溯分析,实现对订单全生命周期的管理,使业务员对业务执行情况一目了然。

5. 内控与风险管理管控到企业末端

用友 U8V10.1 软件支持不相容权责规则,规范用户授权行为;提供详细的日志记录,确保操作可追溯。内置系统管理员、安全管理员和普通操作员三种角色,实现 IT 系统的管理权、监督权和使用权的有效分离。

6. 丰富的主题智能分析与决策

用友 U8V10.1 软件能够对销售、采购、生产、库存、分销、零售、财务、资金、成本、人力等各个环节的业务数据进行深入分析,全面监控企业运营状况,帮助管理者以数据驱动企业运营,迅速识别并解决潜在问题,同时在复杂经济形势下捕捉并利用新的商机。

在综合考虑教学对象、教学内容和教学学时的基础上,本书精选了财务部分(总账管理、

固定资产管理、应付款管理、应收款管理、薪资管理)、供应链部分(存货核算、采购管理、库存管理、销售管理),以及管理分析部分(UFO 报表、财务分析、决策支持)等常用功能模块,构建实验教学体系,以实现企业业财一体化的管理。本书所讲授的用友 U8V10.1 软件功能模块,如图 1-1 所示。

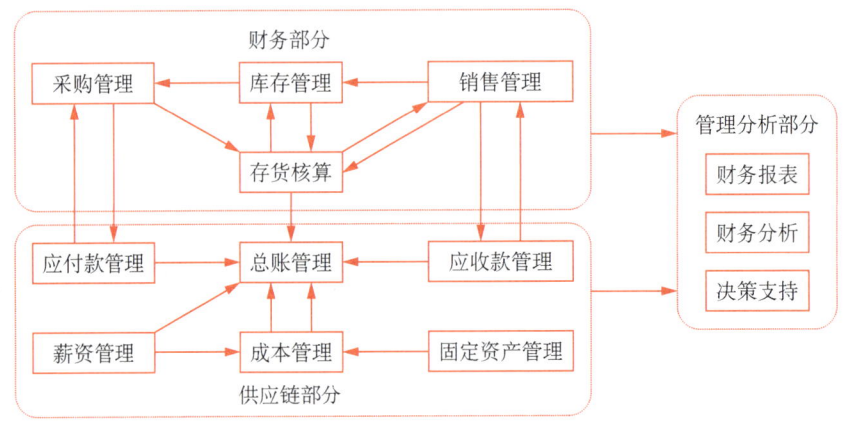

图 1-1　本书所讲授的用友 U8V10.1 软件功能模块

三、用友 U8V10.1 软件功能模块数据传递关系

用友 U8V10.1 软件管理系统数据传递关系,如图 1-2 所示。

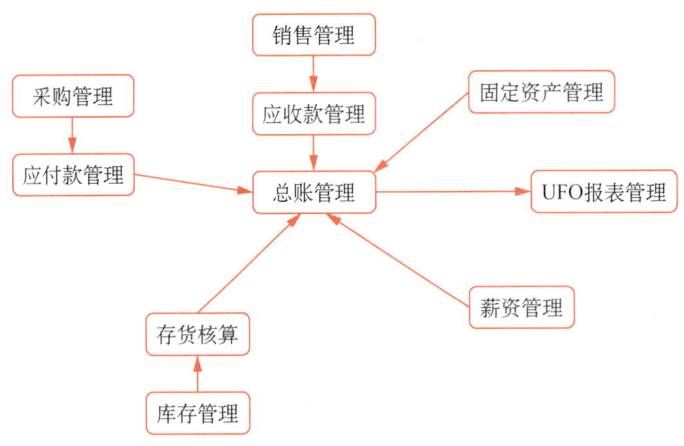

图 1-2　用友 U8V10.1 软件管理系统数据传递关系

 **思政小故事**

人工智能时代,财务人员该何去何从

从图灵测试到智能武器,从信息化到智能化,从智能感知到决策支持,从机器人流程自动化到神经网络应用,伴随着人工智能在全球各行业的广泛应用,作为人类最古老行业之一的会计业,同样面临着方向性的选择。2017 年,德勤财务机器人——以机器人流程自动化技术为核心并由其他认知技术辅助的财务解决方案"引爆"财务圈,一场传统财务行业的变

10

革正在进行中,一个"RPA+AI"的时代正悄然来临。人机共生是未来智能财务发展的必由之路,这不仅是一种技术革新,更是对财务人员转型方向的深刻思考。

人工智能凭借其无与伦比的效率,将会计师从日常任务的束缚中解放出来,使他们能够专注于更具战略性、更有影响力的工作。以安永会计师事务所(以下简称安永)的历程为例,安永已将人工智能整合到其审计服务中,采用人工智能工具,以人类无法达到的速度和准确性水平审查和分析合同及文件,极大地提高了审计的效率和有效性,同时降低了人为错误的风险,确保了更高的合规标准。人工智能可以快速准确地分析这些庞大的数据集,识别人眼可能无法察觉的异常情况和模式,这不仅加快了审计流程,还提高了准确性,确保了更高标准的财务报告和合规性。

在改进应收账款管理方面,许多组织都在努力有效管理其应收账款催收,这会影响收款率、应收账款周转天数(DSO)和应收账期等关键指标。缺乏客户分析、客户付款历史分析以及有效时间利用的透明度,使得这一过程更具挑战性。然而,实施由人工智能支持的应收账款(AR)催收助手可以简化此流程。人工智能助手使用机器学习来确定账户的优先级,识别"有风险"的客户,并推荐"下一个最佳行动"。与ERP应用集成,为代理商提供统一平台,提高效率。

达成的结果是显而易见且积极的:AR收款助手可以显著改善收款,使DSO提高30%,生产率提高40%,应收账期缩短22%。它提供了客户支付模式和过去交互更直接、直观的视图,这最终将带来更主动的收款管理、更好的现金流和更高的客户满意度。

面对数字时代的飞速发展,前沿技术已改变了人类的生活方式、沟通方式和商业架构。面对人工智能的新时代,财务人员应何去何从?

案例思考

根据案例内容,思考在人工智能时代,财务人员该何去何从?

案例分析

思政案例考查点:创新驱动发展;会计人员自我价值提升。

智能财务的发展不仅是技术革新,更是对财务人员职业发展路径的重新定义。在人工智能的新时代,财务人员应积极适应变革,提升个人能力,实现人机共生的理想状态。这要求我们在组织分工、流程配套、信息传递等方面进行深入思考和设计,确保我们能够引导、利用、控制相关技术的发展,必须坚守信息系统发展中的伦理和道德底线,尽可能实现人与技术的平衡协同发展,让科技为会计群体服务,更好地促进经济的繁荣发展。通过智能技术的应用,财务人员可以从繁琐的基础业务工作中解放出来,更多地参与到计划预测、内部控制、投资分析等战略决策和价值创造中。归根结底,只有透过现象看本质的财务思维才会成为财会人与机器人竞争的根本。智能财务的转型之路,是一条充满挑战和机遇的道路,需要会计人员全面认知人工智能对会计行业的影响,努力优化自身素质,以开放的心态和创新的精神去探索和实践,实现自我价值提升,才能迎合时代发展潮流。

工作领域二
企业初始设置

 学习目标

知识目标
- 掌握用友 U8V10.1 软件中企业初始设置相关内容
- 理解系统管理在整个软件系统中的作用和重要性

技能目标
- 能够使用用友 U8V10.1 软件建立账套、备份账套和恢复账套
- 能够对账套用户档案进行建立和权限的控制
- 掌握基础资料的设置方法

素养目标
- 通过学习用友 U8V10.1 软件企业初始设置,掌握科学的学习方法和理论,培养学生的工匠精神
- 激发学生掌握技术的兴趣和意愿,树立学习的信心

工作任务一　账套建立

 工作任务概述

1. 熟悉用友 U8V10.1 软件的系统管理模块,掌握系统管理的登录方法
2. 熟悉并掌握账套管理的相关内容和操作方法
3. 掌握新建、修改、删除、输入、输出账套的操作方法
4. 掌握用户管理的内容和权限设置的意义

 任务准备

系统管理是用友 U8V10.1 软件中一个非常重要的组成部分,它的主要功能是对用友

U8V10.1软件整个系统的公共任务进行统一管理,具体包括:
(1)账套管理:建立账套、修改账套、删除账套、引入和输出。
(2)操作权限:角色管理、用户管理、权限分配。
(3)安全管理:运行控制、安全策略。

一、系统管理登录

用友U8V10.1软件允许以两种身份注册进入系统管理,一种是以系统管理员的身份,另一种是以账套主管的身份。系统管理员和账套主管无论是工作职责还是在系统中的权限都是不同的。

1. 系统管理员

系统管理员(默认为admin,密码为空)可以负责整个系统的安全运行和数据维护,他不是任何企业的会计人员,不能进行任何的财务或业务管理。系统管理员具体可以执行以下操作:
(1)按岗位分工要求设置系统操作员,分配其对应权限。
(2)按已确定的企业核算特点及管理要求进行企业建账。
(3)随时监控系统运行过程中出现的问题,清除异常任务,保障网络系统的安全。
(4)定期进行数据备份,保障数据安全、完整。

2. 账套主管

尚未新建账套时,系统管理员一般默认为账套主管,账套建立后,可以将相关人员设置为账套主管,但账套主管只能查看本单位本年度的账套,进行本单位人员权限的设置。账套主管具体可以执行以下操作:
(1)确定企业会计核算的规则。
(2)对年度账进行管理。
(3)为所管辖账套内的操作员进行赋权。
(4)修改本单位账套信息。
(5)输出账套库。

二、相关概念介绍

1. 账套管理

企业使用用友U8V10.1软件之始,需要先在系统中建立企业的基本信息、核算方法、编码规则等,称为"建账",这里的账是"账套"的概念。一般来说,一家企业的数据都存放在数据库中,称为一个账套。在用友U8V10.1软件中,可以为多家企业(或企业内多个独立核算的部门)分别建账,各账套之间相互独立,互不影响,演示系统最多允许建立999个企业账套。

2. 账套库管理

一个账套库对应一个独立经营的实体或核算单位某年度区间内的业务数据。账套库管理包括账套库的建立、引入、输出、账套库初始化和清空账套库数据。账套是由一个或多个账套库组成的。

3. 角色

角色是指在企业管理中拥有某一类职能的组织。每一个角色拥有不同的权限,用户通过扮演不同的角色获取不同的权限。设置角色的方便之处在于可以根据职能统一进行权限的划分。

4. 用户

用户是应用系统的具体操作者,用户可以拥有权限,可以归属于0~n个角色,可归属于0~n个组。用户的权限集是自身具有的权限、所属的各角色具有的权限、所属的各组具有权限的合集。

用户和角色的设置可以不分先后顺序,但对于自动传递权限来说,应首先设定角色,其次分配权限,最后进行用户的设置。这样在设置用户的时候,选择用户归属哪一个角色,则会自动分配该角色的权限,包括功能权限和数据权限。一个角色可以拥有多个用户,一个用户也可以分属于多个不同的角色。管理角色可以负责所有内容的修改、分配用户权限,而用户只能在权限范围内使用权限。

子任务2-1 建立新账套

 任务内容

广州新风电器制造有限公司根据业务实际情况,决定于2024年3月1日开始对公司财务核算与业务处理进行融合管理,以满足规范化的财务管理要求,需要在业财信息系统平台上完成建立账套、设置角色、设置用户、权限分配等工作。

1. 账套信息

账套号:001

账套名称:广州新风电器制造有限公司

启用会计日期:2024年3月

2. 单位信息

单位简称:新风电器

单位地址:广州市白云区黄石路56号

法人代表:张伟

邮编:514000

联系电话:020-32222105

税号:911101060911083566

3. 核算类型

本位币代码:RMB

企业类型:工业

行业性质:2007年新会计制度科目

账套主管:默认demo

科目设置:按行业性质预设会计科目

4. 基础信息

新风电器有外币核算业务，进行经济业务处理时，需要对存货、客户、供应商进行分类。

科目编码级次：4222

客户和供应商分类编码级次：2222

存货分类编码级次：2222

部门编码级次：122

地区分类编码级次：222

结算方式编码级次：12

收发类别编码级次：122

数据精度：企业存货数量、单价小数位、开票单价小数位均为 2 位

5. 系统启用

启用总账、应收款管理、应付款管理、固定资产管理、销售管理、采购管理、库存管理、存货核算、薪资管理、计件工资管理系统，启用时间设定为 2024.3.1。

 任务操作

1. 登录系统管理

（1）双击桌面"系统管理"图标，进入"系统管理"窗口。

（2）在"系统管理"窗口，执行"系统"—"注册"命令，进入"登录"窗口，如图 2-1 所示。

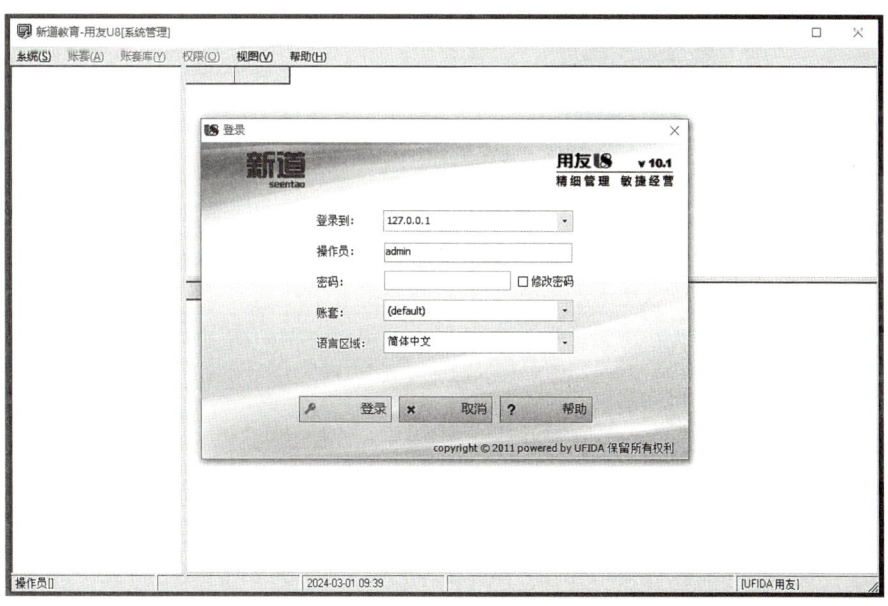

图 2-1 "系统管理"登录窗口

（3）选择服务器，默认操作员为"admin"，此操作员为用友 U8V10.1 软件预设的默认账套主管。首次运行时，可直接使用默认操作员账号，密码设置为空（不建议学生修改此密码，实际工作中必须设置密码），单击"登录"按钮，完成登录默认账套"{default}"。

（4）结束系统管理登录操作。

> **提示**
>
> 系统管理员是用友 U8V10.1 软件管理系统中权限最高的操作员，他对系统数据安全和运行安全负责。因此，企业安装用友 U8V10.1 软件后，应当及时更改系统管理员的密码，以保障系统的安全性，但在教学活动中，可以使用默认密码。
>
> 用友 U8V10.1 软件 V10.1 软件只允许两种角色登录系统管理，一是系统管理员，二是账套主管。如果是初次使用系统，以系统管理员"admin"的身份注册系统管理，建立账套和指定响应的账套主管之后，才能以账套主管的身份注册系统管理。

2. 创建账套

示例 2.1
创建账套

在"系统管理"窗口，单击"账套"页签，可出现"建立""修改""引入""输出""决策管理设置"选项。系统管理员执行"账套"—"建立"命令，进入"创建账套"窗口，如图 2-2 所示。

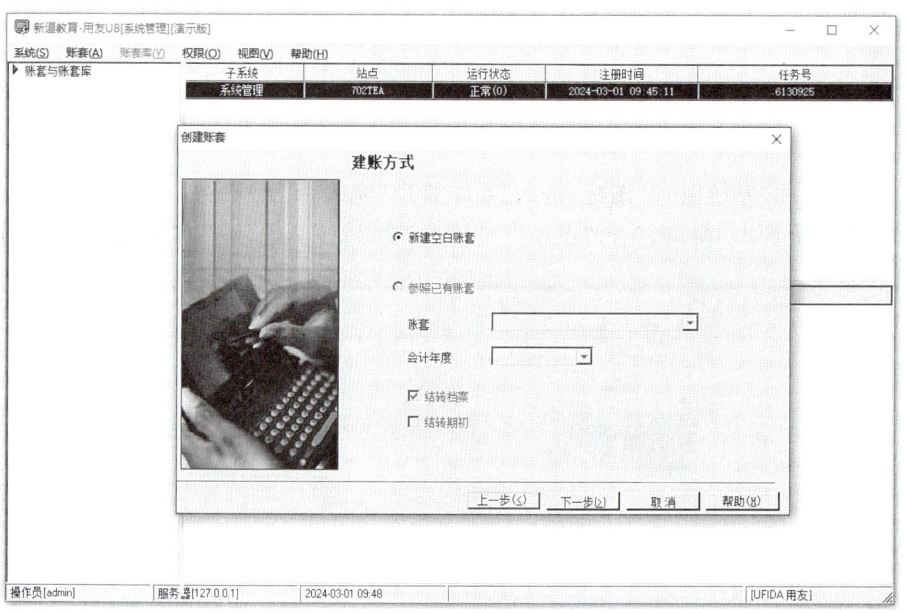

图 2-2 "创建账套"窗口

1）建账方式

用友 U8V10.1 软件提供两种建账方式，一种为新建账套，另一种为已存账套。其中，已存账套为系统中已存在的账套，用户只能查看，不能输入与修改。教学以新建账套为例，进行后续操作。在"创建账套"窗口，单击"下一步"按钮，进入"账套信息"窗口。

2）账套信息

在"账套信息"窗口，需要录入"账套号""账套名称""账套语言""账套路径""启用会计期"等信息。

账套号是新建账套的编号，必须输入 001~999 之间的数字，且不能重复。此处输入账套号"001"。

账套名称是创建的账套名称，必须输入，通常录入公司名称，最多不超过 40 个汉字。此处输入账套名称"广州新风电器制造有限公司"。

账套路径是新建账套数据的保存路径，一般不作修改，采用系统默认路径。

启用会计期是新建账套的启用日期，也是会计核算的第一个月份，是必填项。此处输入启用会计期"2024年3月"。

只有集团财务才允许启用"集团账"系统，一旦启用后，不允许启用"总账"模块。此处不勾选"是否集团账"选项。

所有账套信息输入完毕，如图2-3所示。

单击"下一步"按钮，进入"单位信息"窗口。

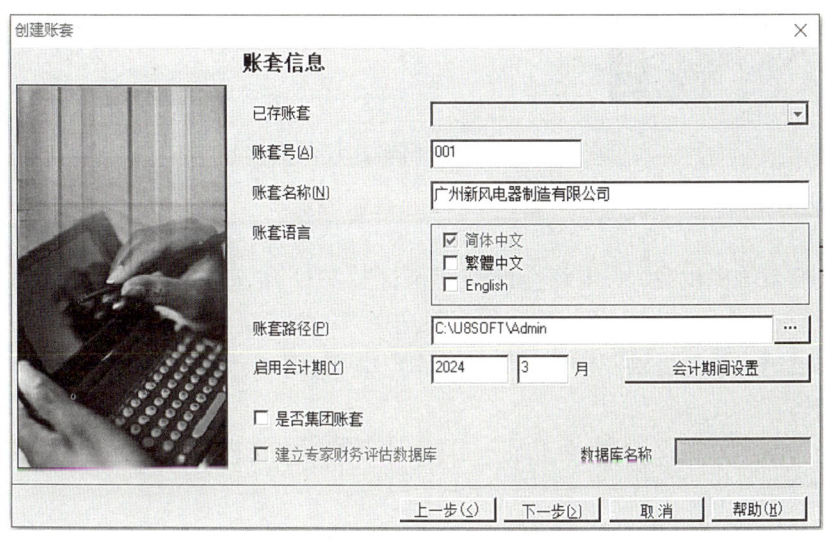

图2-3 "账套信息"窗口

3）单位信息

单位信息中只有单位名称为必填项，其他信息为选填项。

单位名称根据公司资料输入"广州新风电器制造有限公司"，此项为必填项。

单位简称根据公司资料输入"新风电器"。

单位地址根据公司资料输入"广州市白云区黄石路56号"。

法人代表根据公司资料输入"张伟"。

邮政编码根据公司资料输入"514000"。

联系电话根据公司资料输入"020-32222105"。

税号根据公司资料输入"911101060911083566"。

所有信息输入完成，如图2-4所示。

单击"下一步"按钮，进入"核算类型"窗口。

4）核算类型

按照任务给出的信息分别完成相关信息的输入。

本币代码系统自动默认为"RMB"。

本币名称系统自动默认为"人民币"。

企业类型系统提供三个选择"商业""工业""医药流通"。此处按公司资料选择"工业"。

17

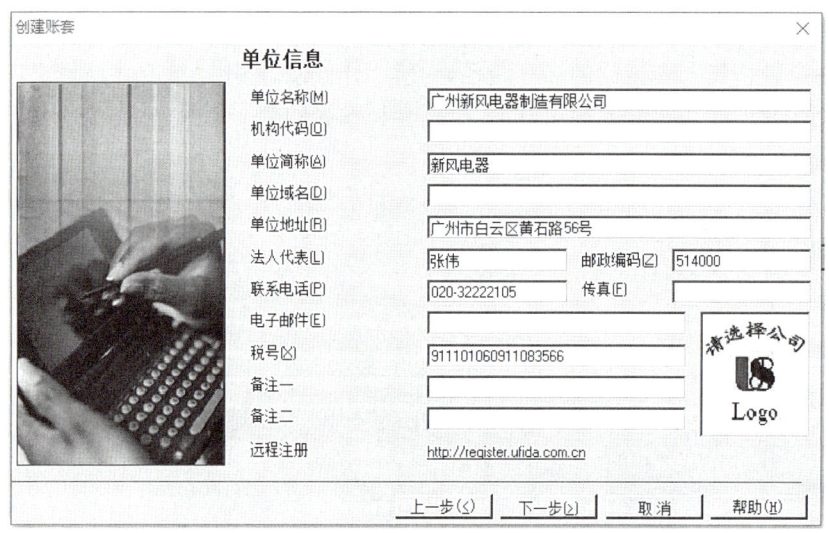

图 2-4 "单位信息"窗口

企业性质系统提供"2007年新会计制度科目""2011年医院会计制度""新会计制度科目"等多种性质供企业选择。此处按公司资料选择"2007年新会计制度科目"。

科目预设语言系统提供三个选择"English""中文(简体)""中文(繁体)"。此处默认选择"中文(简体)"。

新建账套的账套主管,不能手工录入,只能从下拉框中选择录入。此处选择默认的账套主管"demo"。

勾选"按行业性质预置科目"选项,系统会预设所属行业的标准一级科目;若不勾选此选项,则需要用户自行设置会计科目。此处勾选"按行业性质预置科目"选项。

所有信息输入完成,如图2-5所示。单击"下一步"按钮,进入"基础信息"窗口。

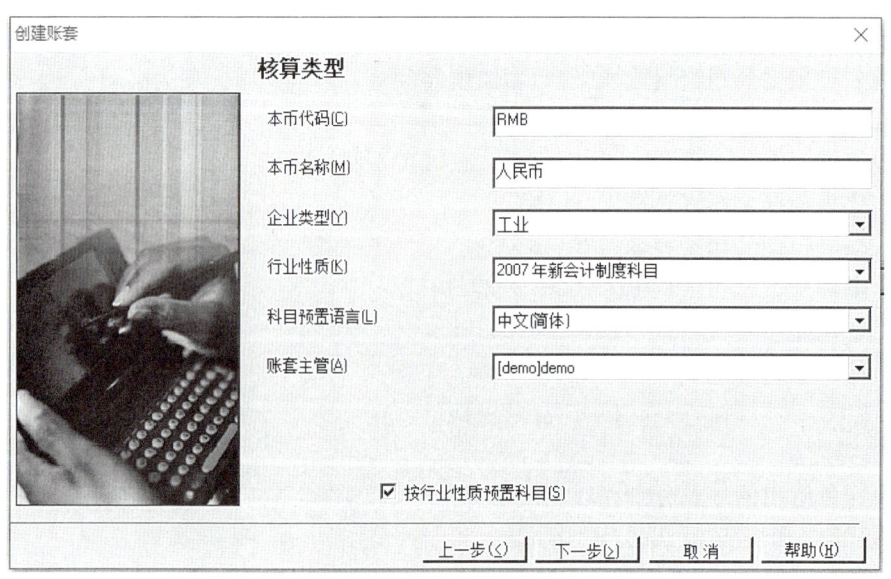

图 2-5 "核算类型"窗口

5)基础信息

需要对存货进行分类,勾选"存货是否分类"选项。

需要对客户进行分类,勾选"客户是否分类"选项。

需要对供应商进行分类,勾选"供应商是否分类"选项。

新风电器有外币核算,勾选"有无外币核算"选项。

完成上述设置,如图2-6所示。

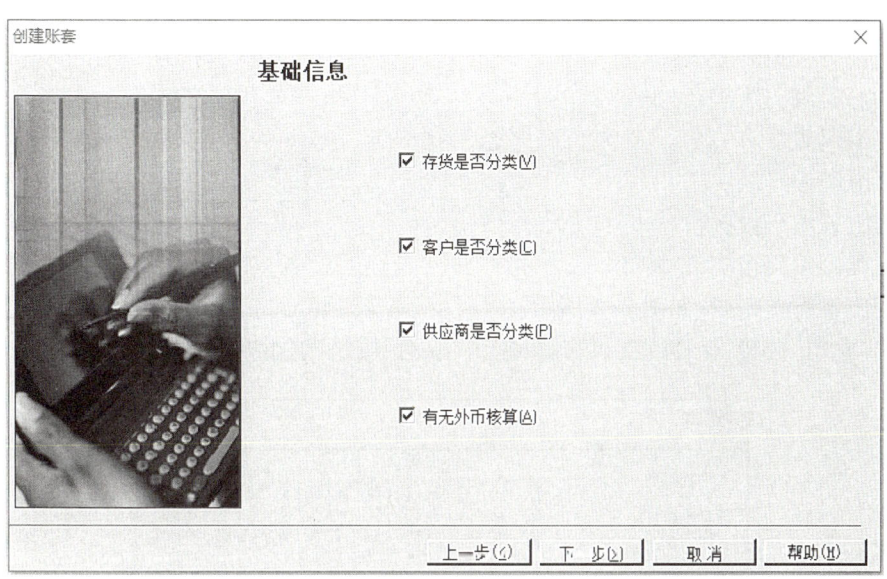

图2-6 "基础信息"窗口

单击"下一步"按钮,进入"开始"窗口,单击"完成"按钮,弹出"可以创建账套了么?"提示框,如图2-7所示。单击"是"按钮,系统完成创建账套过程。

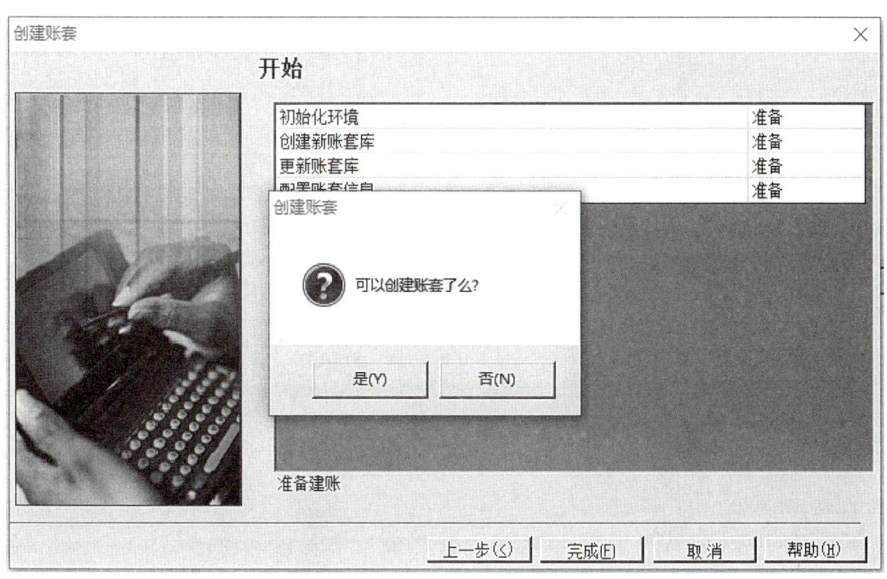

图2-7 "创建账套"提示框

6）编码方案

系统建账完成后，进入"编码方案"窗口。为了便于对经济业务数据进行分级核算、统计和管理，系统要求预先设置编码级次和各级编码长度，即编码方案。编码方案既可以在建立账套时设置，也可以在企业应用平台"设置"中进行设置。

根据任务内容，在"编码方案"窗口依次完成以下设置：

科目编码级次：4-2-2-2

客户分类编码级次：2-2-2-2

供应商分类编码级次：2-2-2-2

存货分类编码级次：2-2-2-2

部门编码级次：1-2-2

地区分类编码级次：2-2-2

结算方式编码级次：1-2

收发类别编码级次：1-2-2

编码方案设置完毕，如图2-8所示。

单击"确定"按钮，保存此次操作，再单击"取消"按钮，退出"编码方案"窗口。

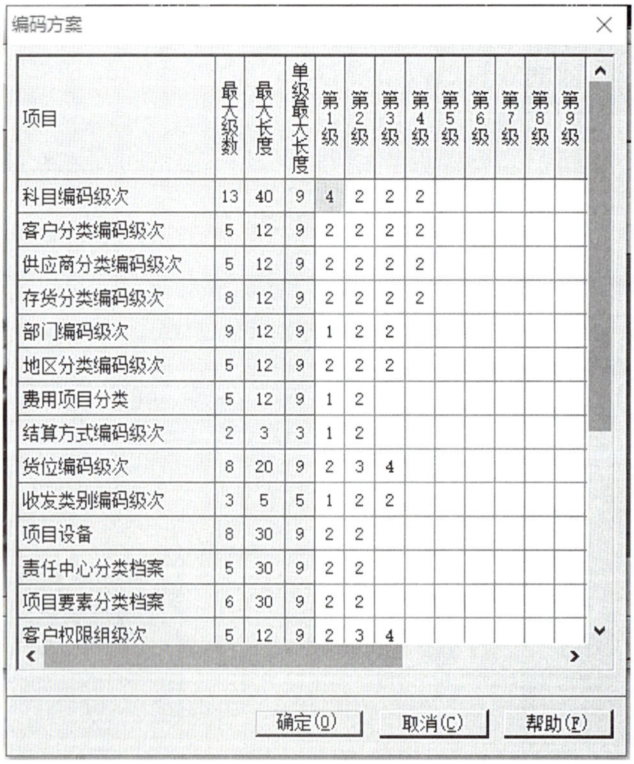

项目	最大级数	最大长度	单级最大长度	第1级	第2级	第3级	第4级	第5级	第6级	第7级	第8级	第9级
科目编码级次	13	40	9	4	2	2	2					
客户分类编码级次	5	12	9	2	2	2	2					
供应商分类编码级次	5	12	9	2	2	2	2					
存货分类编码级次	8	12	9	2	2	2	2					
部门编码级次	9	12	9	1	2	2						
地区分类编码级次	5	12	9	2	2	2						
费用项目分类	5	12	9	1	2							
结算方式编码级次	2	3	9	1	2							
货位编码级次	8	20	9	2	3	4						
收发类别编码级次	3	5	5	1	2	2						
项目设备	8	30										
责任中心分类档案	5	30										
项目要素分类档案	6	30										
客户权限组级次	5	12	9	2	3	4						

图2-8 "编码方案"窗口

7）数据精度

数据精度中小数位的设定，决定了后续核算数据系统会自动保留的小数位长。根据任务内容，依次完成存货数量小数位、存货单价小数位、开票单价小数位的设置，如图2-9所示。

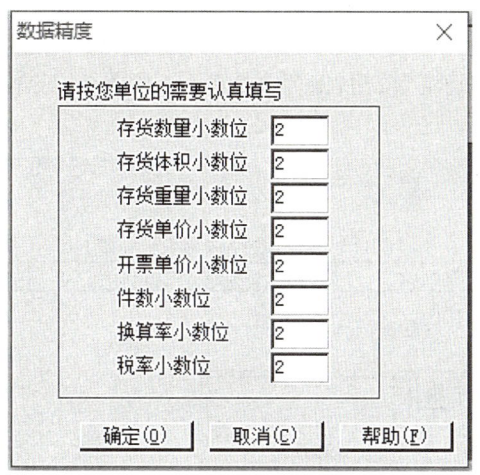

图 2-9 "数据精度"窗口

单击"确定"按钮,保存此次操作,此时已完成创建账套的基本工作,单击"确定"按钮,弹出"[001]建账成功"提示框,如图 2-10 所示。

图 2-10 "[001]建账成功"提示框

 提示

会计科目编码通常设为4222,即一级科目编码为四位,二至四级科目编码为两位,建账时如果勾选了"按行业性质预置科目"选项,则一级科目编码的四位是不允许修改的。

编码方案和数据精度既可以由系统操作员在"系统管理"中设置,也可以由账套主管在"企业应用平台"—"基础设置"中设置和修改。

8)系统启用设置

系统启用设置设定用友 U8V10.1 软件中各个子系统开始使用的时间,只有设置了启用的子系统才可以登录。

根据任务内容,可以在"系统启用"窗口,对总账、应收款管理、应付款管理、固定资产管理、销售管理、采购管理、库存管理、存货核算、薪资管理、计件工资管理系统模块设置启用时间。

对需要启用的系统,需要勾选对应的选项。在"日历"窗口,设置启用会计期间的日期为"2024年3月1日",单击"确定"按钮,保存本次操作,如图2-11所示。

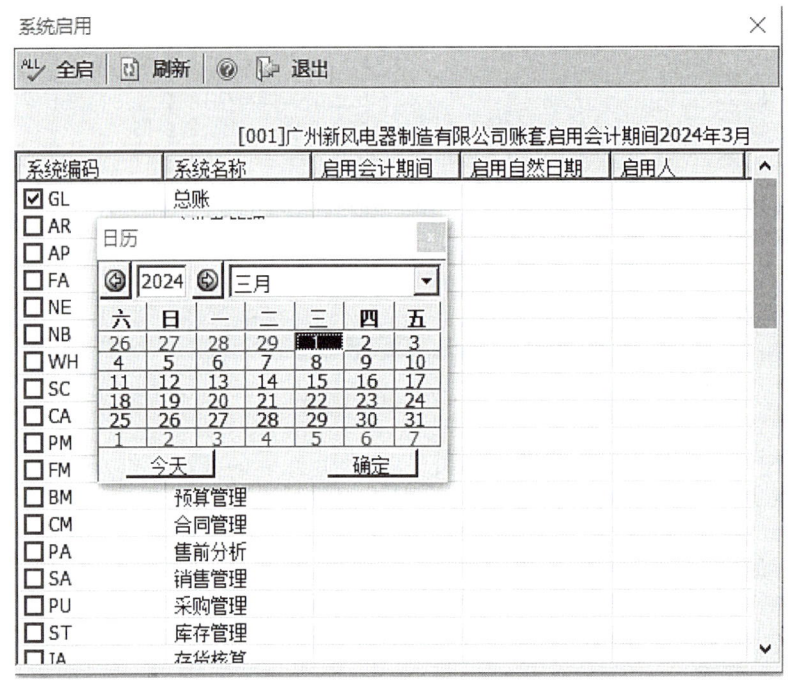

图2-11 "日历"窗口

> **提示**
>
> 在用友U8V10.1软件中,可以采取循序渐进的策略有计划地先启用一些模块,一段时间以后再启用另一些模块,系统启用有以下两种方法:
>
> 方法一:在创建账套的过程中,由系统管理员按操作提示在"系统管理"中进行系统启用设置。
>
> 方法二:在建账结束后,由账套主管执行"企业应用平台"—"基础设置"—"基本信息"—"系统启用"命令进行系统启用设置。
>
> 总账启用日期不能小于账套启用日期。账套启用日期在"系统启用"窗口左上角显示。

工作任务二 用户管理与权限设置

 **工作任务概述**

1. 掌握用户和操作员权限设置的操作方法

2. 根据企业基础档案信息，完成角色增加、用户和操作员权限设置等操作

任务准备

在用友 U8V10.1 软件中，需要在"系统管理"窗口中找到"角色""用户"，通过创建不同的角色对不同用户的权限进行分类。用友 U8V10.1 软件中权限设置有两种方式：第一种是通过建立用户，直接对用户设置权限；第二种是先建立角色，再建立用户，给用户设置所属的角色，对角色设置权限后，所有所属该角色的用户都会分配相应的权限，即批量授权。

本任务中，用户权限设置将采取第一种设置方式进行任务操作演示。

子任务 2-2　用户管理与操作员权限设置

任务内容

1. 新增用户

用户信息，如表 2-1 所示。

表 2-1　用户信息

编号	姓名	部门	认证方式	口令
001	张伟	总经办	用户+口令	1
002	许丽	财务部	用户+口令	2
003	孙艳明	财务部	用户+口令	3
004	王晓刚	财务部	用户+口令	4
005	张强	销售一部	用户+口令	5
006	许文	销售二部	用户+口令	6
007	刘英杰	采购部	用户+口令	7
008	张新	仓储部	用户+口令	8
009	刘洪	仓储部	用户+口令	9

2. 修改用户信息

将王晓刚的姓名修改为王小刚。

3. 删除用户信息

删除刘洪的用户信息。

4. 设置用户权限

用户权限，如表 2-2 所示。

表2-2 用户权限

操作员编码	操作员全名	部门	操作权限
001	张伟	总经办	账套主管
002	许丽	财务部	查询凭证,审核凭证,应收单审核与弃审,应付单审核与弃审,收款单审核与弃审,付款单审核与弃审,记账,期末对账,期末结账,编制UFO报表
003	孙艳明	财务部	总账设置,填制凭证,查询凭证,现金流量录入,账表,应收款管理与应付款管理(除应收单审核与弃审、应付单审核与弃审、收款单审核与弃审、付款单审核与弃审以外),存货核算,销售开票,委托代销结算单与结算单退回,采购发票,采购结算,固定资产管理,薪资管理,计件工资管理的所有权限
004	王小刚	财务部	出纳,出纳签字
005	张强	销售一部	公共单据权限,销售管理的所有权限
006	许文	销售二部	公共单据权限,销售管理的所有权限
007	刘英杰	采购部	公共单据权限,采购管理的所有权限
008	张新	仓储部	公共单据权限,库存管理的全部权限

 任务操作

1. 新增用户

根据用户信息表的分工,在"系统管理"窗口对各用户进行信息录入。

(1) 执行"权限"—"用户"命令,进入"用户管理"窗口,如图2-12所示。

图2-12 "用户管理"窗口

示例2.2
新增、修改、
删除用户信息

（2）单击"增加"按钮，进入"操作员详细情况"窗口，根据用户信息（表2-1），输入编号为"001"、姓名为"张伟"、口令为"1"、认证方式为默认的"用户＋口令"，如图2-13所示。单击"增加"按钮，保存此次用户设置。

（3）其他用户信息可根据任务内容，参照上述操作步骤进行设置，待所有用户信息录入完毕后，单击"增加"按钮，保存所输入的信息。若单击"取消"按钮，则退出窗口，所录入的最后一条用户信息无法自动保存。

2. 修改用户信息

在"用户管理"窗口，选中要修改的用户"王晓刚"，单击"修改"按钮，进入"操作员详细情况"窗口，将姓名修改为"王小刚"，单击"确定"按钮返回。

3. 删除用户信息

在"用户管理"窗口，选中要删除的用户"刘洪"，单击"删除"按钮，系统弹出"确认删除用户：[009]吗？"提示框，单击"是"按钮，即可删除选中的用户。

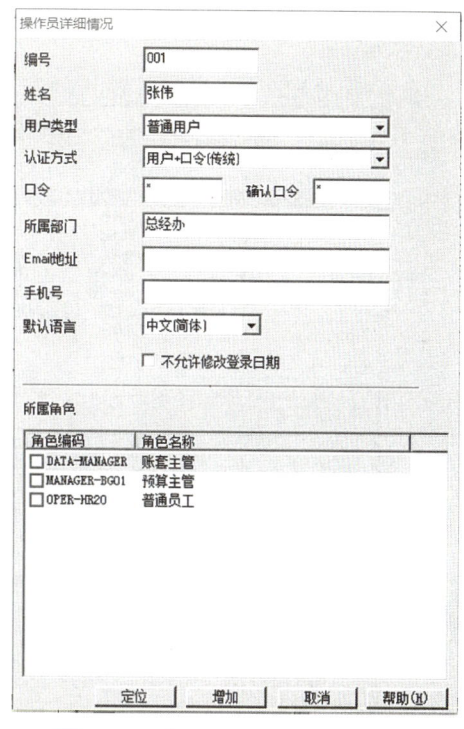

图2-13 "操作员详细情况"窗口

> **提示**
> 与角色删除一样，若需要删除已定义用户角色或已分配权限的用户，系统会弹出"用户：已经在职员操作员列表中使用，请先删除相关信息！"提示框，此时必须要先取消所属角色与分配的权限信息后才能完成用户删除。

4. 设置用户权限

（1）在"系统管理"界面，执行"权限"—"权限"命令，进入"操作员权限"窗口。

（2）选择操作员编码为"001"的操作员，在右侧列表中勾选"账套主管"选项，弹出"设置普通用户：[001]账套主管权限吗？"提示框，如图2-14所示。

（3）单击"是"按钮，保存此用户权限。

（4）继续在窗口左侧操作员列表中选中操作员编码为"002"的操作员，单击"修改"按钮，根据用户权限（表2-2），执行"财务会计"—"总账"命令，勾选"设置""审核凭证""查询凭证""对账""结账""记账"复选框；执行"财务会计"—"应收款管理"—"日常处理"命令，勾选"应收单审核""应收单弃审""收款单审核""收款单弃审"复选框；执行"财务会计"—"应付款管理"—"日常处理"命令，勾选"应付单审核""应付单弃审""付款单审核""付款单弃审""UFO报表"复选框，如图2-15所示。设置完成后，单击"保存"按钮，保存权限设置信息。

（5）根据任务内容，按照上述操作步骤，分别为用户"孙艳明""王小刚""张强""许文""刘英杰""张新"设置相应的操作权限，此处不再赘述。

（6）上述操作全部完成后，单击"退出"按钮，保存已设置的用户权限。

示例2.3
设置用户权限

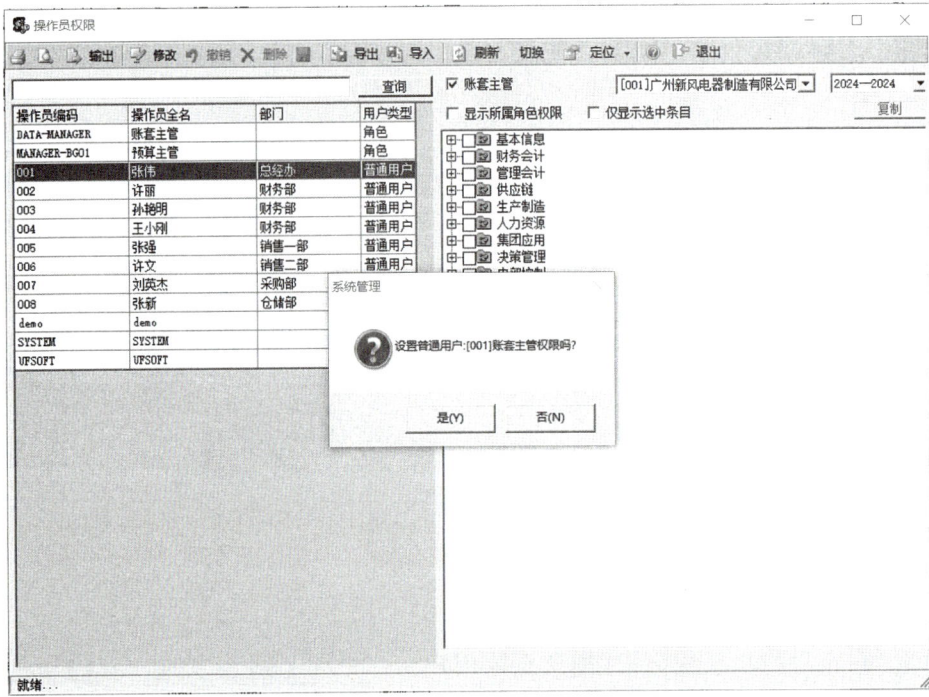

图 2-14 "操作员权限"窗口

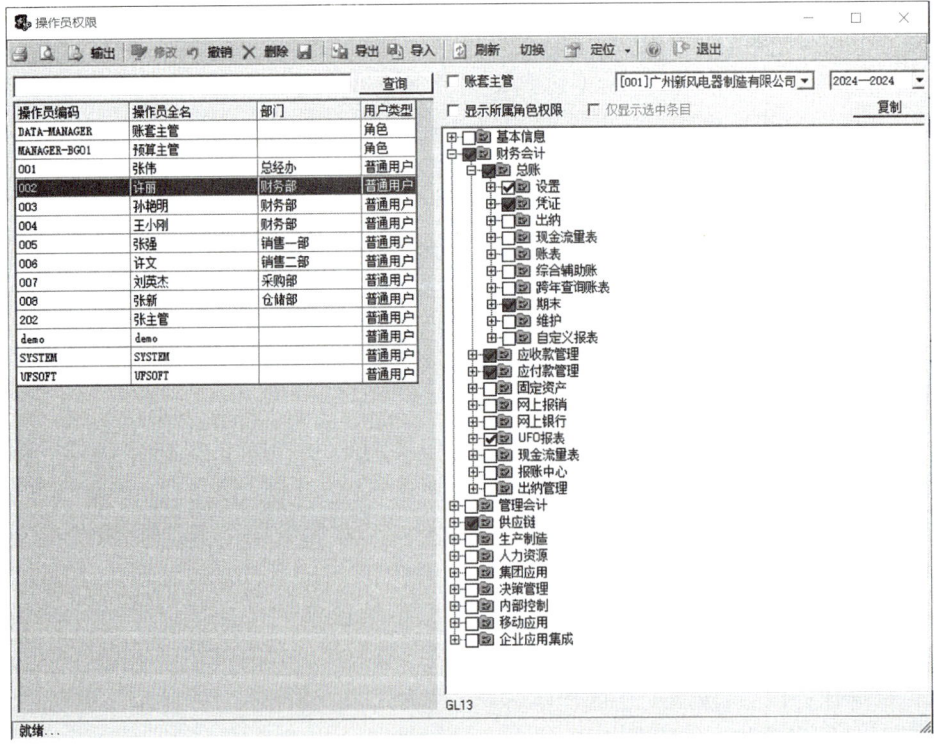

图 2-15 用户权限设置

工作任务三　账套的修改、输出、删除与引入

 工作任务概述

1. 了解从账套列表中删除与账套备份删除的区别
2. 掌握账套输出的操作方法
3. 掌握账套修改的操作方法
4. 掌握账套引入的操作方法

 任务准备

一、账套的修改

用友 U8V10.1 软件提供了账套建立、修改、引入等功能,但如果以系统管理员"admin"的身份登录"系统管理"窗口,只能执行"建立""引入"命令,无法使用修改功能。此时,需要切换账套主管作为操作员重新登录"系统管理",执行账套修改命令。

二、账套的输出

会计信息化软件存放数据的介质和路径与手工环境不同,为了确保数据的安全性,用户需要定期进行数据的输出,也称备份。

如果企业受不可预知因素(如地震、火灾、计算机病毒、人为误操作等)的影响需要对数据进行恢复,此时备份数据就可以将企业的损失降到最低。对于异地管理的企业来说,账套输出还可以解决审计与数据汇总方面的问题。

 提示

账套输出结果包括两个文件:一个是 UFDATA.BAK,用于存放账套数据;另一个是 UfErpAct.Lst,用于存放账套号、账套路径等基本参数。两者缺一不可,且不能修改文件名。

账套库输出结果包括两个文件:一个是保存数据的 UFDATA.BAK;另一个是 UfErpYer.Lst。

三、账套的引入

账套引入也称账套恢复,是指将保存在磁盘上的数据恢复到硬盘指定目录中,或将系统外移动存储介质上的某账套数据引入本系统中。该功能的作用主要体现在以下两个方面:

(1)当系统账套数据遭到破坏时,将最近备份的账套数据引入本账套中。

(2)子公司的账套数据可以定期引入母公司系统中,有利于集团公司的操作,以便进行账套数据的分析、审核和合并。

> **提示**
>
> 用友 U8V10.1 软件提供了账套引入和账套库引入两种。账套库引入的含义与账套引入的含义基本相同，不同之处在于账套库引入不是针对某个账套，而是针对账套中某年度区间的账套库进行的。

四、账套的删除

用友 U8V10.1 软件的账套删除有两种方式：一种为账套列表中删除，此种方式仅为系统管理账套列表中的删除，其备份文件仍然保存，账套可以通过引入方式恢复；另一种为账套备份删除，此种方式为删除备份账套，删除后账套不可恢复。

子任务 2-3　新建账套的基础操作功能

任务内容

(1) 补充[001]号账套信息：机构代码 59100832-1。
(2) 输出[001]号账套至 D:\U8 数据库\，并删除该账套信息。
(3) 从 D:\U8 数据库\引入[001]号账套信息。

任务操作

1. 补充账套信息

(1) 以"001 张伟"的身份重新登录系统，如图 2-16 所示。

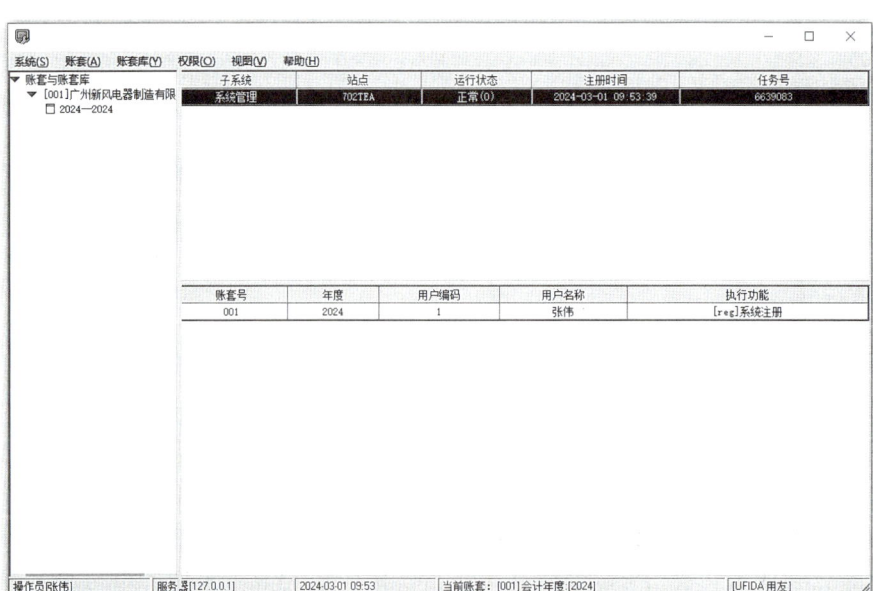

图 2-16　以账套主管身份登录系统

(2)在"系统管理"窗口,执行"账套"—"修改"命令,进入"修改账套"窗口。

(3)单击"下一步"按钮,进入"单位信息"窗口,补充机构代码为"59100832-1",如图2-17所示,单击"下一步"按钮。

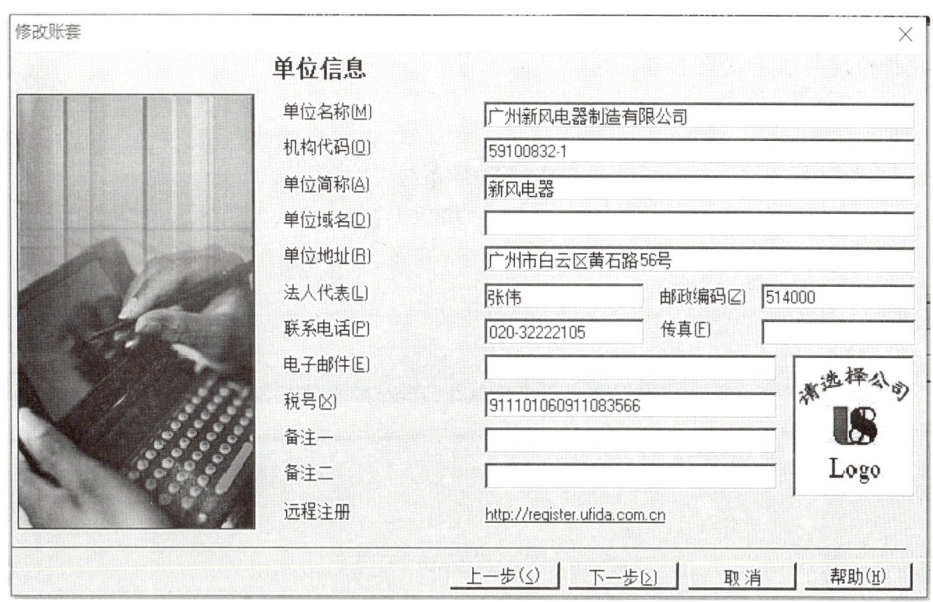

图2-17 "修改账套"窗口

(4)继续单击"下一步"按钮,直至弹出"修改账套成功"提示框,如图2-18所示。

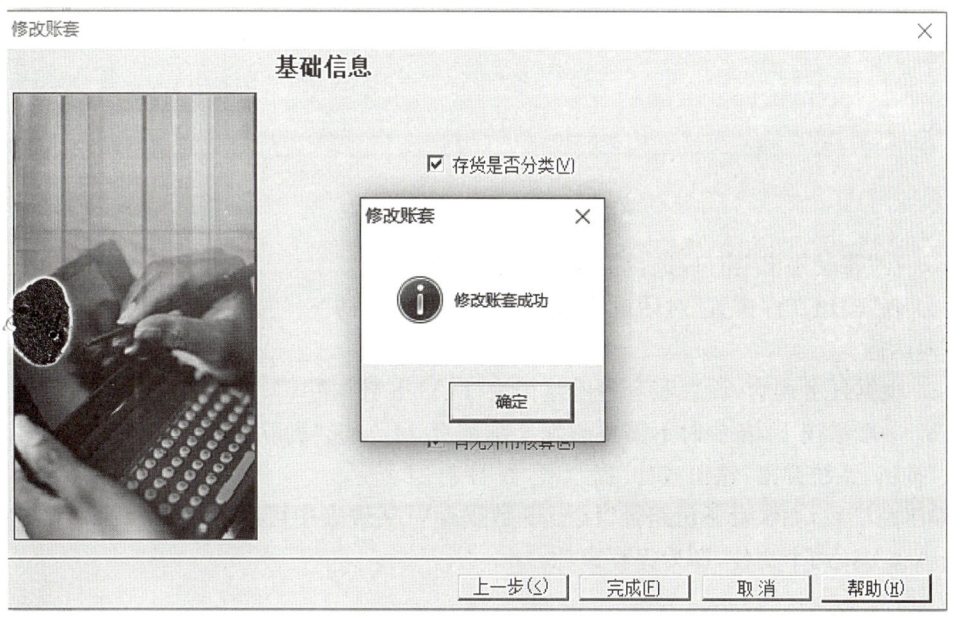

图2-18 "修改账套"提示框

(5) 单击"确认"按钮,保存账套修改信息。

> **提示**
> 上述操作并不能修改所有账套信息,仅可对账套名称、单位信息、行业性质、编码方案、数据精度等信息进行修改。

2. 输出账套

示例 2.5
输出与引入
账套

(1) 以系统管理员"admin"的身份重新登录系统。

(2) 在"系统管理"窗口中,执行"账套"—"输出"命令,进入"账套输出"窗口,如图 2-19 所示。

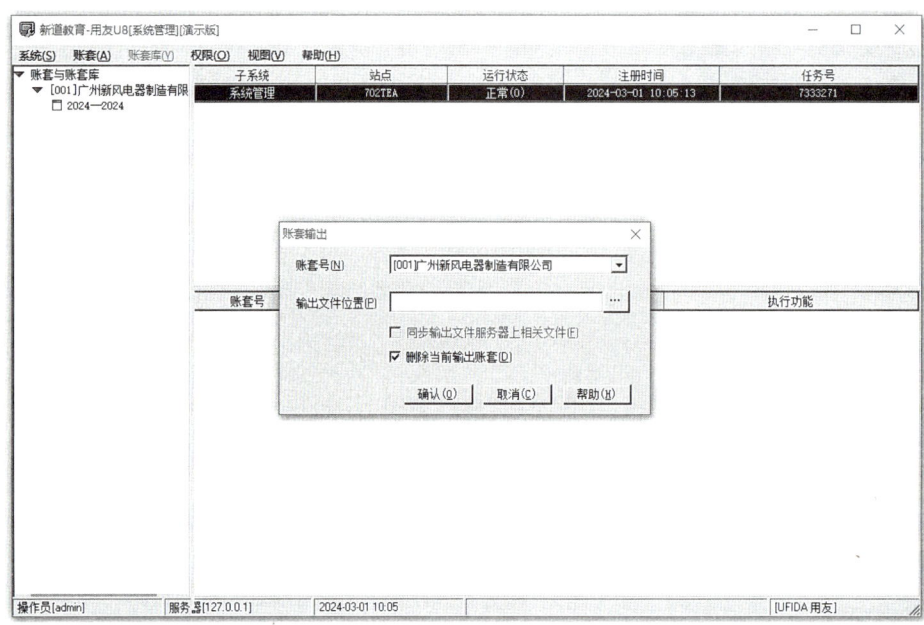

图 2-19 "账套输出"窗口

(3) 在"账套输出"窗口,选择需要输出的账套号名称。

(4) 在"输出文件位置"对话框中点击该编辑栏右侧的"…"按钮,打开"请选择账套备份路径"对话框。

(5) 根据任务内容,设置账套备份路径为"D:\U8 数据库\",如图 2-20 所示。

(6) 一般情况下,备份时不需要删除当前账套,不勾选"删除当前输出账套"选项,单击"确认"按钮,系统弹出"输出成功"提示框,如图 2-21 所示。

输出完毕后,在账套备份路径"D:\U8 数据库\"文件夹中可以看到 UFDATA.BAK 和 UfErpAct.Lst 两个文件,即为保存成功。

3. 引入账套

(1) 在"系统管理"窗口中,执行"账套"—"引入"命令,进入"请选择账套备份文件"窗口,找到路径"D:\U8 数据库\"中的 UfErpAct.Lst 文件,如图 2-22 所示。

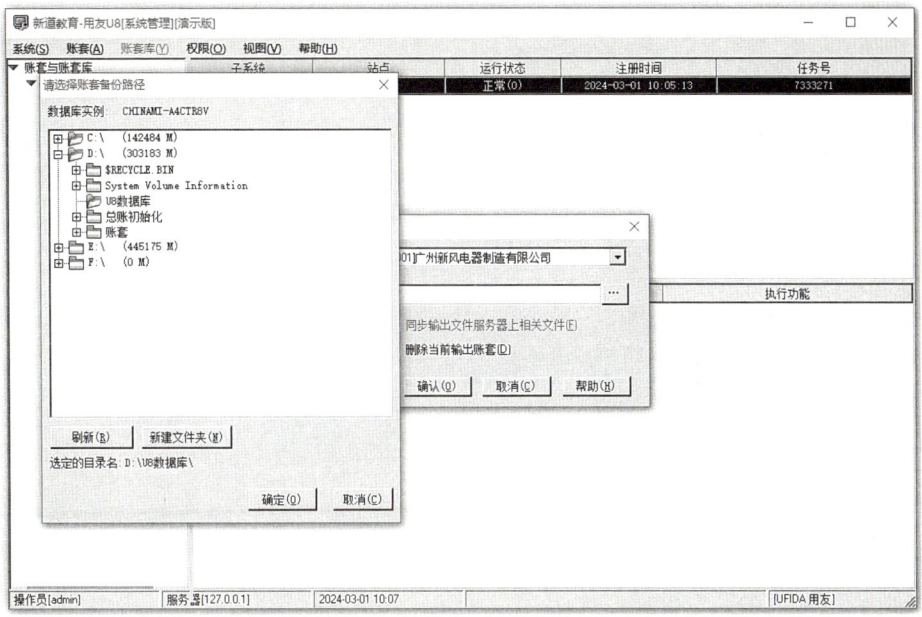

图 2-20 "请选择账套备份路径"对话框

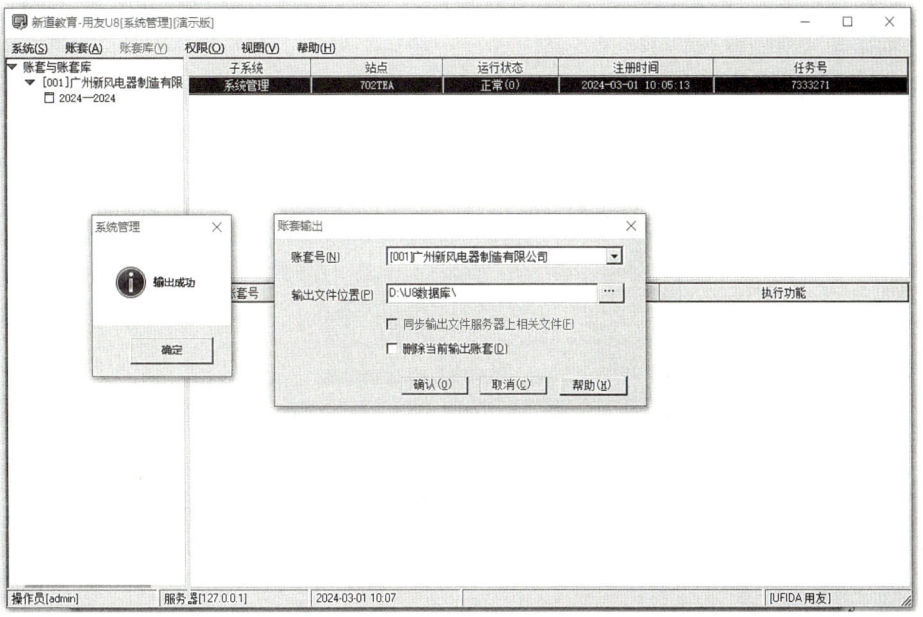

图 2-21 "输出成功"提示框

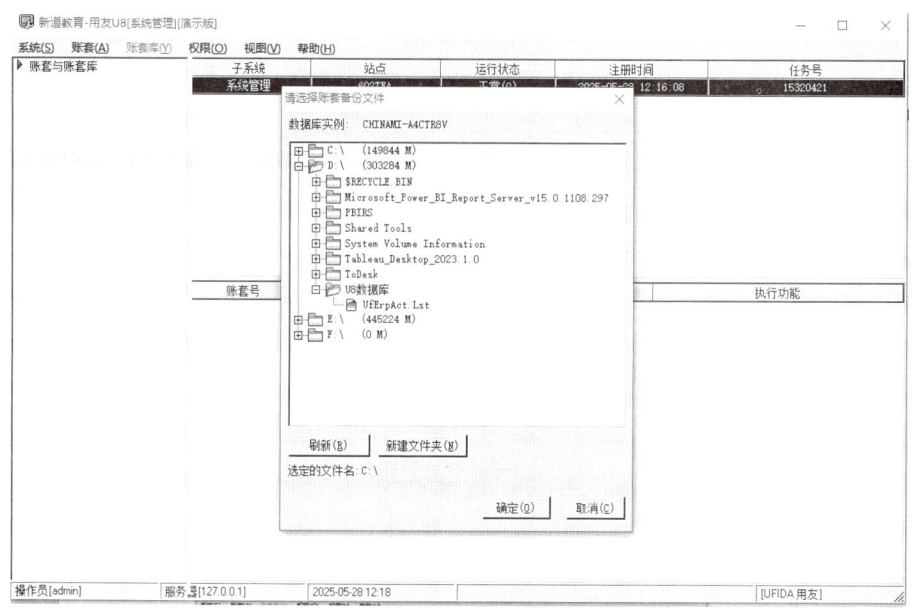

图 2-22 "请选择账套备份文件"窗口

（2）单击"确定"按钮，弹出"请选择账套引入的目录"提示框，当前默认路径为"C：\U8SOFT\Admin\"，点击"确定"按钮，进入"请选择账套引入的目录"窗口，如图2-23所示。

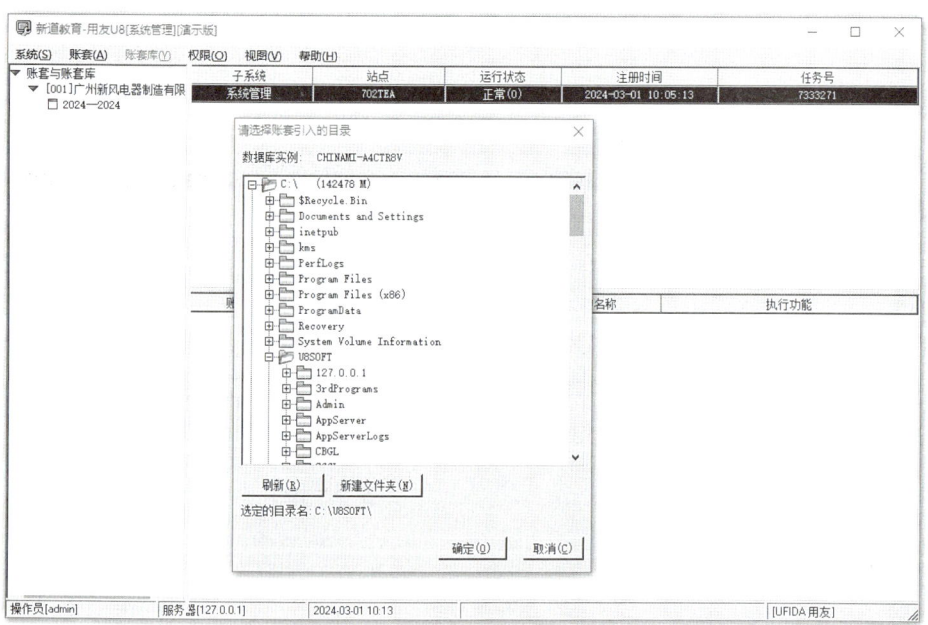

图 2-23 "请选择账套引入的目录"窗口

（3）单击"确定"按钮，进入"账套引入"窗口，此时系统在后台进行引入账套的操作，这个过程需要一定的时间。弹出"引入成功！"提示框，单击"确定"按钮，账套已成功引入，如图2-24所示。

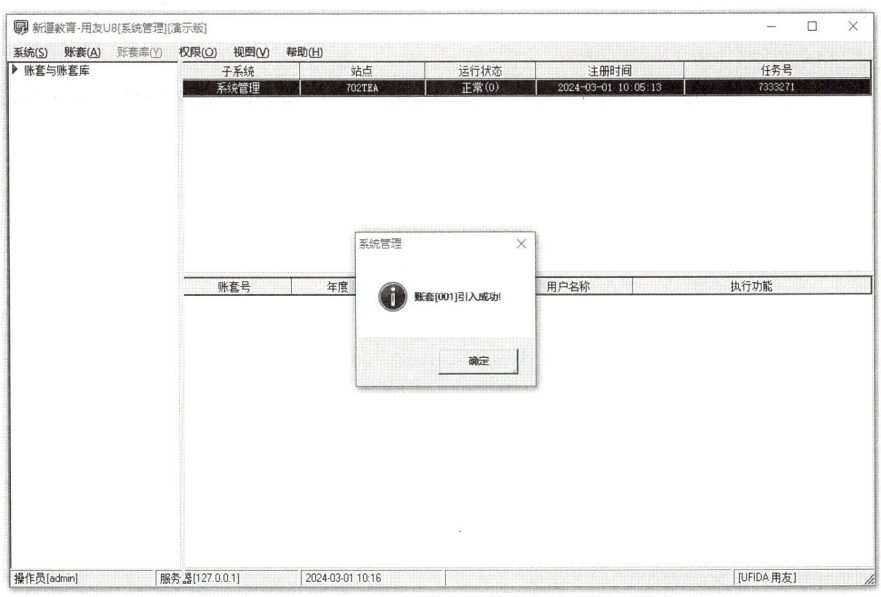

图 2-24　账套引入成功

> **提示**
>
> 根据输出方式的不同,数据输出分为手动备份和自动备份两种。
>
> (1) 手动备份由系统管理员(账套)或账套主管(账套库)根据数据管理的需要,在系统管理模块中执行账套输出或账套库输出功能。手动备份的特点为一次只能输出一个账套或账套库的数据。
>
> (2) 自动备份需要预先设置备份计划,由系统自动定时按备份计划对设置好的账套进行输出(备份)。自动备份的优点在于可以同时输出多个账套,很大程度上减轻系统管理员的工作量,更好地管理系统。

4. 删除账套

1) 从账套列表中删除

(1) 在"系统管理"窗口中,执行"账套"—"输出"命令,进入"账套输出"窗口。

(2) 在"账套号"处选择需要删除的"[001]账套"。

(3) 如果需要彻底删除账套,"输出文件位置"可选择任意位置,点击该编辑栏右侧的"…"按钮,弹出"请选择账套备份路径"提示框,系统默认的路径是安装用友 U8V10.1 软件的路径,可以自行设置,如设置为"D:\U8 数据库\"文件夹中,完成后点击"确定"按钮。

(4) 勾选"删除当前输出账套"选项,如图 2-25 所示,设置完成后点击"确定"按钮。

(5) 此时,弹出"真要删除该账套吗?"提示框,点击"是"按钮,并在弹出的"输出成功"提示框中单击"确定"按钮,此时[001]账套已经在"系统管理"的账套列表中被删除。

2) 删除账套备份

此种删除方式为彻底删除,在 D 盘的"账套备份"文件夹(此前设置的输出路径"D:\U8 数据库\")下删除这两个文件。若在不需要删除账套的情况下,切勿随意删除账套备份文件。

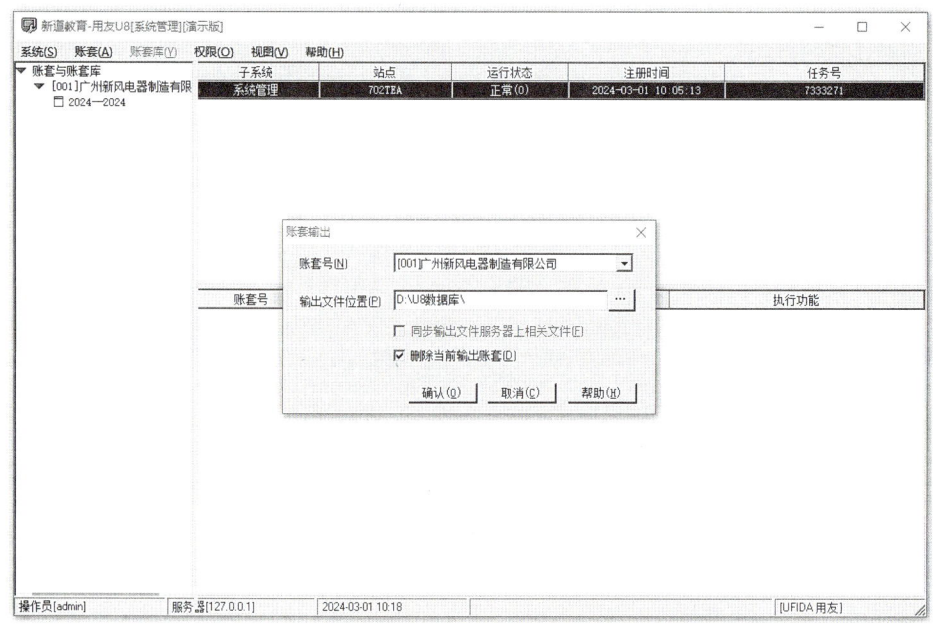

图 2-25　勾选"删除当前输出账套"选项

工作任务四　企业基础信息设置

工作任务概述

1. 掌握用友 U8V10.1 软件中有关基础信息设置的内容
2. 根据案例企业的实际情况，对其基本的人员机构信息、客商信息、存货信息、财务信息及业务信息进行梳理，并在系统中进行初始设置

任务准备

一、企业应用平台的功能介绍

用友 U8V10.1 软件共有两个操作平台，一个是系统管理平台，对公共任务进行统一的操作管理；另一个是企业应用平台，是对用友 U8V10.1 软件各子系统进行业务操作的唯一入口，使系统中各个产品实现统一登录、统一管理的功能。企业员工可以通过企业应用平台了解本企业的信息和业务工作，设计工作流程。

在企业应用平台的界面上，系统设置了 3 个选项卡，分别为"基础设置""系统服务"和"业务工作"。操作员可以通过选择不同的功能单元，进入有权限的相关模块进行工作。

二、基础档案设置与维护

基础档案是系统日常业务处理时必需的基础资料，是系统运行的基石。一个账套由若干个子系统构成,这些子系统共用、共享基础档案信息。基础档案信息通常包括人员、机构信息、客户信息、供应商信息、存货信息、财务信息、收付款信息等内容。在进行具体业务操作之前,操作员应该根据企业的实际情况,结合系统基础档案设置的要求,事先做好基础档案数据的整理准备和系统录入工作。

提示

在录入企业基础信息的时候,一定要注意信息前后的关联影响。
先设置部门档案,再设置人员档案;先设置人员类别,再设置人员档案。
先设置客户、供应商、存货等分类信息,再设置具体的档案信息。
如果建账时要求进行分类管理,应该先设置分类信息,再设置具体的档案信息。
先设置计量单位组信息,再设置计量单位信息。
先设置会计科目信息,再设置配置类别信息。
先设置费用项目分类信息,再设置费用项目信息。

三、系统服务功能介绍

企业应用平台"系统服务"页面中的主要功能包括系统服务、服务器配置工具和权限三个内容。这里的"系统管理"与桌面系统管理平台进入的操作内容是一致的,但是要注意系统管理员和账套主管两种身份的正确切换。

用友U8V10.1软件提供了三个层次的权限管理:功能级权限管理、数据级权限管理和金额级权限管理。前者是相对粗略的权限管理,后两种则是更加精细化的权限管理。要先进行数据权限控制设置,才能进行具体的数据权限分配。当账套、用户、权限等系统管理操作任务和基础设置各项任务完成以后,具有相应权限的企业用户,就可以通过企业应用平台的"业务工作"页面,进入已启用的财务会计和供应链各子系统进行针对性业务处理。

子任务2-4 人员机构信息设置

任务内容

1. 设置部门档案

部门档案,如表2-3所示。

表2-3 部门档案

部门编码	部门名称	部门编码	部门名称
1	总经办	402	销售二部
2	财务部	5	仓储部
3	采购部	6	生产车间
4	销售部	601	生产一车间
401	销售一部	602	生产二车间

2. 设置人员类别

人员类别，如表2-4所示。

表2-4 人员类别

档案编码	档案名称	档案编码	档案名称
10101	管理人员	10104	车间管理人员
10102	采购人员	10105	生产人员
10103	销售人员		

3. 设置人员档案

人员档案，如表2-5所示。

表2-5 人员档案

人员编码	姓名	工号	行政部门	人员类别	是否业务员	是否操作员	性别	雇佣状态
101	张伟	1111	总经办	管理人员	是	否	男	在职
102	曾丹	1112	总经办	管理人员	是	否	男	在职
103	张云	1113	总经办	管理人员	是	否	男	在职
201	许丽	1114	财务部	管理人员	是	否	女	在职
202	孙艳明	1115	财务部	管理人员	是	否	女	在职
203	王小刚	1116	财务部	管理人员	是	否	男	在职
301	刘英杰	1117	采购部	采购人员	是	否	女	在职
302	黄焱	1118	采购部	采购人员	是	否	男	在职
401	张强	1119	销售一部	销售人员	是	否	男	在职
402	黄芳萍	1120	销售一部	销售人员	是	否	女	在职
403	许文	1121	销售二部	销售人员	是	否	男	在职
404	杨杰	1122	销售二部	销售人员	是	否	男	在职
501	张新	1123	仓储部	管理人员	是	否	男	在职
601	李红	1124	生产一车间	车间管理人员	否	否	男	在职
602	邓建飞	1125	生产二车间	车间管理人员	否	否	男	在职
603	李思熠	1126	生产一车间	生产人员	否	否	男	在职
604	凌恒	1127	生产一车间	生产人员	否	否	男	在职
605	王静	1128	生产二车间	生产人员	否	否	女	在职
606	杨杰	1129	生产二车间	生产人员	否	否	男	在职

任务操作

基础信息设置均需要在用友U8V10.1企业应用平台操作，需要提示学生以账套主管"001张伟"的身份登录企业应用平台。

1. 设置部门档案

（1）双击打开"企业应用平台"界面，输入操作员为"001"，密码为"1"，在账套的下拉框中选

示例2.6 设置部门档案

择账套"[001]新风电器",语言区域默认为"简体中文",操作日期修改为"2024-03-01",完成上述操作后,单击"登录"按钮,进入"企业应用平台"界面,完成企业用户平台登录,如图2-26所示。

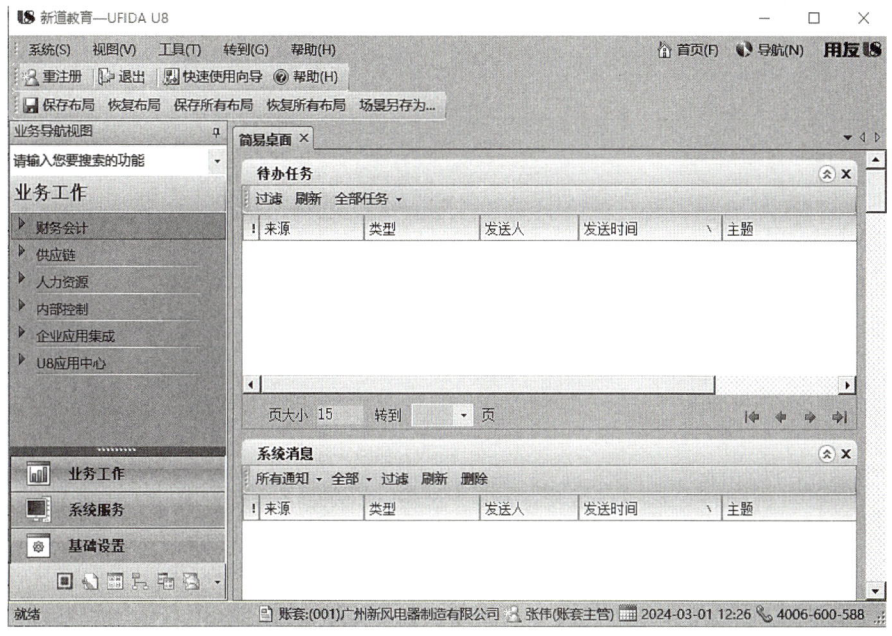

图 2-26　企业应用平台界面

（2）在左侧"业务导航视图"找到"基础设置"选项卡，双击"基础档案"或直接点击"基础档案"前"▶"按钮，可看到"机构人员""客商信息""存货""财务""收付结算""业务""对照表""其他"页签。

（3）执行"基础档案"—"机构人员"—"部门档案"命令，进入"部门档案"窗口，如图2-27所示。

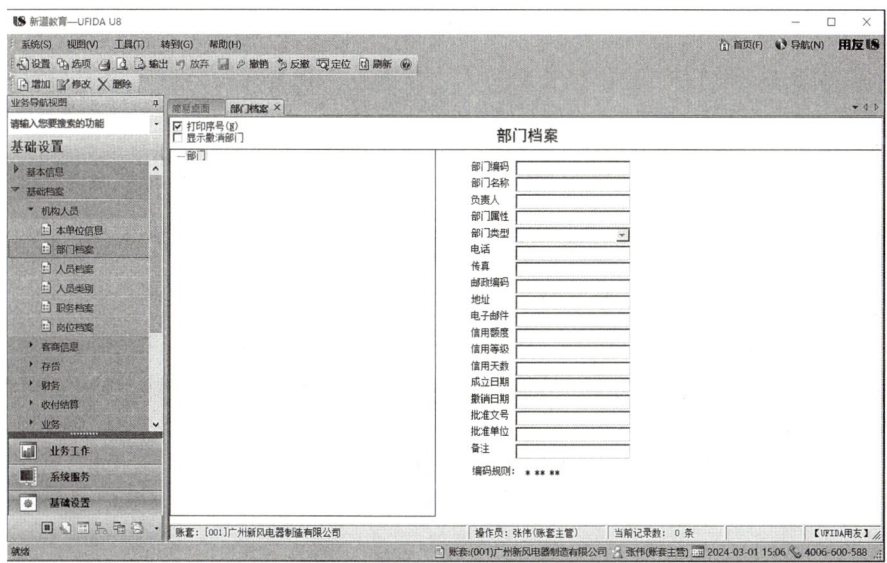

图 2-27　"部门档案"窗口

37

（4）单击"增加"按钮，在"部门编码"对话框中输入"1"，在"部门名称"对话框中输入"总经办"，暂不输入负责人，待人员信息录入后再补充，其他信息可为空白。输入完毕后，单击"保存"按钮。所有部门信息均录入完毕，如图2-28所示。

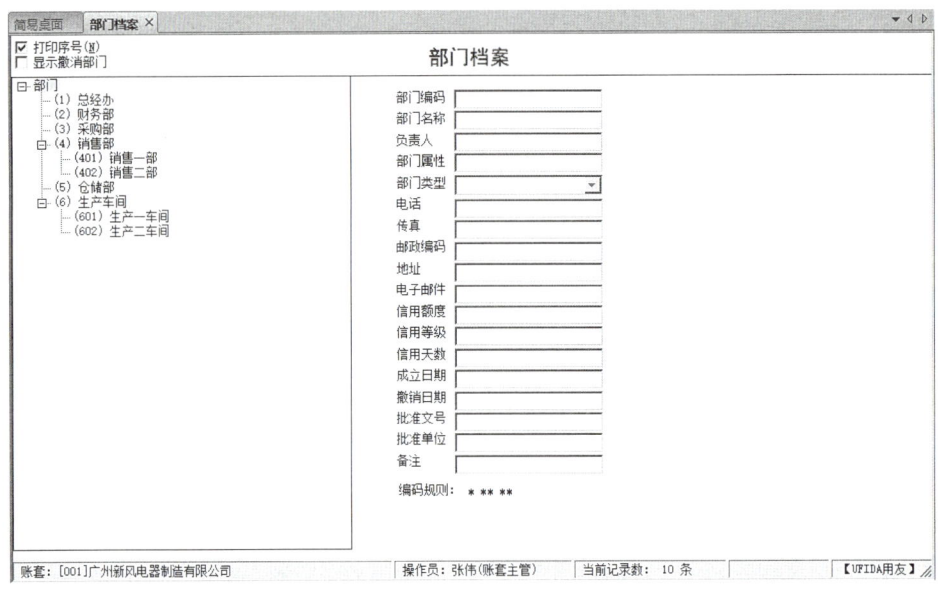

图2-28 "部门档案"窗口

> **提示**
>
> 在未建立人员档案前，不能输入负责人信息。人员档案建成后，返回"部门档案"窗口，通过修改功能补充输入负责人信息。
>
> 输入部门编码时需要遵守编码方案中的设定。"部门档案"窗口下方显示"＊＊＊"，表示在编码方案中设定部门编码为2级，第一级为1位，第二级为2位。若不遵守编码方案设定，则保存时系统会自动弹出"填写的编码不符合规则"提示，信息无法保存。
>
> 部门档案一经设置，除部门编码外无法进行修改，其他信息均可以修改。

2. 设置人员类别

（1）增加人员档案前，需要先设置人员类别。执行"基础设置"—"基础档案"—"机构人员"—"人员类别"命令，进入"人员类别"窗口。

（2）在左侧列表中选中"正式工"，单击"增加"按钮，进入"增加档案项"窗口。

（3）输入档案编码为"10101"，档案名称为"管理人员"，单击"确定"按钮，如图2-29所示。

（4）其他人员类别依此方法操作，此处不再赘述。

3. 设置人员档案

（1）执行"基础设置"—"基础档案"—"机构人员"—"人员档案"命令，进入"人员列表"窗口。

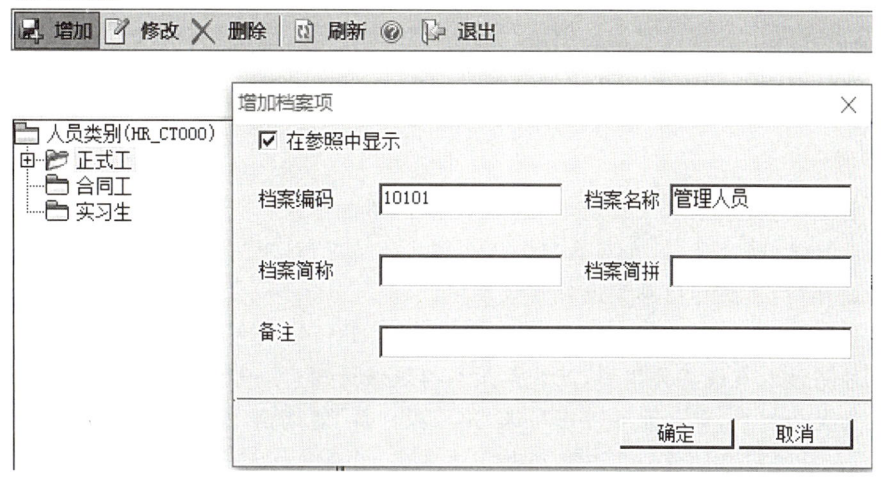

图 2-29 "人员类别"窗口

（2）在左侧列表中选择需要增加员工的部门，单击"增加"按钮，进入"人员档案"窗口。输入对应人员编码为"101"、姓名为"张伟"、工号为"1111"，性别下拉框中选择"男"，行政部门下拉框中选择"总经办"，人员类别下拉框中选择"管理人员"，雇佣状态下拉框中选择"在职"，勾选"是否操作员"选项，如图 2-30 所示。

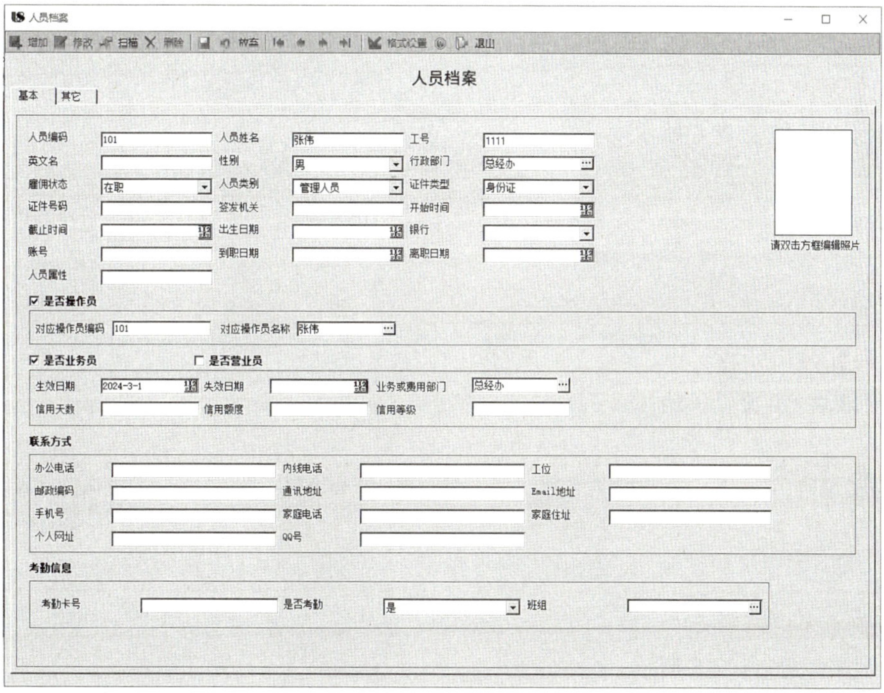

图 2-30 "人员档案"窗口

（3）单击"保存"按钮，保存人员档案信息。
（4）确认录入信息，人员编码、人员姓名、性别、雇佣状态、人员类别和行政部门为必填项。依次完成其他人员档案信息录入,此处不再赘述。若发现录入信息有误,可在"人员列表"界面双击有误记录行,在"人员档案"窗口中单击"修改"按钮,对需要修改的内容进行修改,单击"保存"按钮,即完成人员档案的修改。

> **提示**
>
> 人员编码:必须录入且必须唯一,一旦保存,不能修改。
>
> 人员姓名:必须录入,在两名职工姓名相同的情况下,可随时进行修改。
>
> 行政部门:参照部门档案选择末级部门。
>
> 是否操作员:该人员是否可操作用友U8V10.1软件。有两种情况:一种是系统管理中已经将该人员设置为用户,此处无须再勾选该选项;另一种是该人员在系统管理中没有被设置为用户,那么此处可以勾选"是否操作员"复选框,系统将该人员追加在用户列表中,人员编码自动作为用户编码和用户密码,所属角色为普通员工。
>
> 是否业务员:如果该人员需要在其他档案或业务单据中的"业务员"项目中被参照,需要勾选"是否业务员"选项。

子任务2-5 客商信息设置

任务内容

1. 设置地区分类

地区分类,如表2-6所示。

表2-6 地区分类

分类编码	分类名称	分类编码	分类名称
01	华东	03	华北
02	华南	04	西南

2. 设置客户分类

客户分录,如表2-7所示。

表2-7 客户分类

分类编码	分类名称	分类编码	分类名称
01	代销	03	批发
02	经销	04	零售

3. 设置客户档案

客户档案,如表2-8所示。

4. 设置供应商分类

供应商分类,如表2-9所示。

5. 设置供应商档案

供应商档案,如表2-10所示。

表2-8 客户档案

客户编码	客户名称	客户简称	所属分类码	所属地区	税号	地址电话	开户银行	账号	默认值	分管部门	专管业务员
001	科鑫商贸有限公司	科鑫商贸	01	04	9154311 3MA6032 7T5M	重庆市巴南区红光大道22号 023-66585542	中国工商银行重庆市九龙坡支行	6622008 70530985 4	是	销售一部	黄芳萍
002	福耀日用品有限公司	福耀日用品	01	03	4112022 5MA0566 5H7M	天津市蓟州区上仓镇立体经济中心34号 022-22362585	中国银行天津市津北支行	6812036 5535369 8	是	销售一部	黄芳萍
003	广佛商超有限公司	广佛商超	02	02	9246560 6MA5013 078E	广州市白云区机场路288号 020-86211250	中国农业银行广州市白云路支行	6222000 00530256 5	是	销售二部	杨杰
004	韶关百福超市	韶关百福	04	02	3102078 6522069 7459	韶关市武江区田镇中心街8号 0751-86382002	中国农业银行韶关市溪木支行	6226101 14257553 0	是	销售二部	杨杰
005	中新商贸有限公司	中新商贸	03	01	4131000 0063175 7739X	上海市浦东新区港城路1号1215室 021-33778541	中国农业银行上海市南京路支行	6222000 00530256 5	是	销售二部	杨杰

表2-9 供应商分类

分类编码	分类名称	分类编码	分类名称
01	散热器供应商	04	塑料部件供应商
02	控制器供应商	05	其他
03	电机供应商		

表2-10 供应商档案

供应商编码	供应商名称	供应商简称	所属分类码	税号	地址电话	开户银行	账号	分管部门	专管业务员
001	苏州华城机械厂	苏州华城	03	3141023542MA021223	苏州市朝阳路23号 0512-66585542	中国银行苏州市朝阳路支行	6216008705365545	采购部	刘英杰
002	东莞安淮塑料制品公司	东莞安淮	04	34025465652MA875U2M	东莞市莞城区江滨路6号 0769-57476671	中国银行东莞市东城支行	6216369820359814	采购部	黄焱
003	佛山生科散热科技有限公司	佛山生科	01	11024585585454052EX	佛山市高明区万陂路288号 0757-25876209	中国工商银行佛山市南海支行	6222575005302565	采购部	刘英杰
004	沈阳科成电气技术有限公司	沈阳科成	02	93250545515MA20U320	沈阳市铁西区白云路12号 024-34550267	中国银行沈阳市新北支行	6216781011000425	采购部	黄焱
005	广州市自来水公司	自来水公司	05	113001942M01011130	广州市天河区华景西路301号 020-36215623	中国银行广州市华景路支行	6216392715000050	总经办	张云
006	广州市供电局	供电局	05	81026001130116U2M4	广州市石沙路18号 020-86332125	中国建设银行广州市红星支行	6222000009550566	总经办	曾丹
007	佛山三角家用电器制造有限公司	佛山三角	05	31420235 64M189748E	佛山市顺德区白云路27号 0757-83932566	中国农业银行佛山市顺德支行	6200025353232875	采购部	刘英杰

任务操作

以“001 张伟”的身份登录用友“企业应用平台”界面，完成客商信息设置。

1. 设置地区分类

（1）执行“基础档案”—“客商信息”—“地区分类”命令，进入“地区分类”窗口，如图 2-31 所示。

示例 2.9
设置地区分类

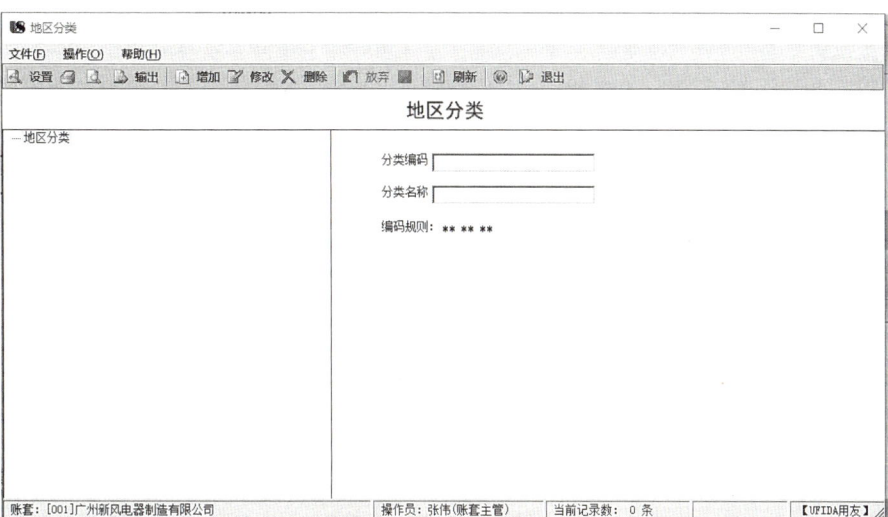

图 2-31 “地区分类”窗口

（2）单击“增加”按钮，在右侧编辑区域输入分类编码为“01”，分类名称为“华东”，单击“保存”按钮，保存此次增加的地区分类。其他地区分类信息可按此方法操作，此处不再赘述。

2. 设置客户分类

（1）执行“基础档案”—“客商信息”—“客户分类”命令，进入“客户分类”窗口，如图 2-32 所示。

图 2-32 “客户分类”窗口

示例 2.10
设置客户分类

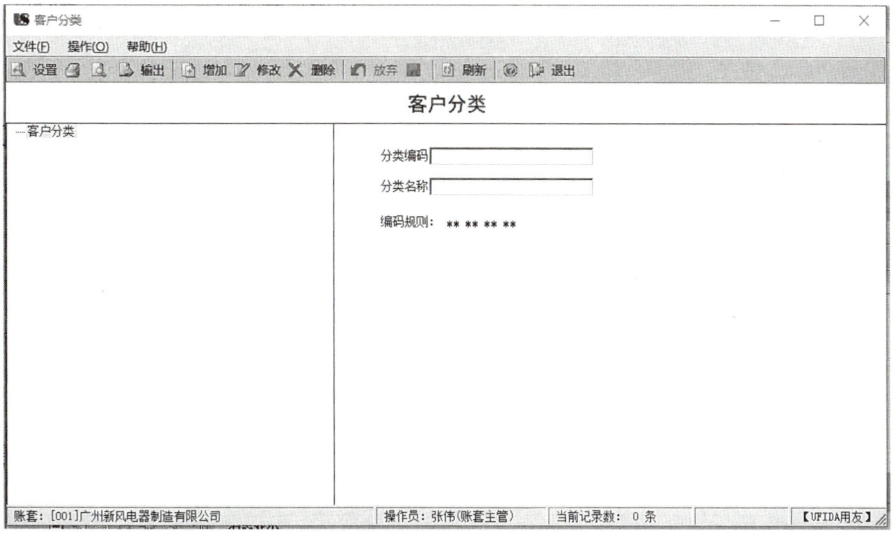

（2）单击"增加"按钮，在右侧编辑区域输入分类编码为"01"，分类名称为"代销"，单击"保存"按钮，保存此次增加的客户分类。其他客户分类信息可按此方法操作，此处不再赘述。

3. 设置客户档案

（1）执行"基础档案"—"客商信息"—"客户档案"命令，进入"客户档案"窗口，如图2-33所示。

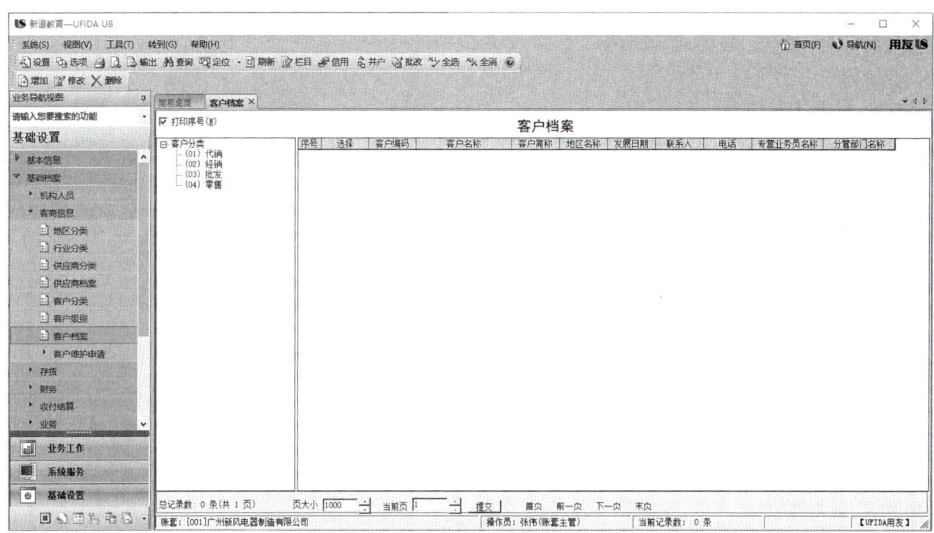

图2-33 "客户档案"窗口

（2）在左侧列表中选择"01 客户分类"，单击"增加"按钮，在"增加客户档案"窗口的"基本"页面中输入客户编码为"001"，客户名称为"科鑫商贸有限公司"，客户简称为"科鑫商贸"，所属地区为"04 西南"，所属分类为"01 代销"，税号为"91543113MA60327T5M"，在"联系"页面中填写地址为"重庆市巴南区红光大道22号"，电话为"023-66585542"，分管部门为"销售一部"，专管业务员为"黄芳萍"，如图2-34所示。

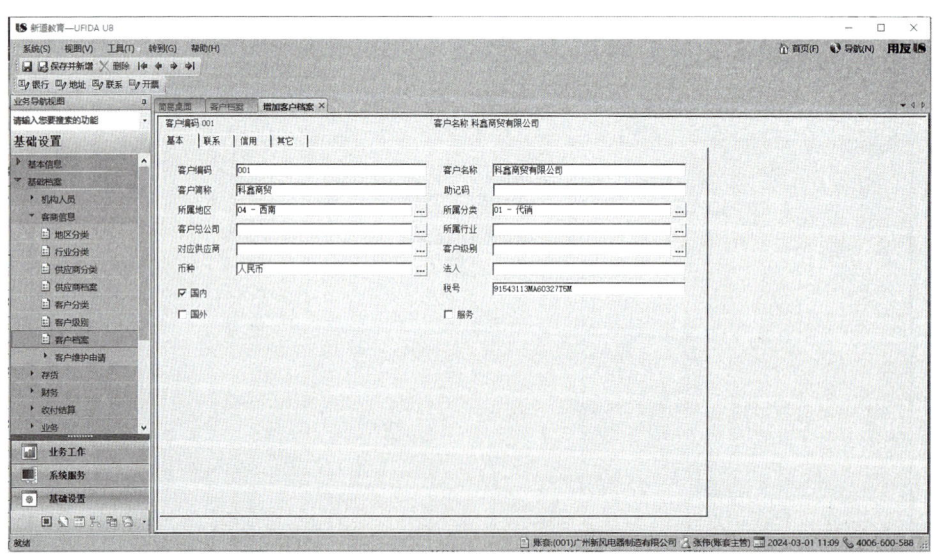

图2-34 "增加客户档案"窗口

(3) 单击"银行"按钮,进入"客户银行档案"窗口。

(4) 单击"增加"按钮,在所属银行栏中输入"中国工商银行"或双击录入框,单击"…"按钮进入"银行档案基本参照"窗口,选择"中国工商银行",输入开户银行为"中国工商银行重庆市九龙坡支行",银行账号为"6622008705309854",选择默认值为"是",如图 2-35 所示。

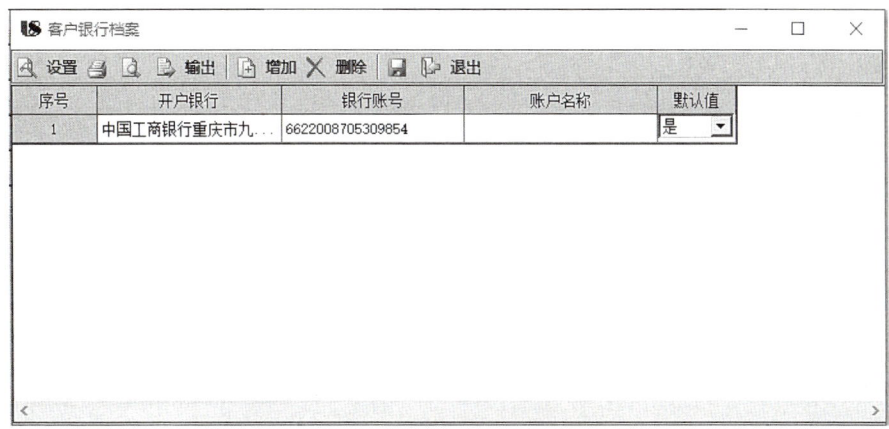

图 2-35 "客户银行档案"窗口

(5) 单击"保存"按钮,确认输入的信息并退出。其他客户档案信息可按此方法操作,此处不再赘述。

4. 设置供应商分类

(1) 执行"基础档案"—"客商信息"—"供应商分类"命令,进入"供应商分类"窗口,如图 2-36 所示。

示例 2.12 设置供应商分类

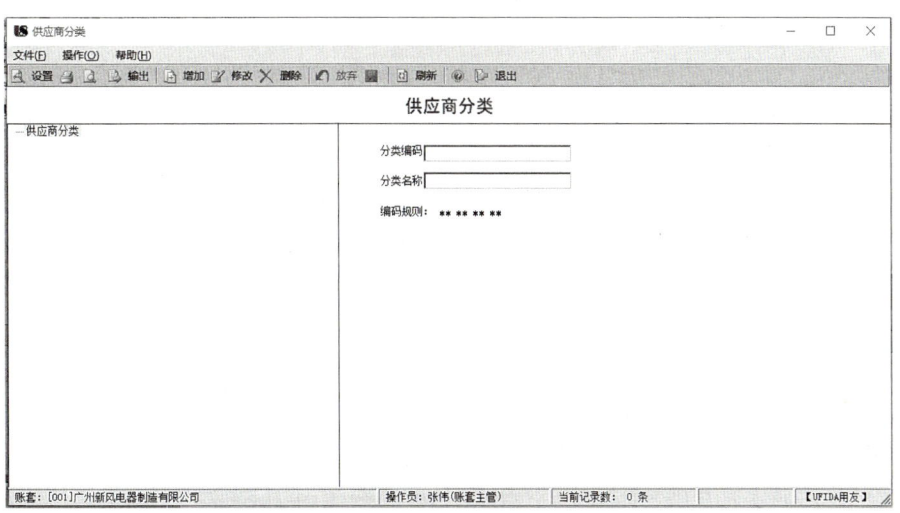

图 2-36 "供应商分类"窗口

(2) 单击"增加"按钮,在右侧编辑区域输入供应商分类编码为"01",分类名称为"散热器供应商",单击"保存"按钮,保存此次增加的客户分类。其他客户分类信息可按此方法操作,此处不再赘述。

45

5. 设置供应商档案

示例 2.13
设置供应商
档案

（1）执行"基础档案"—"客商信息"—"供应商档案"命令，进入"供应商档案"窗口。

（2）在左侧的列表中选择"供应商分类"，单击"增加"按钮，进入"增加供应商档案"窗口。

（3）在"基本"页面中输入供应商编码为"001"，供应商名称为"苏州华城机械厂"，供应商简称为"苏州华城"，所属分类为"03 电机供应商"，税号为"3141023542MA021223"，开户银行为中国银行苏州市朝阳路支行，银行账号为"6216008705365545"，如图 2-37 所示。

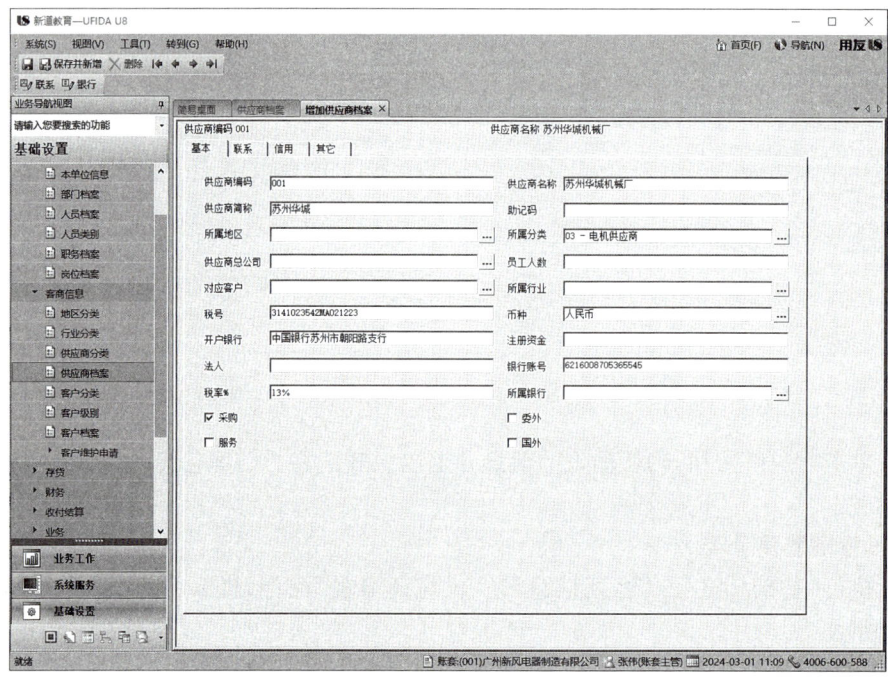

图 2-37 "增加供应商档案"窗口

（4）单击"联系"按钮，输入地址为"苏州市朝阳路 23 号"，电话为"0512-66585542"，分管部门为"采购部"，分管业务员为"刘英杰"。

（5）单击"保存并新增"按钮，保存此次新增的供应商档案，并进入新的"供应商档案增加"窗口。其他客户档案信息可按此方法操作，此处不再赘述。

> **提示**
>
> 客户分类、供应商分类必须逐级增加，不能越级增加。
>
> 输入客户分类、供应商分类时需要遵守编码方案中的设定。若不遵守编码规则设定，则保存时，系统会弹出"填写的编码不符合规则"提示，信息无法保存。
>
> 已经使用的客户分类、非末级客户分类、供应商分类、非末级供应商分类均不能删除。
>
> 若要修改客户分类、供应商分类，只能修改类别名称，不能修改类别编码。
>
> 在客户档案信息和供应商档案信息录入过程中，客户（供应商）编码、客户（供应商）名称、客户（供应商）简称、所属分类等作为客户的主要信息，必须录入，若没有录入，在保存时，系统会弹出提示信息。

子任务 2-6　存货信息设置

任务内容

1. 设置存货计量单位组
存货计量单位组，如表 2-11 所示。

表 2-11　存货计量单位组

计量单位组编码	计量单位组名称	计量单位组类别
01	基本计量单位	无换算率

2. 设置存货计量单位
存货计量单位，如表 2-12 所示。

表 2-12　存货计量单位

计量单位组编码	计量单位编码	计量单位名称
01	1	个
	2	箱
	3	千米
	4	度
	5	吨
	6	台
	7	片
	8	组

3. 设置存货分类
存货分类，如表 2-13 所示。

表 2-13　存货分类

分类编码	分类名称	分类编码	分类名称
01	原材料	03	周转材料
02	产成品	04	其他

4. 设置存货档案
存货档案，如表 2-14 所示。

表 2-14 存货档案

存货分类	存货编码	存货名称	计量单位组编码	计量单位	存货属性	税率
原材料	101	散热器	01	片	外购、生产耗用	13%
	102	控制器	01	个	外购、生产耗用	13%
	103	电机	01	个	外购、生产耗用	13%
	104	电	01	度	外购、生产耗用	13%
	105	水	01	吨	外购、生产耗用	9%
	106	塑料制品	01	箱	外购、生产耗用	13%
产成品	201	落地扇	01	台	内销、自制、外销、外购	13%
	202	吊扇	01	台	内销、自制、外销、外购	13%
	203	无叶风扇	01	台	内销、自制、外销、外购	13%
周转材料	301	生产耗材	01	组	外购、生产耗用	13%
其他	401	运输费	01	公里	外销、外购、应税劳务	9%

 任务操作

以"001 张伟"的身份登录企业应用平台,完成存货信息设置。

1. 设置存货计量单位组

(1) 执行"基础设置"—"基础档案"—"存货"—"计量单位"—"分组"命令,进入"计量单位组"窗口。

(2) 单击"增加"按钮,输入计量单位组编码为"01",计量单位组名称为"基本计量单位",计量单位组类别为"无换算率",如图 2-38 所示。

(3) 单击"保存"按钮,保存此次操作。

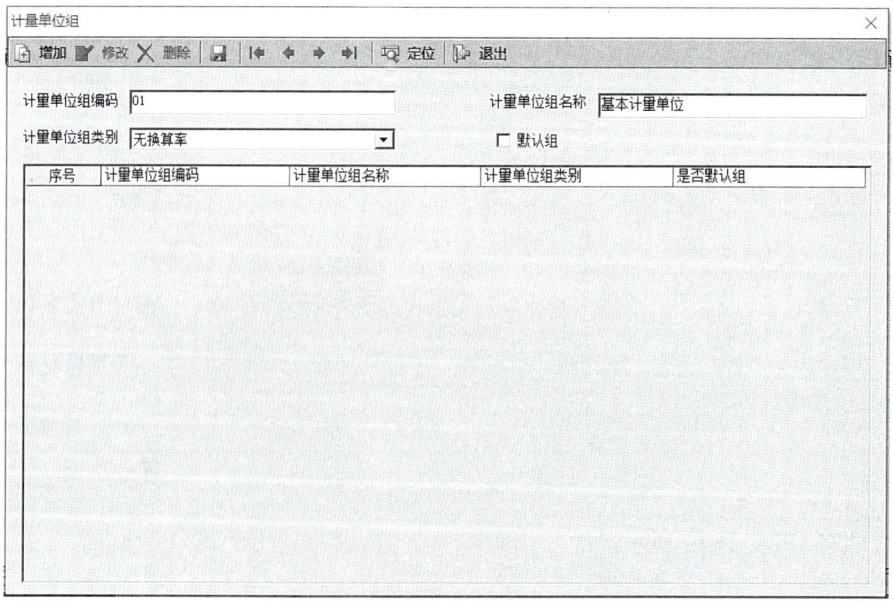

图 2-38 "计量单位组"窗口

示例 2.14 设置存货计量单位组与存货计量单位

(4) 单击"退出"按钮,返回"计量单位—(01)基本计量单位〈无换算率〉"窗口。

(5) 单击"退出"按钮,完成增加存货计量单位组操作。

2. 设置存货计量单位

(1) 执行"基础设置"—"基础档案"—"存货"—"计量单位"命令,进入"计量单位—(01)基本计量单位〈无换算率〉"窗口。

(2) 在左侧列表中,选择"(01)基本计量单位〈无换算率〉",单击"单位"按钮,进入"计量单位"窗口。

(3) 单击"增加"按钮,输入计量单位编码为"1",计量单位名称为"个",如图2-39所示。输入完毕后单击"保存"按钮,保存此次操作内容。

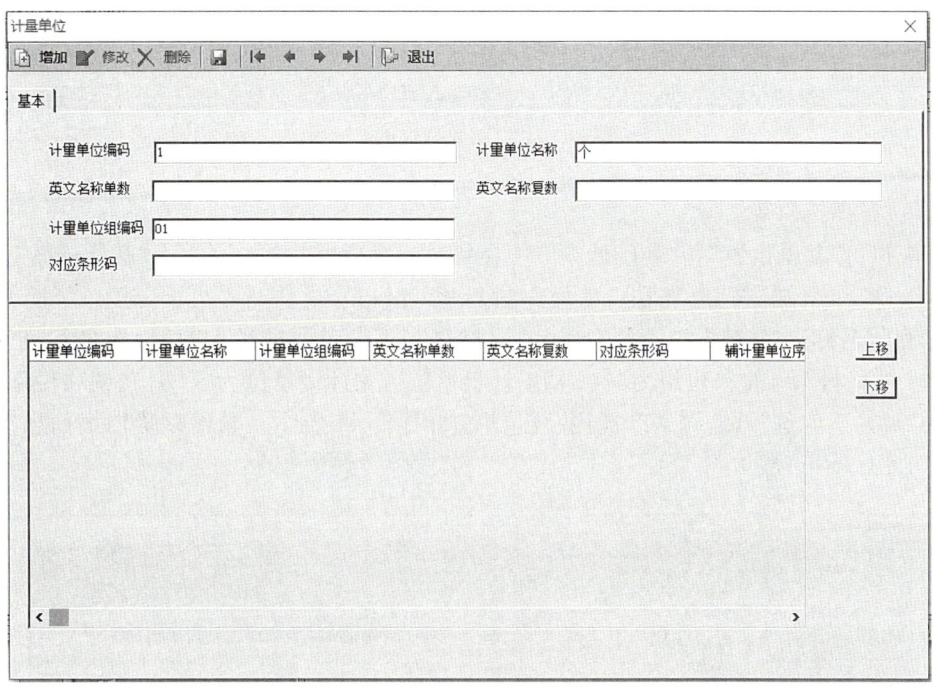

图2-39 "计量单位"窗口

根据上述操作步骤,继续完成其他存货计量单位信息的输入,此处不再赘述。

(4) 所有计量单位信息输入完毕后,单击"退出"按钮,返回"计量单位—(01)基本计量单位〈无换算率〉"窗口。

(5) 单击"退出"按钮,完成存货计量单位信息的设置。

3. 设置存货分类

(1) 执行"基础设置"—"基础档案"—"存货"—"存货分类"命令,进入"存货分类"窗口。

(2) 单击"增加"按钮,在"存货分类"对话框,输入分类编码为"01",分类名称为"原材料",输入完毕后,单击"保存"按钮。

(3) 其他存货分类信息按此步骤逐一输入,输入完毕后,如图2-40所示。

(4) 单击"退出"按钮,存货分类信息输入完毕。

示例2.15
设置存货分类

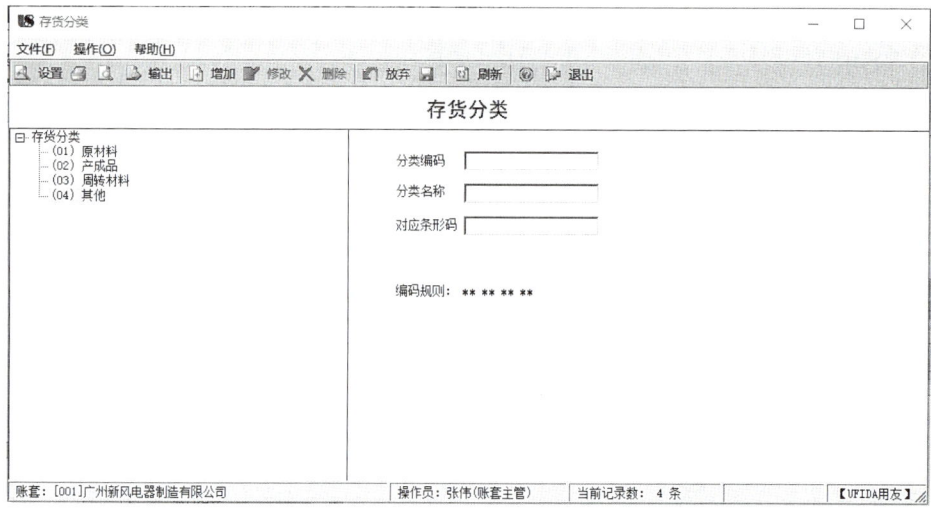

图 2-40 "存货分类"窗口

4. 设置存货档案

示例 2.16 设置存货档案

（1）执行"基础设置"—"基础档案"—"存货"—"存货档案"命令，进入"存货档案"窗口。

（2）单击"增加"按钮，打开"增加存货档案"窗口，在"基本"页面，输入存货编码为"101"，存货名称为"散热器"，存货分类为"原材料"，双击对话框进入"存货档案参照"窗口，选择"01 原材料"，计量单位组为"01-基本计量单位"，主计量单位为"7-片"，销项税率、进项税率为"13%"，勾选"外购""生产耗用"复选框，如图 2-41 所示。其他存货档案信息按此步骤操作，此处不再赘述。

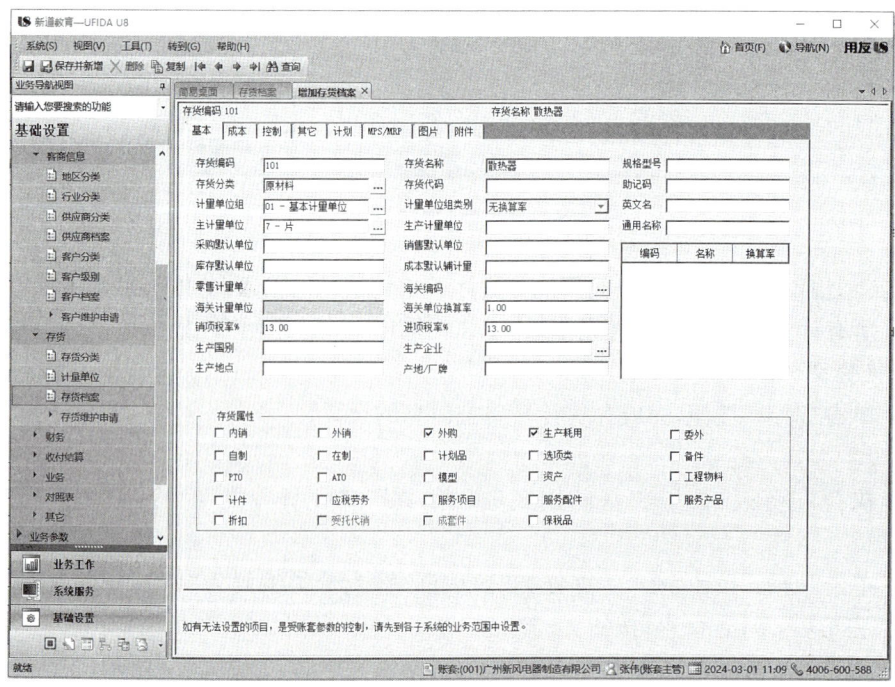

图 2-41 "增加存货档案"窗口

子任务 2-7 财务信息设置

 **任务内容**

1. 设置结算方式

结算方式,如表 2-15 所示。

表 2-15 结算方式

结算方式编码	结算方式名称	票据管理
1	现金结算	否
2	支票结算	否
201	转账支票	否
202	现金支票	否
3	商业汇票	否
301	商业承兑汇票	否
302	银行承兑汇票	否
4	电汇	否
5	其他	否

2. 外币设置

设置外币币符为 USD,币名为美元,固定汇率为 1∶7.284 8。

3. 设置开户银行信息

开户银行信息,如表 2-16 所示。

表 2-16 开户银行信息

项目	信息内容	信息内容
编码	01	02
开户银行名称	交通银行广州小北支行	中国银行广州白云支行
所属银行编码	00003	00002
账号	41124816627688987	42204835867258416
账户名称	广州新风电器制造有限公司	广州新风电器制造有限公司
币种	人民币	美元
机构号	43 521	20 001
联行号	2766	0562

4. 银行档案设置

银行编码:00014

银行名称：交通银行广州小北支行

个人账户规则：定长，账号长度11位，自动带出账号长度7位。

5. 设置付款条件

付款条件，如表2-17所示。

表2-17 付款条件

单位：天

付款条件编码	信用天数	优惠天数1	优惠率1	优惠天数2	优惠率2
01	30	10	2	20	1
02	60	20	2	40	1
03	60	30	2	45	1

6. 设置凭证类别

凭证类别设置为记账凭证。

7. 增加会计科目

会计科目，如表2-18所示。

表2-18 会计科目

科目编码	科目名称	余额方向	账页格式	辅助账类型	外币币种	数量单位	受控系统	备注
100201	交行存款	借	金额式	—	—	—	—	新增
100202	中行存款	借	金额式	—	美元	—	—	新增
112101	银行承兑汇票	借	金额式	客户往来	—	—	应收系统	新增
112102	商业承兑汇票	借	金额式	客户往来	—	—	应收系统	新增
1122	应收账款	借	金额式	客户往来	—	—	应收系统	修改
1123	预付账款	借	金额式	供应商往来	—	—	应付系统	修改
122101	应收个人款	借	金额式	个人往来	—	—	—	新增
1403	原材料	借	数量金额式	—	—	—	—	修改
140301	散热器	借	数量金额式	—	—	片	—	新增
140302	控制器	借	数量金额式	—	—	个	—	新增
140303	电机	借	数量金额式	—	—	个	—	新增
140304	塑料制品	借	数量金额式	—	—	箱	—	新增
1405	库存商品	借	数量金额式	项目核算	—	—	—	修改
140501	落地扇	借	数量金额式	—	—	台	—	新增
140502	吊扇	借	数量金额式	—	—	台	—	新增
140503	无叶风扇	借	数量金额式	—	—	台	—	新增
220101	银行承兑汇票	贷	金额式	供应商往来	—	—	应付系统	新增
220102	商业承兑汇票	贷	金额式	供应商往来	—	—	应付系统	新增
220201	应付货款	贷	金额式	供应商往来	—	—	应付系统	新增

（续表）

科目编码	科目名称	余额方向	账页格式	辅助账类型	外币币种	数量单位	受控系统	备注
220202	暂估应付款	贷	金额式	供应商往来	—	—	应付系统	新增
220203	其他	贷	金额式	供应商往来	—	—	应付系统	新增
220301	货款	贷	金额式	客户往来	—	—	应收系统	新增
220302	其他	贷	金额式	客户往来	—	—	应收系统	新增
221101	工资	贷	金额式	—	—	—	—	新增
221102	职工福利	贷	金额式	—	—	—	—	新增
221103	社会保险	贷	金额式	—	—	—	—	新增
221104	住房公积金	贷	金额式	—	—	—	—	新增
221105	工会经费	贷	金额式	—	—	—	—	新增
221106	职工教育经费	贷	金额式	—	—	—	—	新增
221107	其他	贷	金额式	—	—	—	—	新增
222101	应交增值税	贷	金额式	—	—	—	—	新增
22210101	进项税额	贷	金额式	—	—	—	—	新增
22210102	销项税额	贷	金额式	—	—	—	—	新增
22210103	进项税额转出	贷	金额式	—	—	—	—	新增
22210104	转出未交增值税	贷	金额式	—	—	—	—	新增
222102	未交增值税	贷	金额式	—	—	—	—	新增
222103	已交增值税	贷	金额式	—	—	—	—	新增
222104	应交城市维护建设税	贷	金额式	—	—	—	—	新增
222105	应交教育费附加	贷	金额式	—	—	—	—	新增
222106	应交地方教育附加	贷	金额式	—	—	—	—	新增
222107	应交个人所得税	贷	金额式	—	—	—	—	新增
224101	单位	贷	金额式	供应商往来	—	—	—	新增
224102	个人	贷	金额式	个人往来	—	—	—	新增
224103	其他	贷	金额式	—	—	—	—	新增
410101	法定盈余公积	贷	金额式	—	—	—	—	新增
410102	任意盈余公积	贷	金额式	—	—	—	—	新增
410401	未分配利润	贷	金额式	—	—	—	—	新增
410402	提取任意盈余公积	贷	金额式	—	—	—	—	新增
410403	提取法定盈余公积	贷	金额式	—	—	—	—	新增
500101	直接材料	借	金额式	项目核算	—	—	—	新增
500102	直接人工	借	金额式	—	—	—	—	新增
500103	制造费用	借	金额式	—	—	—	—	新增

(续表)

科目编码	科目名称	余额方向	账页格式	辅助账类型	外币币种	数量单位	受控系统	备注
500104	其他	借	金额式	—	—	—	—	新增
510101	工资	借	金额式	—	—	—	—	新增
510102	职工教育经费	借	金额式	—	—	—	—	新增
510103	社会保险	借	金额式	—	—	—	—	新增
510104	折旧费	借	金额式	—	—	—	—	新增
510105	水电费	借	金额式	—	—	—	—	新增
510106	工会经费	借	金额式	—	—	—	—	新增
6001	主营业务收入	贷	金额式	项目核算	—	—	—	修改
6401	主营业务成本	借	金额式	项目核算	—	—	—	修改
660101	职工薪酬	借	金额式	部门核算	—	—	—	新增
660102	折旧费	借	金额式	部门核算	—	—	—	新增
660103	修理费	借	金额式	部门核算	—	—	—	新增
660104	工会经费	借	金额式	部门核算	—	—	—	新增
660105	水费	借	金额式	部门核算	—	—	—	新增
660106	电费	借	金额式	部门核算	—	—	—	新增
660107	办公费	借	金额式	部门核算	—	—	—	新增
660108	差旅费	借	金额式	部门核算	—	—	—	新增
660109	业务招待费	借	金额式	部门核算	—	—	—	新增
660110	职工教育经费	借	金额式	部门核算	—	—	—	新增
660111	其他	借	金额式	部门核算	—	—	—	新增
660201	职工薪酬	借	金额式	部门核算	—	—	—	新增
660202	折旧费	借	金额式	部门核算	—	—	—	新增
660203	修理费	借	金额式	部门核算	—	—	—	新增
660204	工会经费	借	金额式	部门核算	—	—	—	新增
660205	水费	借	金额式	部门核算	—	—	—	新增
660206	电费	借	金额式	部门核算	—	—	—	新增
660207	办公费	借	金额式	部门核算	—	—	—	新增
660208	差旅费	借	金额式	部门核算	—	—	—	新增
660209	职工教育经费	借	金额式	部门核算	—	—	—	新增
660210	业务招待费	借	金额式	部门核算	—	—	—	新增
660211	培训费	借	金额式	部门核算	—	—	—	新增

（续表）

科目编码	科目名称	余额方向	账页格式	辅助账类型	外币币种	数量单位	受控系统	备注
660212	其他	借	金额式	部门核算	—	—		新增
660301	利息支出	借	金额式	—	—	—		新增
660302	利息收入	贷	金额式	—	—	—		新增
660303	其他费用	借	金额式	—	—	—		新增
660304	工本费	借	金额式	—	—	—		新增
6702	信用减值损失	借	金额式	—	—	—		新增

注：库存现金为日记账；银行存款、交行存款、中行存款为银行账、日记账。

8. 指定会计科目

指定1001为现金科目。

指定1002为银行科目。

指定1001、100201、100202、1012为现金流量科目。

9. 设置项目目录

项目目录，如表2-19所示。

表2-19 项目目录

项目设置步骤	设置内容
项目大类	产品成本核算
核算科目	库存商品 直接材料 主营业务收入 主营业务成本
项目分类	1 自产产成品 2 半成品
项目名称	01 落地扇　　所属分类码1 02 吊扇　　　所属分类码2 03 无叶风扇　所属分类码2

任务操作

以"001 张伟"的身份登录企业应用平台，完成财务信息设置。

1. 设置结算方式

（1）执行"基础设置"—"基础档案"—"收付结算"—"结算方式"命令，进入"结算方式"窗口。

（2）单击"增加"按钮，输入结算方式编码为"1"，结算方式名称为"现金结算"，取消勾选"票据管理""适用零售"复选框。

（3）单击"保存"按钮，保存此次操作。其他结算方式按此步骤操作，此处不再赘述，如图2-42所示。

示例2.17
设置结算方式

（4）单击"退出"按钮，完成任务操作。

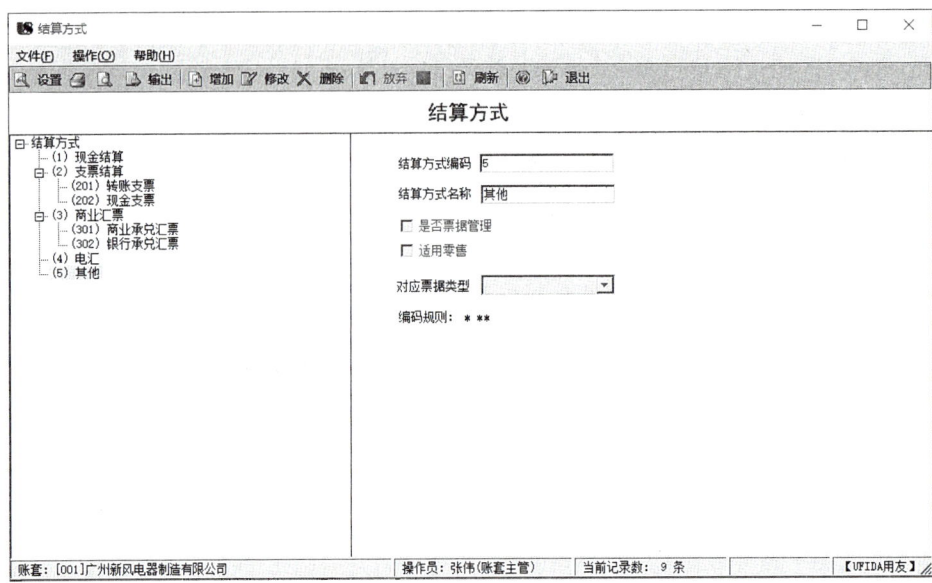

图 2-42 "结算方式"窗口

2. 外币设置

示例 2.18
外币设置

（1）执行"基础设置"—"基础档案"—"财务"—"外币设置"命令，进入"外币设置"窗口。
（2）输入币符为"USD"，币名为"美元"，单击"确认"按钮，保存外币信息。
（3）在列表中找到月份"2024.03"，单击"记账汇率"输入框，输入记账汇率为"7.28480"，如图 2-43 所示，保存已输入的记账汇率信息，单击"退出"按钮。

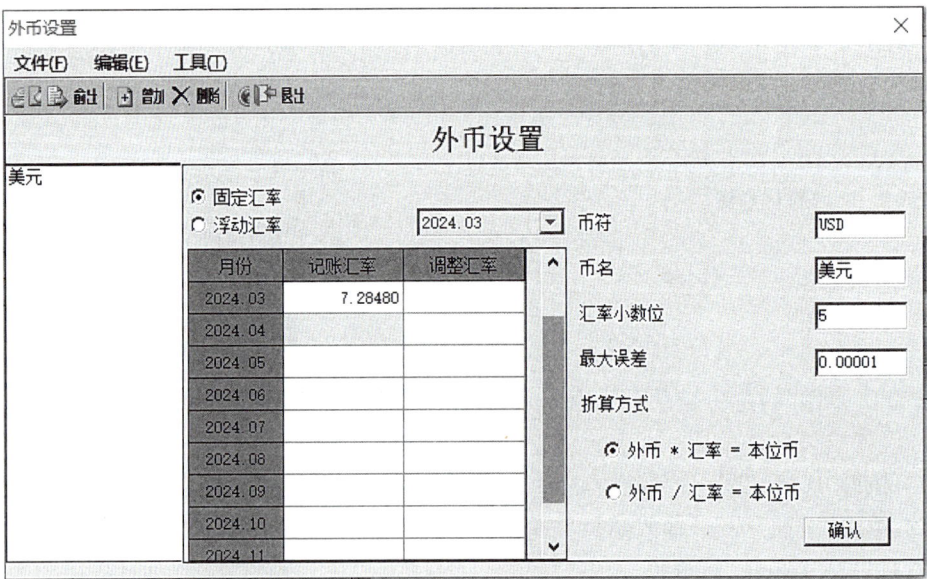

图 2-43 "外币设置"窗口

> **提示**
> 根据任务要求,需要使用固定汇率,则应在每月月初录入记账汇率(即期初汇率),月末计算汇兑损益时录入调整汇率(即期末汇率);如果使用浮动汇率,则应每天在此录入当日汇率。

3. 设置开户银行信息

(1) 执行"基础设置"—"基础档案"—"收付结算"—"本单位开户银行"命令,进入"本单位开户银行"窗口。

(2) 单击"增加"按钮,进入"增加本单位开户银行"窗口,输入编码为"01",银行账号为"41124816627688987",账户名称为"广州新风电器制造有限公司",币种为"人民币",开户银行为"交通银行广州小北支行",在所属银行编码在下拉列表中选择"00003—交通银行",如图2-44所示。

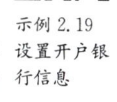
示例2.19
设置开户银行信息

(3) 单击"保存"按钮,保存此次操作。其他开户银行信息按此步骤操作,此处不再赘述。所有任务内容录入完毕后,单击"退出"按钮,完成此任务操作。

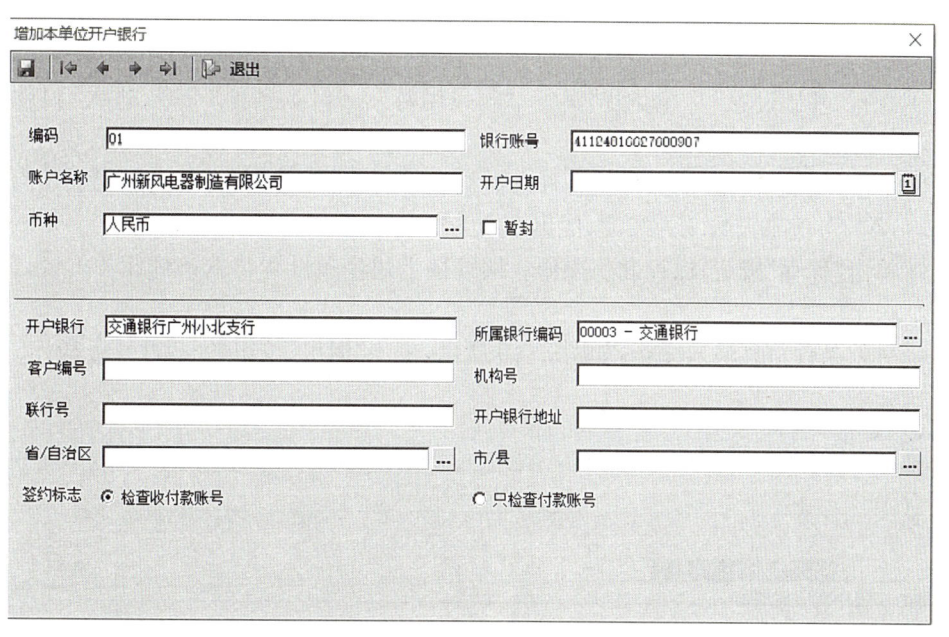

图2-44 "增加本单位开户银行"窗口

4. 设置银行档案

(1) 执行"基础设置"—"基础档案"—"收付结算"—"银行档案"命令,单击"增加"按钮,进入"增加银行档案"窗口。

(2) 输入银行编码为"00014",银行名称为"交通银行广州小北支行",账号长度为"11",自动带出账号长度为"7",勾选"定长"选项,如图2-45所示。

示例2.20
设置银行档案

(3) 单击"保存"按钮,退出"增加银行档案"窗口。

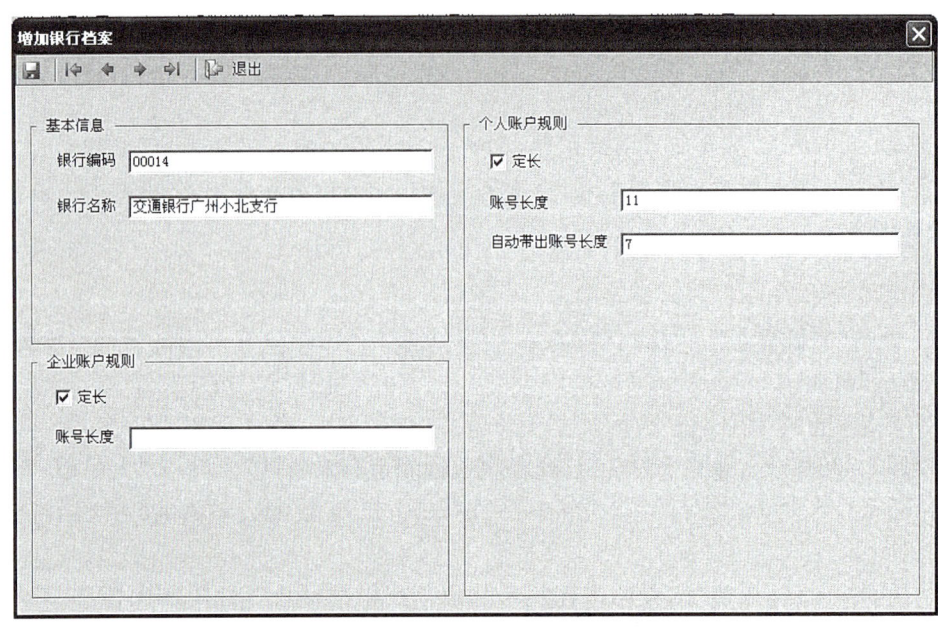

图 2-45 "增加银行档案"窗口

5. 设置付款条件

(1) 执行"基础设置"—"基础档案"—"收付结算"—"付款条件"命令,进入"付款条件"窗口。

(2) 单击"增加"按钮,输入付款条件编码为"01",信用天数为"30",优惠天数1为"10",优惠率1为"2",优惠天数2为"20",优惠率2为"1"。

(3) 单击"保存"按钮,保存此次操作。继续按上述步骤设置付款条件任务内容,此处不再赘述。

(4) 付款条件信息输入完毕,如图 2-46 所示,单击"退出"按钮,完成此任务操作。

示例 2.21 设置付款条件

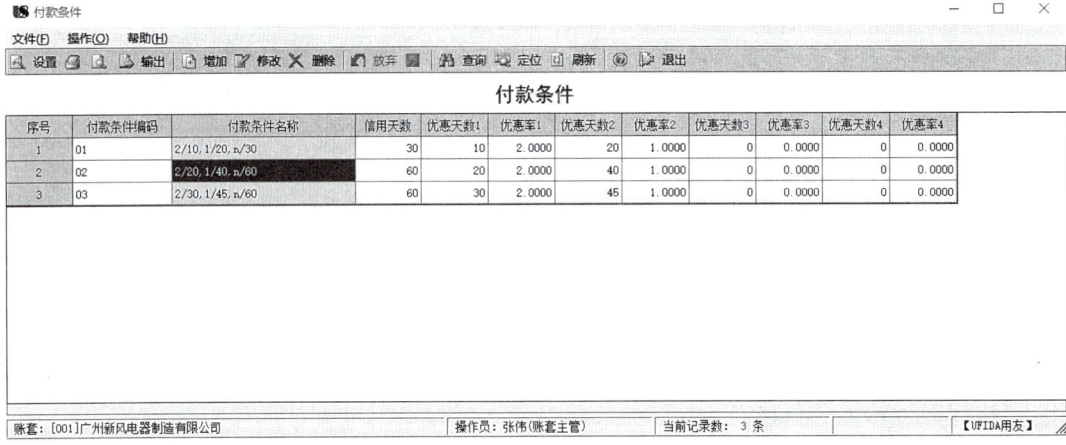

图 2-46 "付款条件"窗口

6. 设置凭证类别

(1) 执行"基础设置"—"基础档案"—"财务"—"凭证类别"命令,进入"凭证类别"窗口,如图 2-47 所示。

(2) 系统共提供了五种常用的凭证分类方式,根据任务要求,此处不需要修改。单击"确定"按钮后,进入"凭证类别"窗口,单击"退出"按钮,即完成凭证类别设置任务操作。

示例 2.22 设置凭证类别

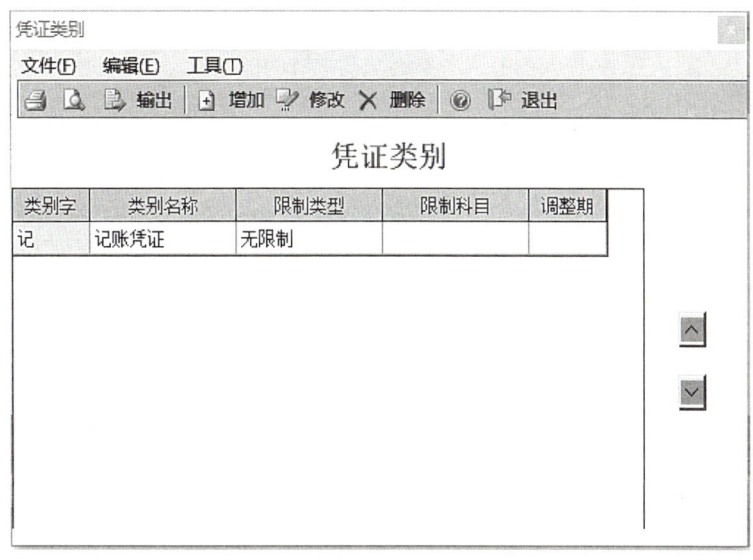

图 2-47 "凭证类别"窗口

 提示

凭证类别一经使用,无法删除。

设置辅助核算项时,建议同时设置受控系统,否则容易出现对账错误。

7. 新增会计科目

(1) 执行"基础设置"—"基础档案"—"财务"—"会计科目"命令,进入"会计科目_修改"窗口。

(2) 单击"增加"按钮,进入"新增会计科目"窗口,输入科目编码为"100201",科目名称为"交行存款",账页格式为"金额式",勾选"日记账""银行账"选项,如图 2-48 所示。

(3) 单击"确定"按钮确认录入信息,即可完成一条会计科目的新增。其他新增会计科目任务,可按此操作布置逐一新增,此处不再赘述。

示例 2.23 新增会计科目

8. 修改会计科目

(1) 执行"基础设置"—"基础档案"—"财务"—"会计科目"命令,进入"会计科目"窗口。

(2) 选中需要修改的"1001 库存现金"会计科目,单击"修改"按钮,进入"会计科目_修改"窗口,勾选"日记账"选项,单击"确认"按钮,即完成修改会计科目操作,如图 2-49 所示。

示例 2.24 修改会计科目

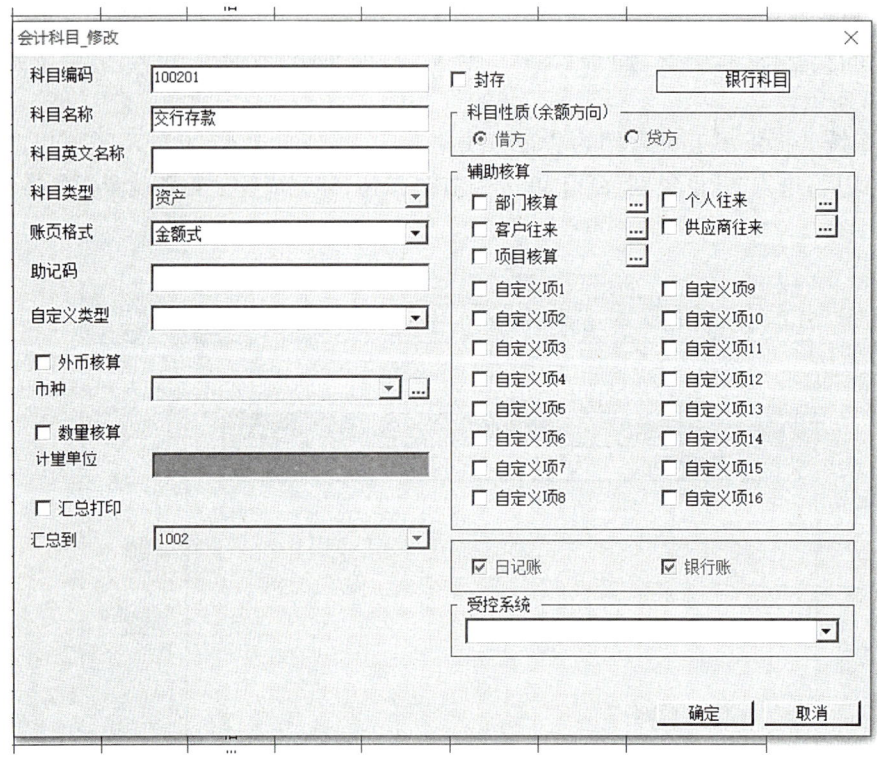

图 2-48 新增会计科目

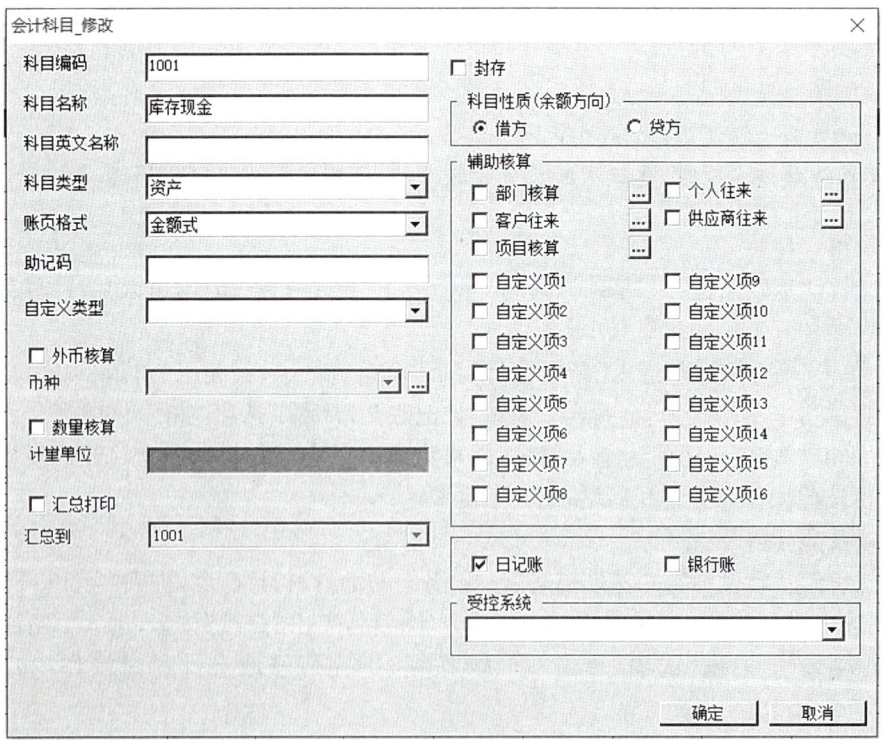

图 2-49 修改会计科目

9. 设置辅助账类型

（1）执行"基础档案"—"财务"—"会计科目"命令，进入"新增会计科目"窗口。

（2）选中"1122 应收账款"，单击"修改"按钮，进入"会计科目_修改"窗口。

（3）单击"修改"按钮，在右侧辅助核算标签中，勾选"客户往来"复选框，在受控系统下拉框中选择"应收系统"，如图 2-50 所示。操作完毕后，单击"确定"按钮。

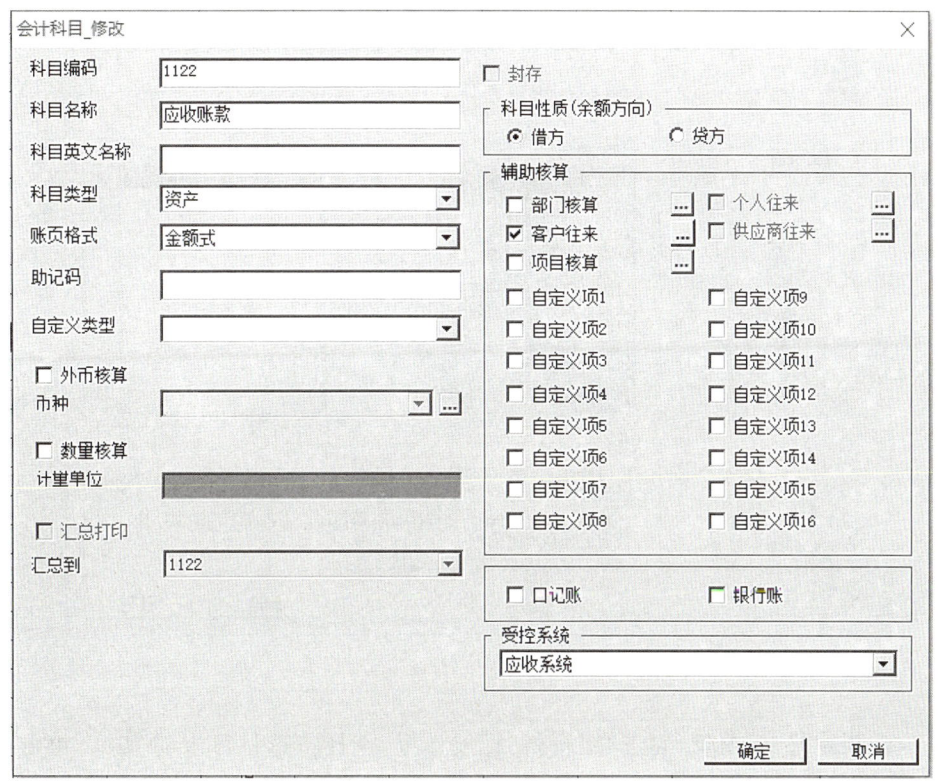

图 2-50 设置辅助账类型

（4）其他有辅助核算的科目设置按此步骤操作，此处不再赘述。待所有会计科目信息输入完毕后，单击"退出"按钮，完成此操作任务。

> **提示**
>
> 所有新增科目编码必须唯一，科目编码必须按照级次的先后顺序建立，且只能由数字组成，长度必须符合编码规则。
>
> 会计科目的增加不受限制，随时可以新增，若该科目已经使用的情况下是无法修改和删除的，未使用的情况下可以修改会计科目，但不允许修改科目编码。
>
> 系统提供了部门核算、个人往来、客户往来、供应商往来、项目核算等辅助核算项目，企业可以根据业务情况进行设置。
>
> 如果科目只允许由特定系统生成凭证，将收账款设定为应收系统受控，原则上应收账款科目不能由总账模块直接制单，而需要在应收账款管理系统制单，然后传递到总账系统。

10. 指定会计科目

示例2.25
指定会计科目

(1) 执行"基础设置"—"基础档案"—"财务"—"会计科目"命令,进入"会计科目"窗口。
(2) 执行"编辑"—"指定科目"命令,进入"指定科目"窗口。
(3) 在"指定科目"窗口,勾选"现金科目"复选框,选择待选科目中的"1001 库存现金"科目,单击"」"按钮,将待选科目移至已选科目框中,单击"确定"按钮,确认保存此次操作,如图 2-51 所示。

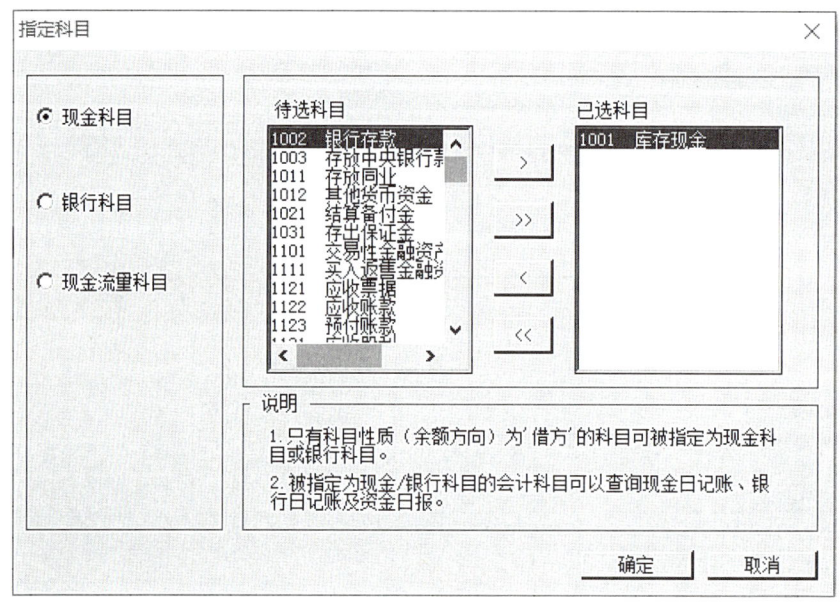

图 2-51 "指定科目"窗口

(4) 在"指定科目"窗口,勾选"银行科目"复选框,选择待选科目中的"1002 银行存款""100201 交行存款""100202 中行存款"科目,单击"》"按钮,将所选择的待选科目移至已选科目框中,单击"确定"按钮,确认保存此次操作。

(5) 在"指定科目"窗口,勾选"现金流量科目"复选框,选择待选科目中的"1001 库存现金""100201 交行存款""100202 中行存款"科目,单击""按钮,将所选择的待选科目移已选科目框中,单击"确定"按钮,确认保存此次操作。

> **提示**
> 指定会计科目是出纳工作的基础,不指定现金科目则无法实现现金日记账的功能,不指定银行科目则无法进行银行对账功能,不指定现金流量科目无法生成现金流量表。

11. 设置项目目录

示例2.26
设置项目目录

根据企业业务核算需要,企业需要对某些具体的项目单独进行核算和管理,如生产成本、固定资产等,即需要将单独核算和管理的内容设置为一个项目进行核算。在用友U8V10.1 软件中,在设置项目目录前,需要定义项目大类。

(1) 执行"基础设置"—"基础档案"—"财务"—"项目目录"命令,进入"项目档案"窗口。

(2) 单击"增加"按钮,输入新项目大类名称为"产品成本核算",勾选项目属性为"普通项目",如图2-52所示。

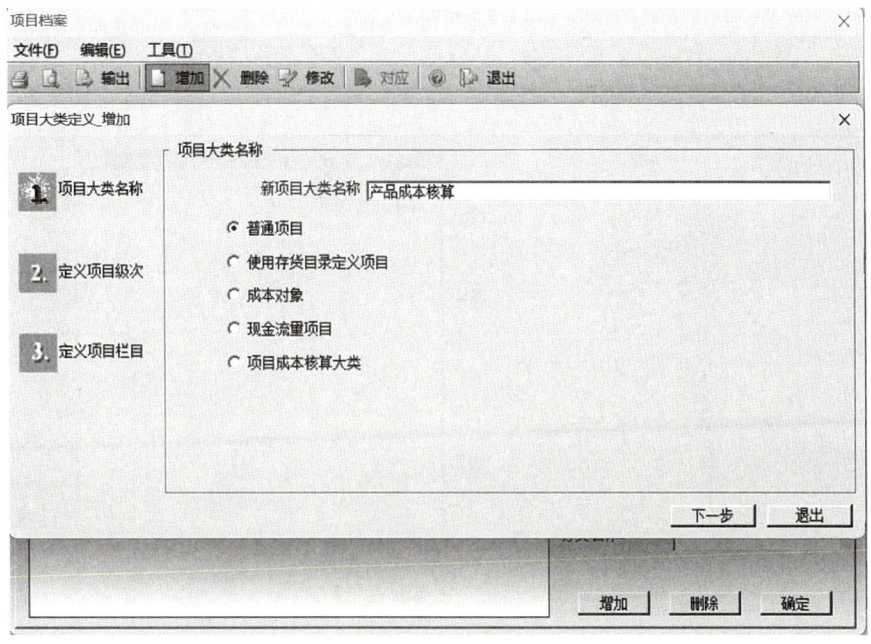

图2-52 "项目档案"窗口

(3) 单击"下一步"按钮,进入"定义项目级次"窗口。项目级次是指对项目大类下设明细类别级次和最大编码长度的定义,系统默认一级为"1",其他均为"0"。根据任务内容,修改一级为"2",其他使用系统默认。

(4) 单击"下一步"按钮,进入"定义项目栏目"窗口,根据任务内容,使用系统默认,单击"完成"按钮,返回"项目档案"窗口。单击"项目大类"下拉框,可见新增的"产品成本核算",此时完成新增项目大类任务。

(5) 单击"核算科目"页签,单击" >> "按钮,将所选择的待选科目移至已选科目框中,单击"确定"按钮,如图2-53所示。

(6) 单击"项目分类定义"页签,单击右侧框中"产品成本核算",如图2-54所示,分类编码处输入"1",分类名称为"自产产成品",单击"增加"按钮。其他项目档案设置按此步骤操作,此处不再赘述。

(7) 单击"项目目录"页签,单击"维护"按钮,进入"项目目录维护"窗口。

(8) 单击"增加"按钮,进入"项目档案"窗口。根据任务内容,输入项目编号为"01",项目名称为"落地扇",所属分类码为"1"。其他项目档案按此步骤逐一输入,如图2-55所示,此处不再赘述。

(9) 所有信息输入完毕后,单击"退出"按钮。返回"项目档案"窗口,单击"退出"按钮,完成项目目录新增任务。

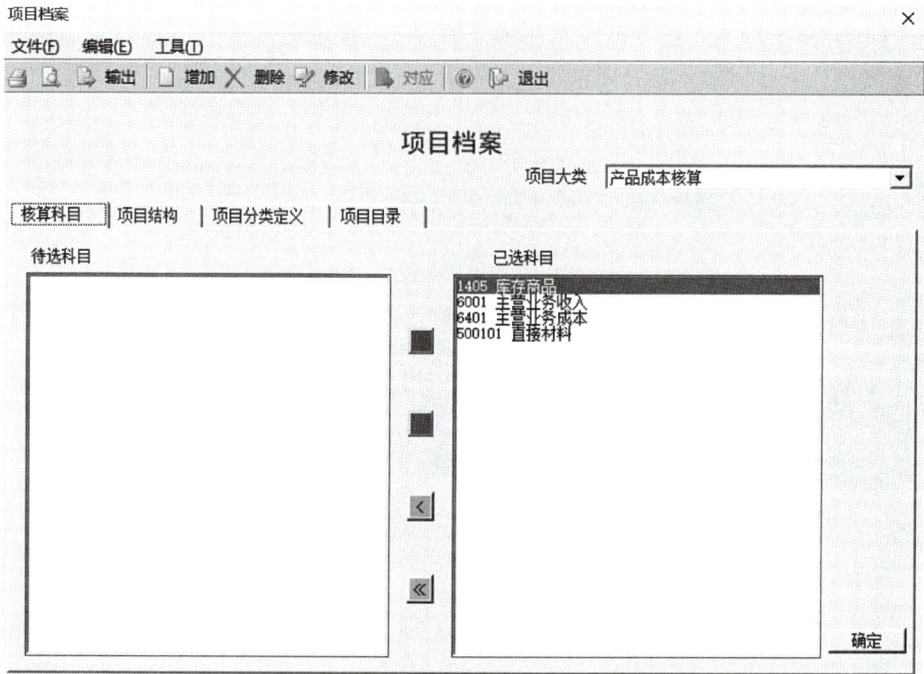

图 2-53 "核算科目"窗口

图 2-54 "项目分类定义"窗口

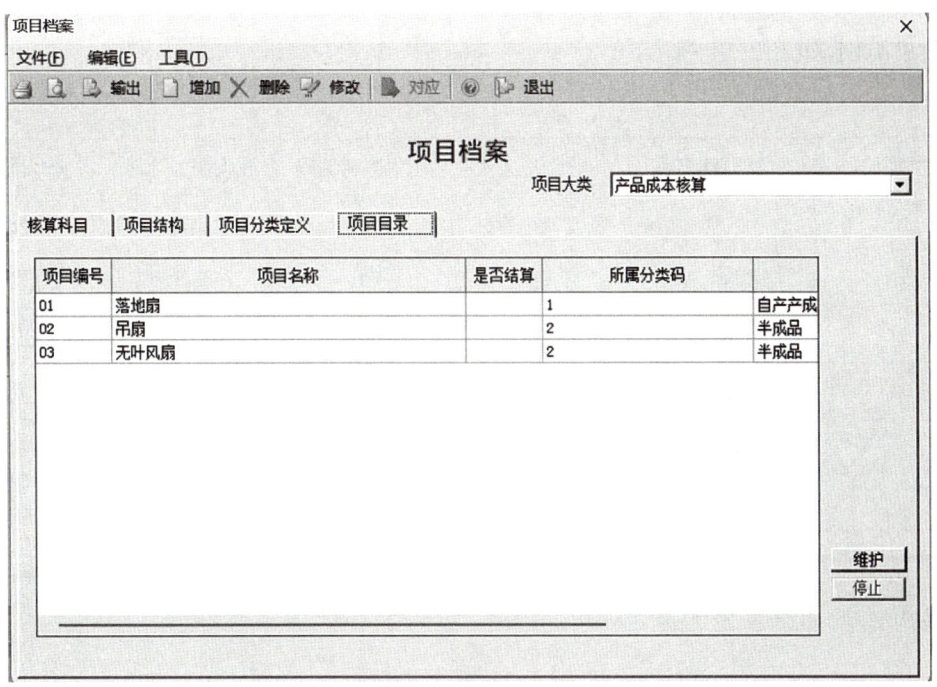

图 2-55 "项目目录"窗口

> **提示**
> 项目目录设置前必须要先定义项目大类。项目大类的名称是该类项目的总称,而不是会计科目名称。
> 一个项目大类可以指定多个科目,一个科目只能指定一个项目大类。

子任务 2-8　业务信息设置

任务内容

1. 设置仓库档案

仓库档案,如表 2-20 所示。

表 2-20　仓库档案

仓库编码	仓库名称	计价方式
1	原材料仓	移动平均法
2	产成品仓	移动平均法

2. 设置收发类别

收发类别,如表 2-21 所示。

表 2-21　收发类别

收发类别编码	收发类别名称	收发标志	收发类别编码	收发类别名称	收发标志
1	入库	收	2	出库	发
101	采购入库	收	201	销售出库	发
102	产成品入库	收	202	领料出库	发
103	受托代销入库	收	203	受托代销出库	发
104	盘盈入库	收	204	盘亏出库	发
105	其他入库	收	205	其他出库	发

3. 设置采购类型

采购类型,如表 2-22 所示。

表 2-22　采购类型

采购类型编码	分类名称	入库类别	是否默认值	是否列入 MPS/MRP 计划
01	正常采购	采购入库	否	是
02	受托采购	受托代销入库	否	是

4. 设置销售类型

销售类型,如表 2-23 所示。

表 2-23　销售类型

销售类型编码	分类名称	出库类别	是否默认值	是否列入 MPS/MRP 计划
01	正常销售	销售出库	否	是
02	受托销售	受托代销出库	否	是

5. 设置费用项目分类及费用项目

费用项目分类,如表 2-24 所示。

表 2-24　费用项目分类

分类编码	分类名称
1	无分类
2	受托销售

费用项目,如表 2-25 所示。

表 2-25 费用项目

费用项目分类	费用项目编码	费用项目名称
1	01	运输费
1	02	装卸费
1	03	包装费
1	04	业务招待费
2	05	受托代销手续费

任务操作

以"001 张伟"的身份登录企业应用平台,完成业务信息设置。

1. 设置仓库档案

(1) 执行"基础设置"—"基础档案"—"业务"—"仓库档案"命令,进入"仓库档案"窗口。

(2) 单击"增加"按钮,输入仓库编码为"1",仓库名称为"原材料仓",选择计价方式为"移动平均法",如图 2-56 所示,单击"保存"按钮。

示例 2.27 设置仓库档案

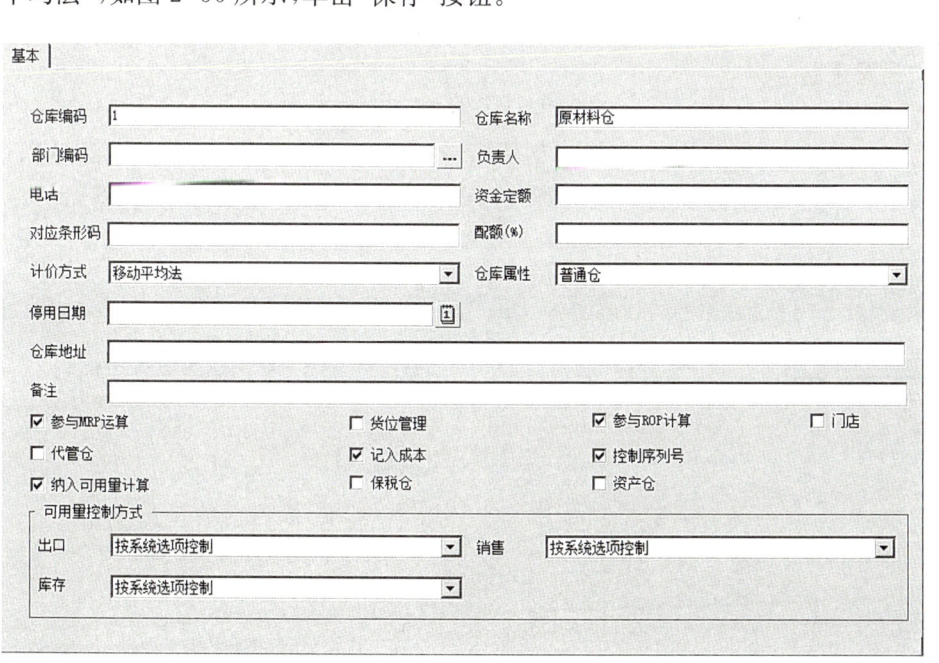

图 2-56 "仓库档案"窗口

(3) 其他仓库输入按此步骤操作,此处不再赘述。

2. 设置收发类别

(1) 执行"基础设置"—"基础档案"—"业务"—"收发类别"命令,进入"收发类别"窗口。

(2) 单击"增加"按钮,输入收发类别编码为"1",收发类别名称为"入库",收发标志勾选"收",如图 2-57 所示,单击"保存"按钮。

示例 2.28 设置收发类别

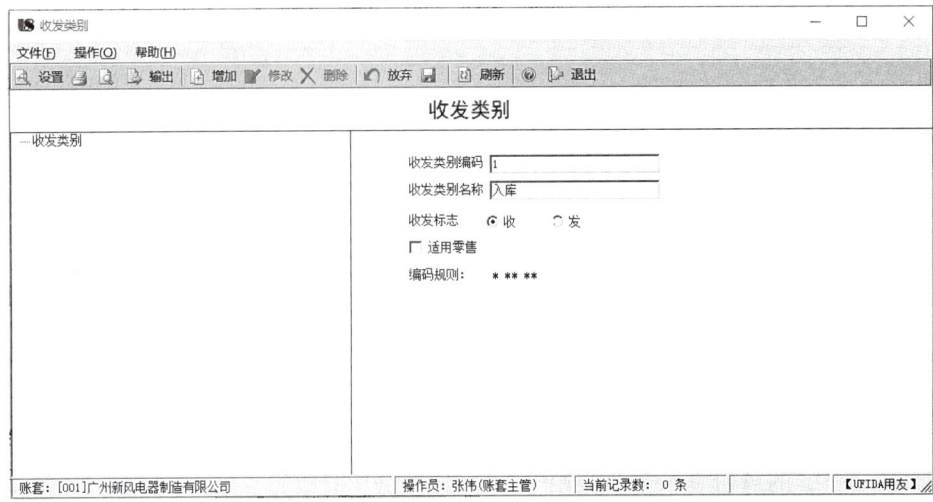

图 2-57 "收发类别"窗口

(3) 在"收发类别"窗口,输入收发类别编码为"101",收发类别名称为"采购入库"。
(4) 单击"保存"按钮。其他收发类别输入按此步骤操作,此处不再赘述。
(5) 所有收发类型输入后,单击"退出"按钮,采购类型设置任务操作完毕。

3. 设置采购类型

(1) 执行"基础设置"—"基础档案"—"业务"—"采购类型"命令,进入"采购类型"窗口。
(2) 单击"增加"按钮,输入采购类型编码为"01",采购类型名称为"正常采购",入库类别为"采购入库",默认值为"否",是否列入 MPS/MRP 计划为"是",如图 2-58 所示。

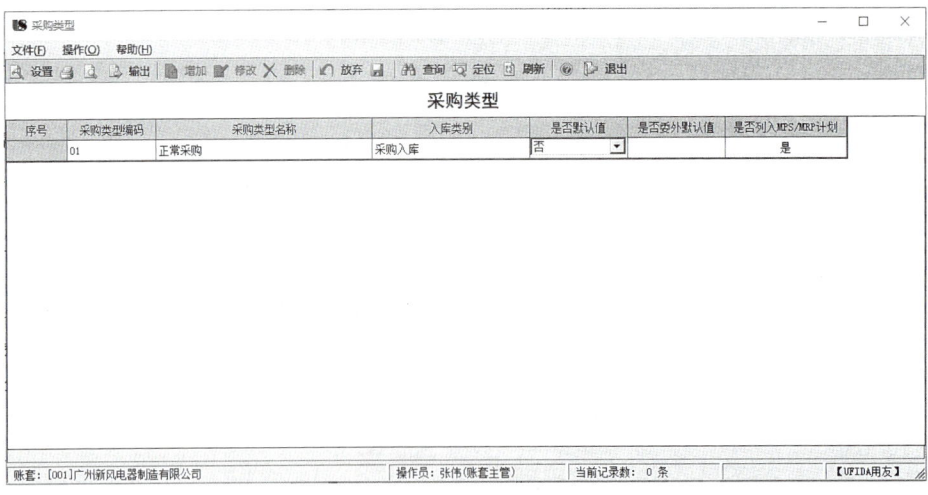

图 2-58 "采购类型"窗口

(3) 单击"保存"按钮。其他采购类型按此步骤操作,此处不再赘述。
(4) 所有采购类型输入后,单击"退出"按钮,采购类型设置任务操作完毕。

4. 设置销售类型

(1) 执行"基础设置"—"基础档案"—"业务"—"销售类型"命令,进入"销售类型"窗口。

(2) 单击"增加"按钮,输入销售类型编码为"01",销售类型名称为"正常销售",出库类别为"销售出库",默认值为"否",是否列入 MPS/MRP 计划为"是",单击"保存"按钮。

(3) 其他销售类型按此步骤操作。输入完毕,如图 2-59 所示。

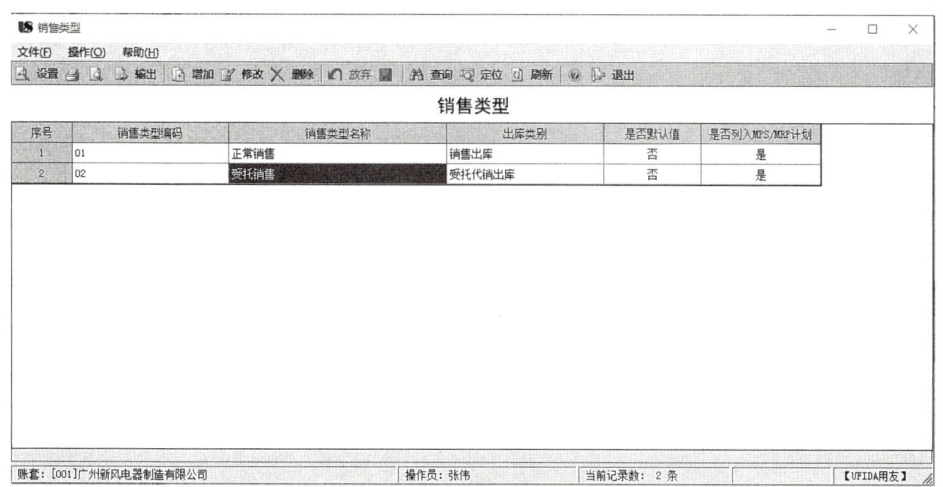

图 2-59 "销售类型"窗口

(4) 所有销售类型输入后,单击"退出"按钮。采购类型设置任务操作完毕。

5. 设置费用项目分类及费用项目

(1) 执行"基础设置"—"基础设置"—"基础档案"—"业务"—"费用项目分类"命令,进入"费用项目分类"窗口。

(2) 单击"增加"按钮,输入分类编码为"1",分类名称为"无分类"。

(3) 操作完毕后,单击"确定"按钮,其他费用项目分类输入按此步骤操作。输入完毕,如图 2-60 所示。

图 2-60 "费用项目分类"窗口

示例 2.31 设置费用项目分类及费用项目

（4）执行"基础设置"—"基础档案"—"业务"—"费用项目"命令，进入"费用项目"窗口。

（5）单击"增加"按钮，输入费用项目编码为"01"，费用项目名称为"运输费"，费用项目分类为"无分类"。操作完毕后，单击"保存"按钮，如图2-61所示。其他费用项目按此步骤操作，此处不再赘述。

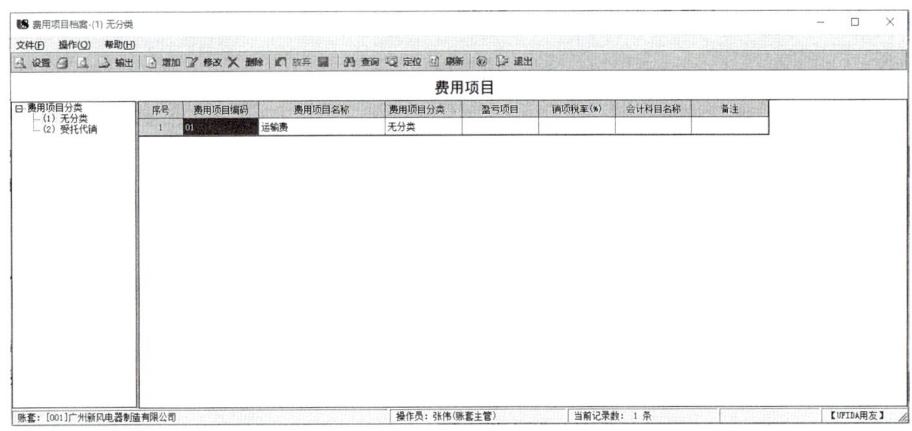

图2-61 "费用项目"窗口

子任务2-9 单据设置

任务内容

1. 设置单据格式

单据格式，如表2-26所示。

表2-26 单据格式

单据类型		设置信息
应收款管理	期初销售普通发票	删除科目栏
	期初销售专用发票	删除科目栏
应付款管理	期初采购普通发票	删除科目栏
	期末采购专用发票	删除科目栏

2. 设置单据编号

单据编号，如表2-27所示。

表2-27 单据编号

单据类型		设置信息	编码长度
应收款管理	其他应收单	完全手工编号	6
	付款单	完全手工编号	6
	收款单	完全手工编号	6

(续表)

单据类型		设置信息	编码长度
应付款管理	其他应付单	完全手工编号	6
	付款单	完全手工编号	6
	收款单	完全手工编号	6
销售管理	销售发货单	完全手工编号	6
	委托结算单	完全手工编号	6
	委托发货单	完全手工编号	6
	销售专用发票	完全手工编号	8
	代垫费用单	完全手工编号	6
	销售普通发票	完全手工编号	6
采购管理	采购专用发票	完全手工编号	8
	采购普通发票	完全手工编号	8
	采购运费发票	完全手工编号	8
	采购到货单	完全手工编号	6
库存管理	销售出库单	完全手工编号	6
	产成品入库单	完全手工编号	6
	领料申请单	完全手工编号	6
	采购入库单	完全手工编号	6

任务操作

以"001 张伟"的身份登录企业应用平台,完成单据设置。

1. 设置单据格式

(1) 执行"基础设置"—"单据设置"—"单据格式设置"命令,进入"单据格式设置"窗口。

(2) 单击左侧栏"应收款管理"菜单,执行"期初销售普通发票"—"显示"—"期初普通发票显示模板"命令,进入"销售普通发票"界面。

(3) 单击"科目"所在栏,单击鼠标右键"删除"功能键,弹出"是否删除当前选择项目?"提示框,如图 2-62 所示。

(4) 单击"是"按钮,调整"销售普通发票"界面,将"税率(%)"移至"科目"原来位置,如图 2-63 所示。

(5) 其他单据格式设置均按此步骤操作,此处不再赘述。

示例 2.32 设置单据格式和单据编号

2. 设置单据编号

(1) 执行"基础设置"—"单据设置"—"单据编号设置"命令,进入"单据编号设置"窗口。

(2) 在"单据编号设置"窗口,执行"应收款管理"—"其他应收单"命令,进入"单据编号设置-[其他应收单*]"窗口。

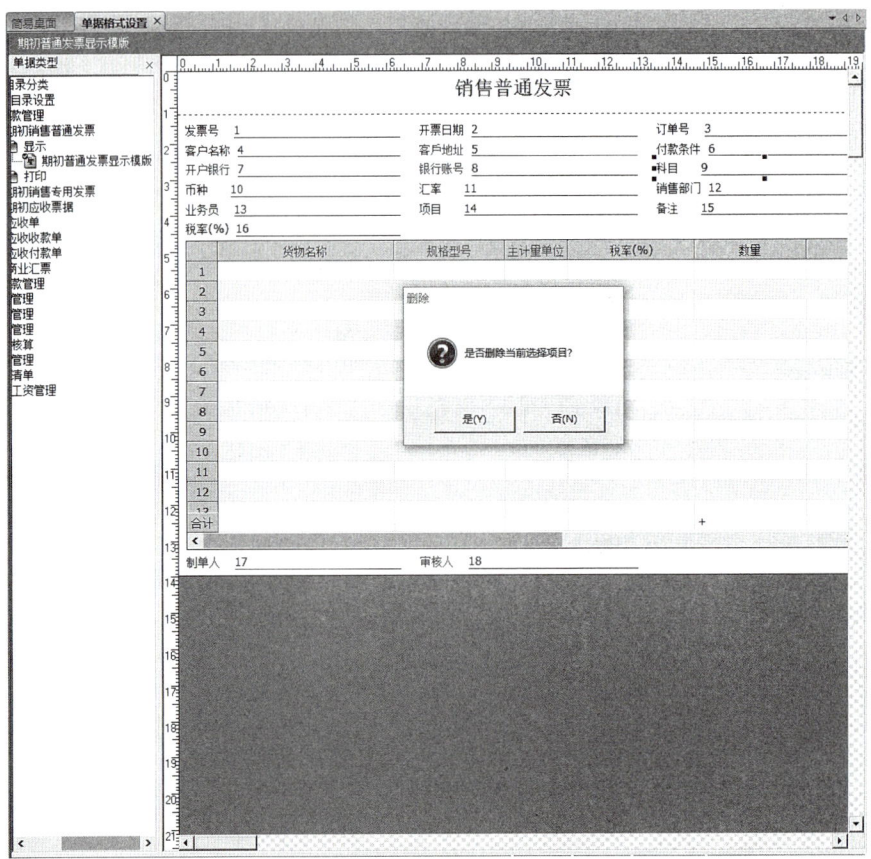

图 2-62 "销售普通发票"界面

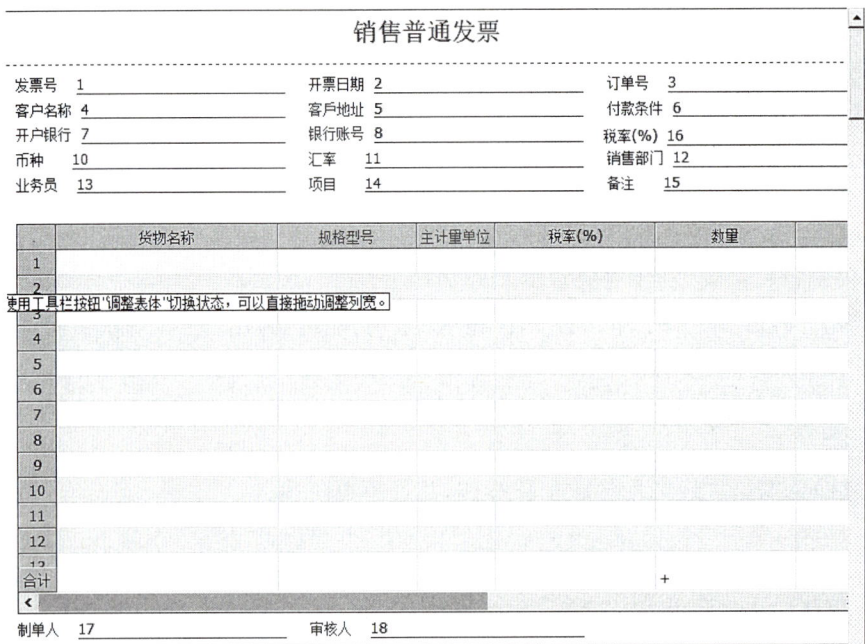

图 2-63 调整"销售普通发票"界面

(3) 单击"※"按钮，勾选"完全手工编号"选项，如图 2-64 所示。

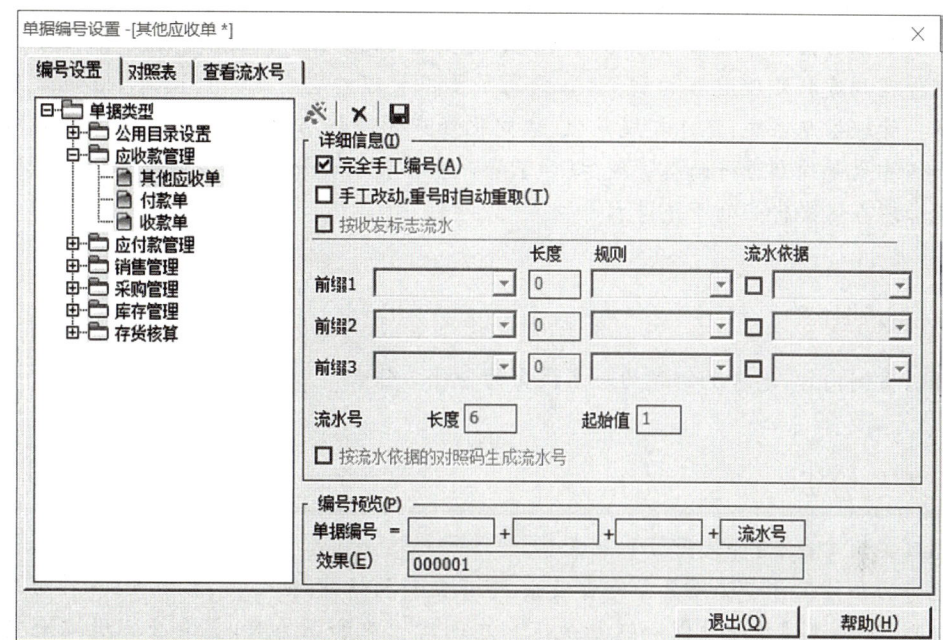

图 2-64　"单据编号设置"窗口

(4) 单击"保存"按钮。其他单据编号设置均按此步骤操作，此处不再赘述。

 **思政小故事**

平凡岗位上的"全国先进会计工作者"

闫云栋，现任龙煤集团财务资产部部长，负责集团会计核算、资产管理、税费管理和企业财务信息化工作。自 1991 年起，闫云栋先后在哈尔滨理工大学计算机及应用专业、哈尔滨理工大学会计专业、对外经济贸易大学国际经济研究院财务总监研修班学习，先后取得了高级会计师职称、税务师职业资格。2008 年龙煤集团成立后，月份及年度财务决算报表需汇总合并，龙煤集团下属二级子公司有 17 个，三级以下独立核算单位有 500 多个，极大增加了汇总合并集团财务报表的难度和工作量。尽管工作难度和工作量增大，在不增加人员的情况下，闫云栋带领有关人员加班加点工作，高质量地完成了年决算数据的审核、汇总和编报工作，在此期间多次累倒在工作岗位。由他负责组织、编报的 2005—2018 年年度财务决算工作，助力龙煤集团连续 14 年被省财政厅和省国资委评为先进单位。

作为一名会计工作者，闫云栋通过多年学习，熟练掌握了会计专业的基础理论和专业知识，熟悉会计核算制度、会计准则、税收管理制度和工作流程，计算机应用会计信息化业务水平和能力较强，成为一名跨专业、复合型、高业务能力的财会人员。闫云栋按照岗位职责要求，建立龙煤集团财务信息系统，提升集团财务信息化水平。2006 年，他牵头组织了四矿业集团公司和龙煤集团本部及在哈尔滨的金蝶 EAS 财务管理系统的实施与应用，建立了集团管控模式的 5 个数据中心，实现了集团所属分、子公司会计核算网络化，财务数据集中共享的管理目标。2011 年，他牵头组织了报表管理系统升级开发工作，完成了财务信息化报表平台建设,实现了财务月报、财务快报、国资决算的数据集中管理和统计分析、领导查询等功能,财务报表比单机版提前7天报出,提高了财务决算信息的质量和工作效率。2013年,他组织开发了银行票据管理系统,实现了承兑汇票存量、流量、流向的实时监控,保证了龙煤集团票据管理制度和处理流程的规范化,提高了票据管理的安全性。2015年,他组织开发了固定资产管理信息系统,搭建起规范化、协同化资产管理信息化平台,对固定资产运转生命周期和经济生命周期进行动态管理,提升了资产综合管理水平。目前,龙煤集团会计核算与信息化管理在煤炭行业处于先进水平。

案例思考

根据案例内容,思考如何成为一名优秀的会计工作者?

案例分析

思政案例考查点:会计岗位职业素养。

优秀的会计工作者必须具备守责敬业、守正创新的精神,把诚信、客观、公正作为工作的基本准则,始终遵循会计准则和道德规范。在面对困难和压力时,更要毫不退缩地坚守岗位,履行好自己的职责。同时,也要树立终身学习理念,秉持专业精神,持续提升专业能力和专业水平,适应新形势、新要求,不断推动会计工作转型升级和会计事业创新发展。只有将会计职业道德与守责敬业、守正创新精神贯穿于工作的始终,才能为企业和社会提供可靠的财务信息,推动企业的持续发展,才能赢得社会的认可与尊重,提升会计行业的整体形象。

工作领域三
企业期初设置

 学习目标

知识目标
- 掌握用友 U8V10.1 软件中业务子系统初始设置有关内容
- 理解业务子系统初始设置在整个软件系统中的作用和重要性

技能目标
- 能够使用用友 U8V10.1 软件进行总账初始化
- 能够使用用友 U8V10.1 软件进行应收、应付账款初始设置
- 能够使用用友 U8V10.1 软件进行采购管理、销售管理初始设置
- 能够使用用友 U8V10.1 软件进行库存管理、存货核算初始设置

素养目标
- 通过对用友 U8V10.1 软件各业务子系统初始设置的学习,掌握科学的学习方法和理论,培养学生的工匠精神
- 激发学生掌握技术的兴趣和意愿,树立学习信心
- 培养学生忠于职守、尽职尽责的敬业精神
- 培养学生严谨细致、严肃认真的工作作风

工作任务一　系统参数设置

 工作任务概述

1. 熟悉并掌握总账系统参数设置
2. 熟悉并掌握应收款系统参数设置
3. 熟悉并掌握应付款系统参数设置
4. 熟悉并掌握采购管理系统参数设置

5. 熟悉并掌握销售管理系统参数设置
6. 熟悉并掌握库存管理系统参数设置
7. 熟悉并掌握存货核算系统参数设置

 任务准备

系统初始设置是从手工会计系统转为电算化会计系统所做的一项基础性工作，首次启动用友 U8V10.1 软件，需要根据本单位的具体核算要求进行初始设置后，才可以利用软件进行日常的会计处理。用友 U8V10.1 软件的初始设置包括参数设置、科目设置、期初余额录入等相关内容，初始设置工作在整个会计软件应用中具有非常重要的地位，必须认真对待。

系统参数设置是指在系统启用后，需要确定反映各个系统核算要求的各种参数。如果默认账套参数与实际需要不符，则需要用户根据实际情况，在账务处理模块使用之前进行参数设置，以达到会计核算和财务管理的目的，但是参数设定后一般不得随意修改。用友 U8V10.1 软件常用的财务会计模块、供应链模块均包含了总账系统、应收款管理系统、应付款管理系统、销售管理系统、采购管理系统等多个系统，需要在使用各个系统前对每个系统进行对应的参数设置。

一、总账系统业务参数设置

总账系统是用友 U8V10.1 软件的核心，几乎包含了所有经济业务的会计核算，如采购业务核算、存货业务核算、工资薪金核算、销售业务核算、固定资产管理等，企业各种业务核算都可以在总账系统中进行记账处理。一般企业也会通过启用其他子系统来进行相关业务的核算，如采购管理系统进行采购业务处理、销售管理系统进行销售业务处理，此时的总账系统只保留了对凭证的审核与记账功能。总账系统既可以独立运行，也可以与其他系统协同使用。

总账系统业务参数设置主要是对总账选项进行设置，其主要参数设置如下。

1. 凭证参数

凭证参数包括制单控制、凭证控制、凭证编号方式和现金流量参照科目。

1）制单控制

制单控制包括制单序时控制，支票控制，赤字控制，可以使用应收、应付、存货受控科目。

（1）制单序时控制，此项可以和系统编号功能同时使用，是指制单时凭证编号是否按日期顺序排列。

（2）支票控制是指在使用银行科目编制凭证时，系统是否按照票据管理的结算方式进行登记管理。

（3）赤字控制是指当"资金及往来科目"或"全部科目"的最新余额出现负数时，系统是否予以提示。

（4）可以使用应收、应付、存货受控科目，是指在会计科目中已设置其他系统的受控科目的前提下，若企业启用这些受控科目，"应收账款""应收票据""预收账款""应付账款""应付票据""预付账款"科目相关的业务需要在应收款管理系统中生成，总账系统中不再需要填制这类业务凭证。

> **提示**
> 总账系统和其他业务系统使用了受控科目会引起应付系统与总账系统对账不平。
> 总账系统和其他业务系统使用了受控科目会引起应收系统与总账系统对账不平。
> 总账系统和其他业务系统使用了受控科目会引起存货系统与总账系统对账不平。

2) 凭证控制

凭证控制包括现金流量科目必录现金流量项目、自动填补凭证断号、银行科目结算方式必录、往来科目票据号必录、主管签字以后不可取消审核和出纳签字等。

(1) 现金流量科目必录现金流量项目，是指在会计科目中指定了现金流量科目的前提下，若填制凭证时使用了现金流量科目，则必须输入现金流量项目及金额，否则凭证无法保存。

(2) 自动填补凭证断号，是指当凭证编号方式设置为系统编号时，新增凭证时是否编制为新号。

(3) 银行科目结算方式必录，是指在填制凭证时结算方式和票据号是否必须录入。

(4) 往来科目票据号必录，是指填制凭证时往来科目是否必须录入票据号。

(5) 主管会计签字以后不可取消审核和出纳签字。若要求现金、银行科目凭证必须由出纳人员核对签字后才能记账，则选择"出纳凭证必须经由出纳签字"；若要求所有凭证必须由主管会计签字后才能记账，则选择"凭证必须经主管签字"；若要求出纳签字、审核后才可对凭证执行主管会计签字，则选择"主管签字以后不可取消审核和出纳签字"。

3) 凭证编号方式

系统提供系统编号和手工编号两种凭证编号方式。

(1) 系统编号是指在填制凭证时，系统按照凭证类别按月自动编制凭证编号。

(2) 手工编号是指在填制凭证时，系统允许手工录入凭证编号。

4) 现金流量参照科目

现金流量参照科目是指用来设置现金流量录入窗口的参照内容和方式，包括"现金流量科目""对方科目""自动显示"选项。

2. 权限参数

权限参数是对操作员的权限进行进一步限制，包括制单权限控制到科目，制单权限控制到凭证类别，操作员进行金额权限控制，凭证必须经由出纳签字，凭证必须经由主管会计签字，允许修改、作废他人填制的凭证等内容。

(1) 制单权限控制到科目是指在制单时，操作员只能使用具有相应制单权限的科目制单。

(2) 制单权限控制到凭证类别是指在制单时，操作员只能制单有权限的凭证类别。

(3) 操作员进行金额权限控制是指根据经济业务金额的大小，指定不同操作人员进行制单。

(4) 凭证必须经由出纳签字是指在制单时，涉及现金科目和银行存款科目的凭证必须经由出纳签字，否则无法记账。

(5) 凭证必须经由主管会计签字是指在制单时凭证必须经由主管会计签字，否则无法记账。

(6) 允许修改、作废他人填制的凭证是指在制单时允许修改或作废别人填制的凭证，否则凭证无法修改。

> **提示**
> 如果选择了"凭证必须经由出纳签字""凭证必须经由主管会计签字",即在总账账务处理流程中增加两个环节。这两个环节可以在审核凭证之前,也可以在审核凭证之后,但必须在记账之前完成。

3. 会计日历参数

会计日历参数仅能查看各会计期间的起始日期与结束日期,以及启用会计年度和启用日期,除数量小数位、单价小数位、本位币精度三个信息外,其他信息不能修改。

> **提示**
> 总账系统的启用日期不能在系统的启用日期之前。
> 总账系统中已录入期初余额(包括辅助期初),则不能修改总账启用日期。
> 总账系统中已制单的月份,以及其他系统中已制单的月份,均不可修改总账的启用日期。在第二年进入系统时,同样不能修改总账的启用日期。

4. 其他参数

其他参数包括对外币核算、本位币、启用调整期、部门排序方式、个人排序方式等内容。

1) 外币核算

若企业涉及涉外业务,则必须进行外币核算。系统为此提供了两种汇率计算方式:固定汇率和浮动汇率。固定汇率是指在制单过程中,整个月份均按照一个预设的固定汇率来折算本位币金额;而浮动汇率则是指在制单时,依据当日的实时汇率来进行本位币金额的折算。

2) 本位币

此处仅显示已录入的本位币符号和名称。若企业核算的本位币为人民币,则币符为"RMB",币名为"人民币"。

3) 启用调整期

企业若希望在结账后仍能填制凭证以调整报表数据,可在总账系统中启用调整期功能。调整期一旦启用,并配合关账操作,结账之后至关账之前的时间段即为调整期。在此期间填制的凭证被称为调整期凭证。

若勾选"启用调整期"选项,而用户尚未设置调整期凭证类别,则在关闭总账时,系统将自动弹出凭证类别设置窗口,提示用户选择调整期凭证类别。用户可通过双击相应选项进行选择。

> **提示**
> 在外币设置中,固定汇率值与浮动汇率值并不决定制单时使用的是固定汇率还是浮动汇率。若选择使用固定汇率,应在每月月初录入记账汇率(即期初汇率),并在月末计算汇兑损益时录入调整汇率(即期末汇率);若选择使用浮动汇率,则需每天在此录入当日汇率。
> 若在总账系统选项中取消勾选"启用调整期",已存数据将保持不变,但后续操作将无法生成调整期凭证。

5. 自定义项核算

自定义项核算主要用于辅助核算功能。当系统预设的个人、部门、项目、供应商、客户等辅助核算项不足以满足需求时，用户可在此将特定自定义项设置为辅助核算项。对于已设置为辅助核算的自定义项，系统提供期初数据录入、凭证录入的必录控制，并支持自定义转账、汇兑损益、期间损益、销售成本等结转操作按自定义项进行。此外，还提供对账及多辅助账查询功能。而对于未设置为辅助核算的自定义项，则仅作为备注信息在凭证中录入，在查询多辅助账时仅作为栏目项显示。

二、应收款管理系统业务参数设置

应收款管理系统主要应用于核算和管理企业与客户间的往来款项。通过发票、费用单、其他应收单等原始单据，系统记录销售业务及其他业务所产生的往来款项，并处理应收款项的收回、坏账、转账等事务。此外，应收款管理系统还能提升各类分析报表的内容质量，如账龄分析表、周转分析、回款情况分析等。借助这些分析数据，企业可以制定出合理且有效的销售政策，进而增强销售管理能力。在启用应收款管理系统时，需根据企业财务制度要求和实际业务活动对系统进行参数设置，主要参数设置包括以下内容。

1. 常规参数

1）单据审核日期依据

应收款管理系统通常提供两种确认单据审核日期的依据，即单据日期和业务日期。

> **提示**
>
> 所有单据必须经过审核后方可进行记账，因此单据审核日期的设置将直接影响业务总账、业务明细账、余额表等查询期间的取值。
>
> 如果采用审核日期作为单据日期，则在月末结账时，所有单据必须完成审核。这是因为下个月无法以单据日期作为审核日期，而业务日期则无此限制。
>
> 在账套使用过程中，用户可以随时将选项从按单据日期调整为按业务日期。若需将选项从按业务日期改回按单据日期，需先判断当前未审核单据中是否存在单据日期落在已结账月份的情况，若存在此类单据，不允许修改；反之，则允许进行修改。

2）汇兑损益方式

系统提供外币余额结清时计算和月末处理两种汇兑损益方式。

3）坏账处理方式

系统提供了四种坏账处理方法，分别为应收余额百分比法、销售收入百分比法、账龄分析法以及直接转销法。前三种方法属于备抵法，需在初始设置中录入坏账准备期初金额和计提比例，或输入账龄区间等信息，并在坏账处理过程中进行后续操作。若选择第四种方法直接转销法，则在坏账发生时，可直接将应收账款转为费用处理。

4）是否登记支票

勾选"是否登记支票"选项，系统将自动将采用票据管理结算方式的付款单登记至支票登记簿。若期初未勾选，后期仍可通过手工填制完成支票登记。

5）应收票据直接生成收款单

勾选"应收票据直接生成收款单"选项，表示在保存应收票据时，系统将同步生成收款单；若未勾选此选项，保存应收票据后，系统不会自动生成收款单，需在票据界面手动创建收款单。此选项默认为勾选状态。

6）自动计算现金折扣

勾选"自动计算现金折扣"选项，系统将在单据结算过程中自动计算现金折扣。

2. 凭证参数

1）受控科目制单方式

系统提供明细到客户和明细到单据两种制单方式，系统通常默认为明细到客户方式。

选择明细到客户，意味着当一个客户的多笔业务合并生成一张凭证时，若这些业务的控制科目相同，系统将自动将其合并为一条分录。这种方式有助于企业在总账系统中便捷地查询客户的详细信息。

明细到单据，是指当一个客户的多笔业务合并生成一张凭证时，系统会将每一笔业务单独形成一条分录。这种方式便于企业在总账系统中详细查看每个客户的每笔业务情况。

> **提示**
> 在账套使用过程中，可以随时调整该参数的设置。在合并分录时，若受控科目的自动提取结果中出现科目相同但辅助项为空的情况，系统将无法执行分录合并操作。

2）非控科目制单方式

系统提供三种制单方式：明细到客户、明细到单据、汇总制单。系统通常默认采用汇总制单方式。

明细到客户是指当一个客户的多笔业务合并生成一张凭证时，如果这些业务的非受控科目相同且所带辅助核算项目也一致，系统将自动将其合并为一条分录。这种方式便于企业在总账系统中根据客户查询其详细信息。

明细到单据是指当一个客户的多笔业务合并生成一张凭证时，系统会将每一笔业务单独形成一条分录。这种方式便于企业在总账系统中查看每个客户的每笔业务的详细情况。

汇总制单是将多个客户的多笔业务合并生成一张凭证时，如果这些业务的非控制科目相同且所带辅助核算项目也一致，系统将自动将其合并为一条分录。这种方式便于企业在总账系统中仅查看该科目的总发生额。

> **提示**
> 在合并分录时，若非受控科目的自动提取结果中出现科目相同但辅助项为空的情况，系统将无法执行分录合并操作。

3）控制科目依据

在应收款管理系统中，控制科目是指在会计科目中配置了往来辅助核算功能，且受到应收系统管控的科目。通常情况下，系统默认采用按客户分类的方式进行设置。

4）销售科目依据

系统提供了五种设置销售科目的依据，包括存货分类、按存货、客户、客户分类以及销售类型。

5）月末结账前是否全部生成凭证

月末结账前是否全部生成凭证是指在月末结账前是否需要将所有单据和处理生成的凭证进行汇总，并在月末结账时检查是否存在未制单的单据和未处理的业务。系统通常默认为勾选状态。

6）预收冲应收是否生成凭证

在进行预收冲应收业务过程中，若预收和应收科目不一致，则必须生成一张转账凭证。若单据内容存在错误，导致无法生成凭证，系统将弹出提示，显示分录数量为0，从而无法进行记账。

7）红票对冲生成凭证

红票对冲生成凭证是指在红票对冲处理过程中，当对冲单据所对应的受控科目不一致时，是否需要生成一张转账凭证。

8）凭证可编辑

凭证可编辑是指应收款系统所生成的凭证是否允许修改。

9）单据审核后是否立即制单

单据审核后是否立即制单是指在完成所有单据或业务处理之后，系统会提示是否立即生成凭证。通常情况下，系统默认设置此选项为勾选状态。

3. 权限与预警参数

1）控制操作员权限

控制操作员权限是指在系统处理和查询过程中，是否需要依据该用户的操作员数据权限进行相应限制。通常情况下，此选项默认为勾选状态。

2）单据报警

单据报警系统提供三种报警方式：信用方式报警、折扣方式自动报警以及超过信用额度报警。

3）信用额度控制

信用额度控制是指当票面金额与应收借方余额之和减去应收贷方余额超过信用额度时，在应收款管理系统中录入发票和应收单的过程中，系统会提示该单据无法保存。

4. 核销设置

1）应收款核销

应收款核销主要有按单据核销和按产品核销两种方式。

按单据核销，是企业依据系统筛选出的所有未结算单据进行核销操作。

按产品核销，是企业根据系统筛选出的所有未结算单据，按照存货明细进行核销处理。

2）核销规则

核销规则系统通常默认按客户进行，但也可进行组合选择。可组合的选项包括：客户、部门、业务员、合同、订单、项目、发（销）货单。例如，若选择"客户＋部门"组合，则需满足客户相同且部门相同的条件才能进行核销。

3）收付款单审核后核销

收付款单审核后的核销是指在收付款单经过审核之后需要立即进行核销操作。

三、应付款管理系统业务参数设置

应付款管理系统主要用于核算和管理企业与供应商之间的往来款项。该系统基于传统的往来处理方式,通过录入发票、其他应付单、付款单等单据,能够深入到各个产品、地区、部门和业务员层面,多角度精准提供供应商的往来账款余额资料。借助各类分析报表,系统可对往来款项进行深入分析和决策,从而有机地将购销业务系统与财务系统相连接。在启用应付款管理系统后,需根据企业财务制度要求和实际业务活动,对系统进行账套参数设置,主要参数设置包括以下内容。

1. 常规参数

1)单据审核日期依据

系统提供两种确认单据审核日期的依据:单据日期和业务日期。

单据日期,是指在单据处理功能中进行单据审核时,系统自动将单据的审核日期(即入账日期)设置为该单据的单据日期。

业务日期,是指在单据处理功能中进行单据审核时,系统自动将单据的审核日期(即入账日期)设置为当前业务日期(即登录日期)。

> **提示**
> 单据日期与业务日期均可随时修改。如果需将业务日期更改为单据日期,必须先判断当前未审核单据中是否存在单据日期落在已结账月份的单据。若存在,禁止修改;反之,则允许修改。

2)应付账款核算模型

系统提供简单核算和详细核算两种应付账款核算模型。

简单核算适用于企业的采购业务及应付账款业务较为简单,或现结业务较多的情况,只需应付系统将采购传递的发票生成凭证,并传递给总账,完成基础核算。

详细核算适用于企业的采购、应付款核算与管理业务较为复杂的情况。若需将应付款核算细化至产品级别,则需对往来款项进行详细的核算、控制、查询和分析。系统默认采用详细核算方式。

> **提示**
> 两种核算模型可随时切换,但一旦录入数据(包括期初数据),简单核算将无法更改为详细核算。

3)自动计算现金折扣

自动计算现金折扣是指系统能够在核销界面自动计算可享受的折扣。

4)登记支票

登记支票是指系统自动将采用票据管理结算方式的付款单登记到支票登记簿中。

2. 凭证参数设置

1)受控科目制单方式

系统提供明细到供应商和明细到单据两种制单方式。

明细到供应商适用于当受控科目相同时,可以将一张凭证中同一个供应商的多笔业务合并,生成一条分录。

明细到单据是在同一个供应商的多笔业务合并生成一张凭证时,系统将每一笔业务单独形成一条分录。

2) 非控科目制单方式

系统提供明细到供应商、明细到单据和汇总制单三种制单方式。在账套使用过程中,可以随时修改该参数设置。

明细到供应商:在核算多笔控制科目相同的业务并生成一张凭证时,系统将自动将其合并成一条分录,在总账系统中可以查看到每个供应商的详细信息。

明细到单据:在核算多笔控制科目相同的业务并生成一张凭证时,系统将每一笔业务形成一条分录,在总账系统中可以查看到每个供应商的每笔业务的详细情况。

汇总制单:在核算多笔控制科目相同的业务并生成一张凭证时,系统将自动将其合并成一条分录,在总账系统中只能查看到该科目的总发生额。

3) 月结前是否全部生成凭证

月结前是否全部生成凭证是指在月末结账前是否需要将所有单据及其处理结果生成相应的凭证。

4) 预付冲应付是否生成凭证

预付冲应付是否生成凭证是指在发生预付冲抵应付的业务时,若预付与应付科目不一致,是否需要生成相应的转账凭证。

5) 红票对冲是否生成凭证

红票对冲是否生成凭证是指在处理对冲单据时,若其所对应的受控科目存在差异,是否需要生成相应的凭证。

6) 凭证是否可编辑

凭证是否可编辑是指所生成的凭证是否具备修改的可能性。

7) 凭证合并规则

系统提供以下几种合并规则:科目、辅助项、摘要、结算方式、票据号以及表头自定义项1至表头自定义项16。其中,"科目"和"辅助项"系统默认已勾选,不可修改。

3. 核销设置

1) 应付款核销方式

系统提供两种应付款核销方式:按单据核销和按产品核销。在账套使用过程中,用户可以随时修改该参数设置。

按单据核销:系统根据设定的条件筛选出未结算的单据进行核销。

按产品核销:系统依据产品信息筛选出满足条件的未结算单据进行核销。

2) 核销规则

在核销过程中,所选择的选项必须完全匹配。系统通常默认按照供应商进行选择,也可通过供应商与其他选项的组合来进行筛选。系统提供的可组合选项包括供应商、部门、业务员、合同、订单、项目。

4. 收付款控制

1) 启用付款申请单

勾选"启用付款申请单"选项,方可使用付款申请单功能。在采购管理系统中,付款单的生成必须以付款申请单为依据。系统默认设置为不勾选，可根据需要随时进行调整。

2）付款申请单审批后自动生成付款单

付款申请单审批后自动生成付款单是指在启用付款申请业务后，系统能否自动生成付款单，系统默认设置为勾选"是"，若选择"否"，则此选项将不可勾选。

四、销售管理系统业务参数设置

销售管理系统是用友 U8V10.1 软件的一个重要子系统，专注于对企业销售业务活动的全面管理。该系统能够高效提升销售报价、销售订货、销售发货、销售开票、销售调拨、销售退回、发货折扣、委托代销及零售业务等各个环节的流程效率。基于审核无误的发票或发货单，系统可自动生成出库单，并支持普通销售、分期销售、委托代销、直运销售等多种类型的销售业务活动。

为更好地契合企业销售管理需求，企业需对销售选项进行精细化的定义和设置。主要参数设置涵盖业务控制、其他控制、信用控制、可用量控制及价格管理等方面。其常规参数设置内容主要包括以下内容。

1. 业务控制

1）允许超订量发货

允许超订量发货是指在参照订单开发货单或开具销售发票时，是否允许超过订单数量进行发货。此选项有效限制了业务人员的操作权限，有助于降低出货及回款过程中的风险。

2）允许超发货量开票

允许超发货量开票是指在生成销售发票的过程中，是否允许开票数量超过销售发货单上的发货量。

2. 可用量控制

可用量控制是指企业是否允许超出当前仓库内的可用库存进行出库操作。此外，在仓库档案设置中，可以设置特定仓库是否允许超可用量出库。

五、采购管理系统业务参数设置

采购管理系统是用友 U8V10.1 软件系统中的一个关键子系统，专注于企业采购业务的管理。其功能涵盖采购订单管理、采购业务处理、采购账簿管理以及采购分析等多个方面。在业务处理层面，系统支持采购入库单、采购发票、采购退货、采购结算等一系列操作，能够灵活应对普通采购业务、采购入库业务、采购退货业务、现付业务等多种类型的采购活动。

启用采购管理系统后，企业需根据自身的财务制度要求和实际业务活动，对系统选项进行细致的参数设置。其主要参数设置包括业务及权限控制、公共及参照控制、其他业务控制以及预算控制等方面。其常规参数设置具体如下。

1. 业务及权限控制

1）普通业务是否必有订单

直运业务必有订单，且不可修改。若所建立的账套企业类型为"商业"或"医药流通"，则可以勾选"受托代销业务必有订单"和"启用受托代销"。如果企业启用了"普通业务必有订单"，则可以进一步勾选"退货必有订单"，此时退货单只能参照来源单据生成采购退货单。

2) 超单据控制

超单据控制是指参照订单生成到货单、入库单时，是否允许超出订单数量的到货及入库。

3) 允许超计划订货

允许超计划订货是指参照 MPS/MRP 计划生成的多张请购单和采购订单的合计数量，不得超过对应 MPS/MRP 计划的计划数量乘以（1＋存货档案"订货超额上限"）。

4) 允许超请购订货

允许超请购订货是指参照请购单生成的采购订单的累计订货量，不得超过对应请购单数量乘以（1＋存货档案"请购超额上限"）。

2. 其他业务控制

其他业务控制涵盖多项内容，包括采购预警设置、ROHS 控制、订单自动关闭条件以及询价控制等。

六、库存管理系统业务参数设置

库存管理系统在企业供应链中主要用于商品库存的管理，涵盖采购入库、销售出库、产成品入库、材料出库、其他出入库及盘点管理等操作，以满足企业对仓库管理业务的需求。启用库存管理系统后，需根据企业财务制度要求和实际业务活动对库存选项进行参数设置。主要参数设置包括通用设置、专用设置、预计可用量控制及其他设置。常规参数设置包括以下内容。

1. 通用设置

1) 业务设置

（1）有无组装拆卸业务是指企业是否开展组装拆卸相关业务。若选择此项，设置后将无法随意更改。

（2）有无委托代销业务是指企业是否进行委托代销业务。若选择此项，销售出库单的业务类型必须增加"委托代销"。此选项一旦选定，不可随意修改，具体参见委托代销业务相关规定。

（3）有无批次管理是指企业是否进行批次管理业务。若选择此项，需在"存货档案"中设置批次管理存货及是否建立批次档案。此选项一旦选定，不可随意修改。

（4）有无保质期管理是指企业是否进行保质期管理业务，系统默认为不选择。若选择此项，需在"存货档案"中设置保质期管理存货，并在出入库时指定生产日期和失效日期。此选项一旦选定，不可随意修改，具体参见保质期管理相关规定。

2) 业务校验

（1）允许取消审核后记账：在存货核算系统中，是否允许单据在审核之后进行记账操作，系统通常默认选择该选项。

（2）销售出库单的生成参照：库存管理系统中的销售出库单是否需要依据发货单生成。

2. 专用设置

1) 业务开关

（1）允许货位零出库：该功能用于设定货位在出库后，结存小于零（即负库存）时是否仍可保存。系统默认设置为不允许，但用户可根据需要进行调整。

（2）允许超发货单出库：此选项决定参照发货单生成的销售出库单数量是否可以超过

发货单上的数量。系统默认设置为不允许，用户可根据需要进行修改。

（3）允许超调拨单出库：该设置用于控制参照调拨单生成的其他出库单的出库数量是否可以超过调拨单上的数量。系统默认为不允许，用户可根据需要进行更改。

（4）允许超调拨申请单调拨：此功能设定参照调拨申请单生成的调拨单数量是否可以超过调拨申请单的批复数量。系统默认设置为不允许，用户可根据需要进行修改。

2）预警设置

（1）最高与最低库存控制：在保存单据时，若存货的预计可用量低于最低库存量或高于最高库存量，系统是否能够直接保存单据？系统默认设置为"否"，用户可随时进行调整。预计可用量涵盖当前单据存货在未保存前的数量。

（2）按仓库控制最高与最低库存量：在考虑仓库因素的情况下，最高与最低库存量是否应根据仓库存货对照表进行代入。

（3）按供应商控制最高与最低库存量：最高、最低及安全库存量可根据仓库存货对照表中针对代管商录入的相关数据进行代入，并在预警和控制时考虑代管商因素。系统默认设置为"否"，用户可随时进行修改。

3. 预计可用量控制

1）普通存货预计可用量控制

普通存货预计可用量是指是否允许超出预计可用量的出库行为。

2）预计入库量

系统提供了两种入库量选择方式：到货、在检量，调拨在途量。

3）预计出库量

系统提供了两种出库量选择方式：待发货量、调拨待发量。

七、存货核算系统业务参数设置

存货核算系统主要从资金管理的视角出发，对企业存货的收发存业务进行全面核算，以获取企业的出入库成本和结余成本，同时反映并监督存货的收发、领退、保管状况及资金占用情况。该系统主要针对采购管理系统生成的采购入库单进行记账，并对库存管理系统所生成的各类入库单据进行核算。该系统根据预设的计价方法自动计算销售成本。在启用存货核算系统后，用户需依据企业财务制度规定和实际业务需求，对系统进行选项录入和参数设置，其主要参数设置包括以下内容。

1. 核算方式

（1）在初建账套时，系统提供了三种核算方式：按仓库核算、按部门核算、按存货核算。系统默认采用按仓库核算方式，且只有在期初记账前，才能修改存货的计价方式。若选择按仓库核算，则依据仓库档案中设置的计价方式进行核算，并且每个仓库单独核算出库成本。若选择按部门核算，则依据仓库档案中的按部门设计价方式进行核算，且相同所属部门的各仓库统一核算出库成本。若选择按存货核算，则依据用户在存货档案中设置的计价方式进行核算。

（2）当存货核算与采购系统或委外系统集成使用时，方可进行暂估业务。系统提供了三种暂估回冲方式：月初回冲、单到回冲、单到补差。月初回冲是指在月初时，系统自动生成红字回冲单，待报销处理时，系统根据报销金额自动生成采购报销入库单。单到回冲是指在报销处理时,系统自动生成红字回冲单,并生成采购报销入库单。单到补差是指在报销处理时,系统自动生成一笔调整单,调整金额为实际金额与暂估金额的差额。

提示
若明细账中存在未报销的暂估业务或本期未进行期末处理,此时暂估方式将不允许修改。

（3）销售成本核算方式。在初建账套时,系统提供了三种核算方式:按销售出库单核算、按销售发票核算和按发出商品核算。系统默认采用按销售发票核算方式。

（4）委托代销成本核算方式。系统提供了两种核算方式:按普通销售方式核算和按发出商品业务类型核算。按发出商品业务类型核算时,发出商品依据委托代销发货单进行发出商品记账,办理委托代销结算后,根据销售专用发票进行第二次发出商品记账。按普通销售方式核算时,发出商品不进行发出商品记账,也不进行正常单据记账,办理委托代销结算后,根据销售发票进行正常单据记账。

（5）红字出库单成本。红字出库单成本是指在采用先进先出或后进先出方式核算的红字出库单据记明细账时,出库成本的取值方式。

2. 控制方式

1) 差异率计算包括本期暂估入库

差异率计算包括本期暂估入库,是指本期暂估入库的存货是否能够参与差异率的计算。此设置可随时进行调整。

2) 期末处理登记差异账

期末处理登记差异账,是指在期末生成差异结转单时,是否需要登记差异账并进行结转。此选项同样可随时修改。

3) 单据审核后才能记账

单据审核后才能记账,是指在存货核算系统中,必须对库存管理系统的采购入库单、产成品入库单、其他入库单、材料出库单、销售出库单、其他出库单这六种单据进行审核,否则这些单据将无法在存货核算系统的正常单据记账列表中显示。

4) 结算单价与暂估单价不一致时是否调整出库成本

结算单价与暂估单价不一致时是否调整出库成本,指的是当结算单价与暂估单价存在差异时,存货核算系统在进行结算成本处理过程中,需生成入库调整单和出库调整单。

子任务 3-1　系统基础参数设置

任务内容

广州新风电器制造有限公司决定于 2024 年 3 月 1 日开始对公司财务核算与业务处理进行融合管理。根据公司业务发展实际,为满足规范化的财务管理要求,公司需要在业财信息系统平台上完成总账系统参数设置、应收款管理系统参数设置、应付款管理系统参数设置、采购管理系统参数设置、销售管理系统参数设置、库存管理系统参数设置、存货核算系统参数设置等工作。

以"001 张伟"的身份登录企业应用平台,完成相关系统参数设置。

1. 设置总账系统参数

总账系统参数,如表 3-1 所示。

表 3-1 总账系统参数

选项卡	选项设置
凭证	支票控制 可以使用应收、应付受控科目 自动填补凭证断号
权限	凭证必须经由出纳签字 取消勾选"允许修改、作废他人填制的凭证"
其他	部门、个人、项目按编码方式排序

2. 设置应收款管理系统参数

应收款管理系统参数,如表 3-2 所示。

表 3-2 应收款管理系统参数

选项卡	参数设置
常规	坏账处理方式:应收余额百分比法 勾选"自动计算现金折扣" 勾选"登记支票"
凭证	凭证合并规则:票据号
权限与预警	不控制操作员权限 按信用方式根据单据提前 7 天自动报警

3. 设置应付款管理系统参数

应付款管理系统参数,如表 3-3 所示。

表 3-3 应付款管理系统参数

选项卡	参数设置
常规	勾选"自动计算现金折扣" 勾选"登记支票"
凭证	凭证合并规则:票据号
权限与预警	不控制操作员权限

4. 设置销售管理系统参数

销售管理系统参数,如表 3-4 所示。

表 3-4 销售管理系统参数

选项卡	参数设置
业务控制	有委托代销业务 有分期收款业务 有直运销售业务

5. 设置采购管理系统参数

采购管理系统参数,如表 3-5 所示。

表 3-5 采购管理系统参数

选项卡	参数设置
业务及权限控制	启用代管业务
公共及参照控制	单据默认税率:13%

6. 设置库存管理系统参数

库存管理系统参数,如表 3-6 所示。

表 3-6 库存管理系统参数

选项卡	参数设置
通用设置	有委托代销业务 采购入库审核时改现存量 销售出库审核时改现存量 材料出库审核时改现存量 其他出入库审核时改现存量 库存生成销售出库单
专用设置	自动带出单价的单据:其他入库单、其他出库单、盘点单 入库单成本修改为最新成本

7. 设置存货核算系统参数

存货核算系统参数,如表 3-7 所示。

表 3-7 存货核算系统参数

选项卡	参数设置
核算方式	暂估方式:单到回冲 销售成本核算方式:按销售发票核算 委托代销成本核算方式:按发出商品核算 红字出库单成本:手工输入
控制方式	勾选"单据审核后才能记账" 勾选"结算单价与暂估单价不一致是否调整出库成本"

8. 设置计件要素及工序

标准工序:01 组装,02 检验。

任务操作

1. 设置总账系统参数

（1）执行"业务工作"—"财务会计"—"总账"—"设置"—"选项"命令，进入"选项"窗口。

示例3.1
设置总账系统参数

（2）打开"凭证"选项卡，在"凭证"选项卡窗口，单击对话框下方的"编辑"按钮，勾选"支票控制""可以使用应收受控科目""可以使用应付受控科目""自动填补凭证断号"复选框，如图3-1所示。

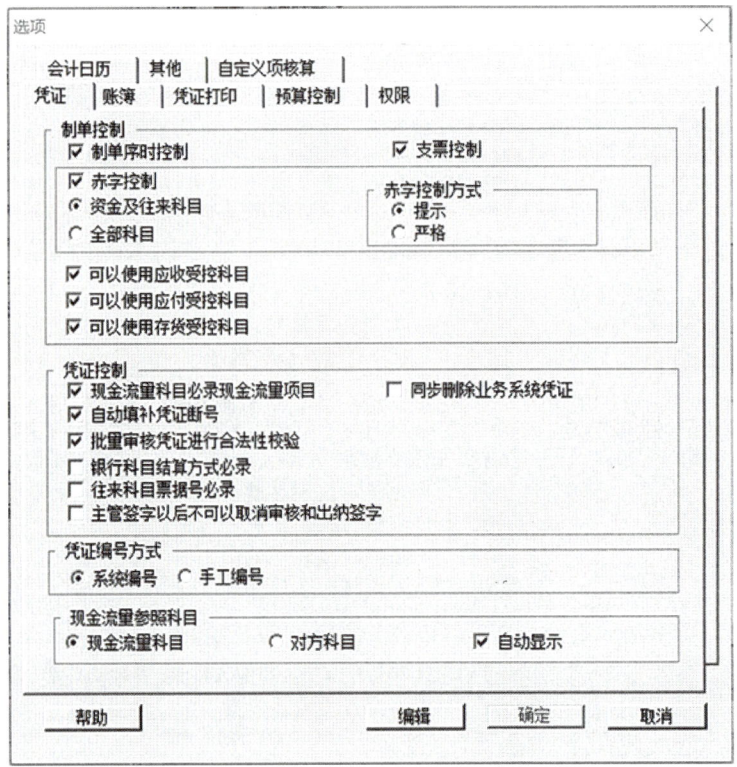

图3-1 "凭证"选项卡参数设置

（3）打开"权限"选项卡，在"权限"选项卡窗口，勾选"凭证必须经由出纳签字"，取消勾选"允许修改、作废他人填制的凭证"。

（4）打开"其他"选项卡，在"其他"选项卡窗口，勾选"部门排序方式为按编码排序""个人排序方式为按编码排序""项目排序方式为按编码排序"复选框，单击"确定"按钮，总账系统参数设置结束。

2. 设置应收款管理系统参数

（1）执行"业务工作"—"财务会计"—"应收款管理"—"设置"—"选项"命令，进入"账套参数设置"窗口。

示例3.2
设置应收款管理系统参数

（2）打开"常规"选项卡，在"常规"选项卡窗口，单击对话框下方的"编辑"按钮，在"坏账处理方式"下拉框中选择"应收余额百分比法"，勾选"自动计算现金折扣""登记支票"复选框，如图3-2所示。

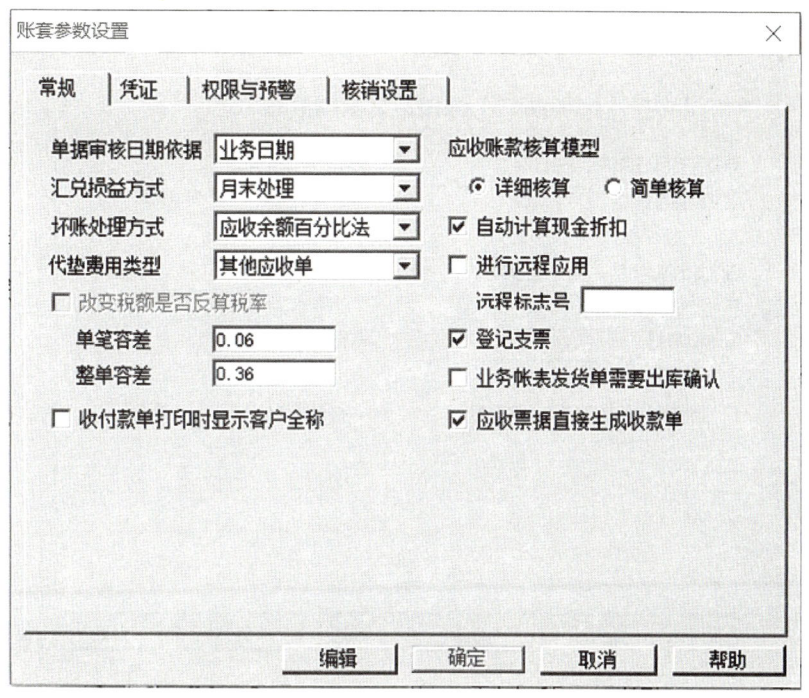

图3-2 "常规"选项卡参数设置

(3) 打开"凭证"选项卡,在"凭证"选项卡窗口,在"凭证合并规则"中勾选"票据号"复选框。

(4) 打开"权限与预警"选项卡,取消勾选"控制操作员权限"选项,在"单据报警"下拉框中选择"信用方式",在"提前天数"下拉框中选择"7",单击"确定"按钮,应收款管理系统参数设置结束。

3. 设置应付款管理系统参数

(1) 执行"业务工作"—"财务会计"—"应付款管理"—"设置"—"选项"命令,进入"账套参数设置"窗口。

(2) 打开"常规"选项卡,在"常规"选项卡窗口,单击对话框下方的"编辑"按钮,勾选"自动计算现金折扣""登记支票"复选框,如图3-3所示。

示例3.3
设置应付款
管理系统参数

(3) 打开"凭证"选项卡,在"凭证"选项卡窗口,在"凭证合并规则"中勾选"票据号"复选框。

(4) 打开"权限与预警"选项卡,取消勾选"控制操作员权限"选项,单击"确定"按钮,应付款管理系统参数设置结束。

4. 设置销售管理系统参数

(1) 执行"业务工作"—"供应链"—"销售管理"—"设置"—"销售选项"命令,进入"销售选项"窗口。

(2) 打开"业务控制"选项卡,在"业务控制"选项卡窗口,勾选"有委托代销业务""有分期收款业务""有直运销售业务"复选框,如图3-4所示。

(3) 单击"确定"按钮,销售管理系统参数设置结束。

示例3.4
设置销售管
理系统参数

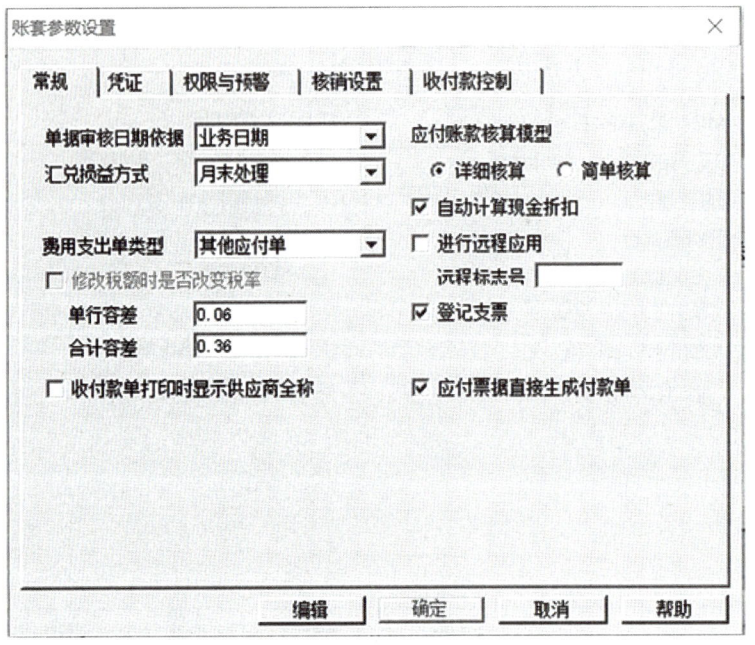

图3-3 "常规"选项卡参数设置

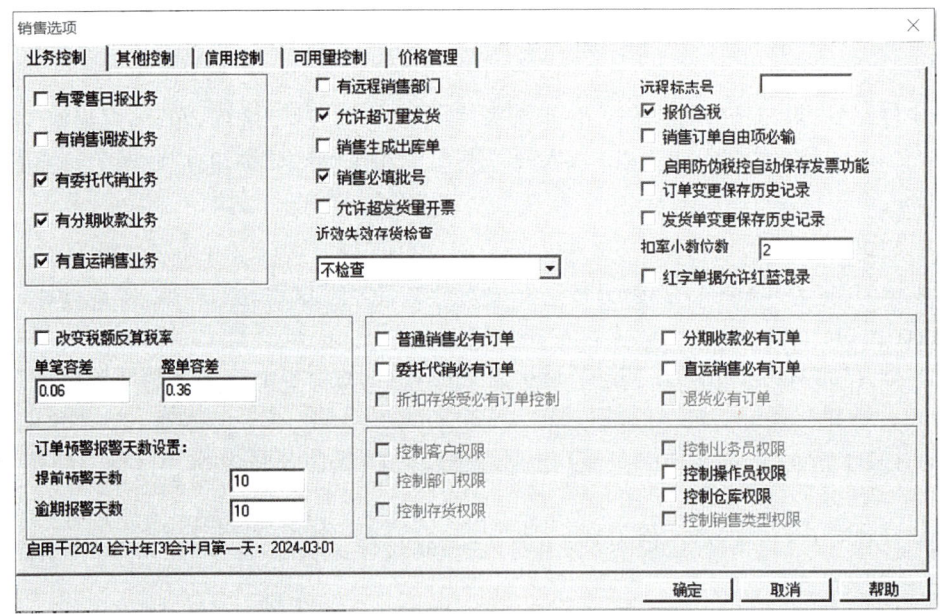

图3-4 "业务控制"选项卡参数设置

5. 设置采购管理系统参数

(1) 执行"业务工作"—"供应链"—"采购管理"—"设置"—"采购选项"命令,进入"采购系统选项设置—请按照贵单位的业务认真设置"窗口。

(2) 打开"业务及权限控制"选项卡,在"业务及权限控制"选项卡窗口,勾选"启用代管业务"复选框,如图 3-5 所示。

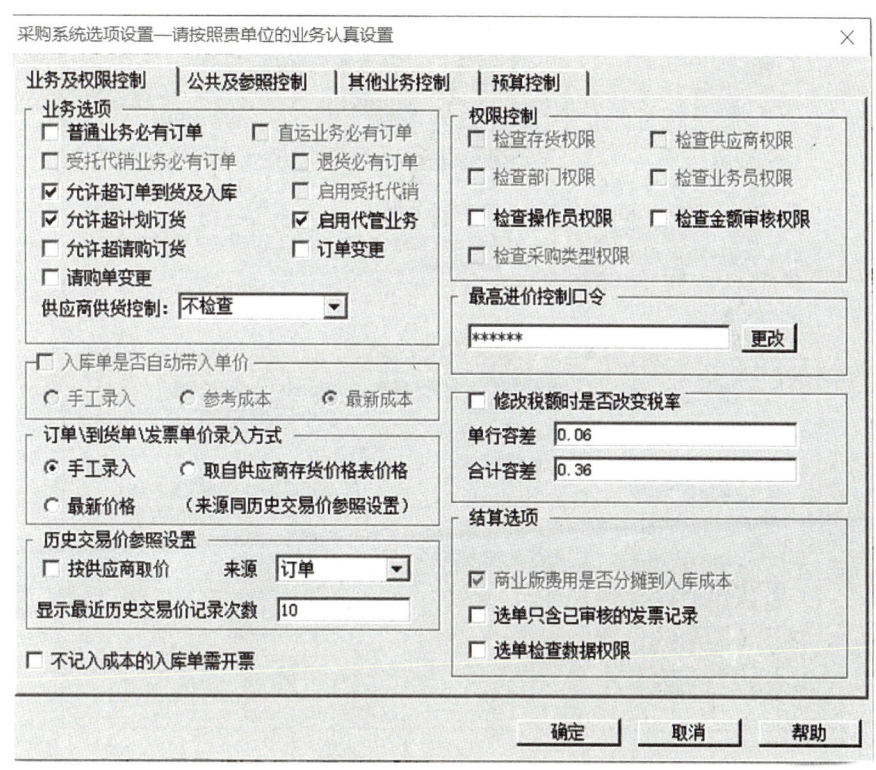

图 3-5 "业务控制"选项卡参数设置

(3) 打开"公共及参照控制"选项卡,将单据默认税率修改为"13",单击"确定"按钮,采购管理系统参数设置结束。

6. 设置库存管理系统参数

(1) 执行"业务工作"—"供应链"—"库存管理"—"初始设置"—"选项"命令,进入"库存选项设置"窗口。

(2) 打开"通用设置"选项卡,勾选"有无委托代销业务""采购入库审核时改现存量""销售出库审核时改现存量""材料出库审核时改现存量""其他出入库审核时改现存量""库存生成销售出库单"复选框,如图 3-6 所示。

(3) 打开"专用设置"选项卡,勾选"自动带出单价的单据""其他入库单""其他出库单""盘点单"复选框,将入库单成本修改为最新成本,单击"确定"按钮,采购管理系统参数设置结束。

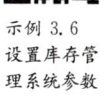

示例 3.6 设置库存管理系统参数

7. 设置存货核算系统参数

(1) 执行"业务工作"—"供应链"—"存货核算"—"初始设置"—"选项"—"选项录入"命令,进入"选项录入"窗口。

(2) 打开"核算方式"选项卡,将暂估方式修改为"单到回冲",将销售成本核算方式修改为"销售发票",将委托代销成本核算方式修改为"按发出商品核算",将红字出库单成本修改为"手工输入",如图 3-7 所示。

示例 3.7 设置存货核算系统参数

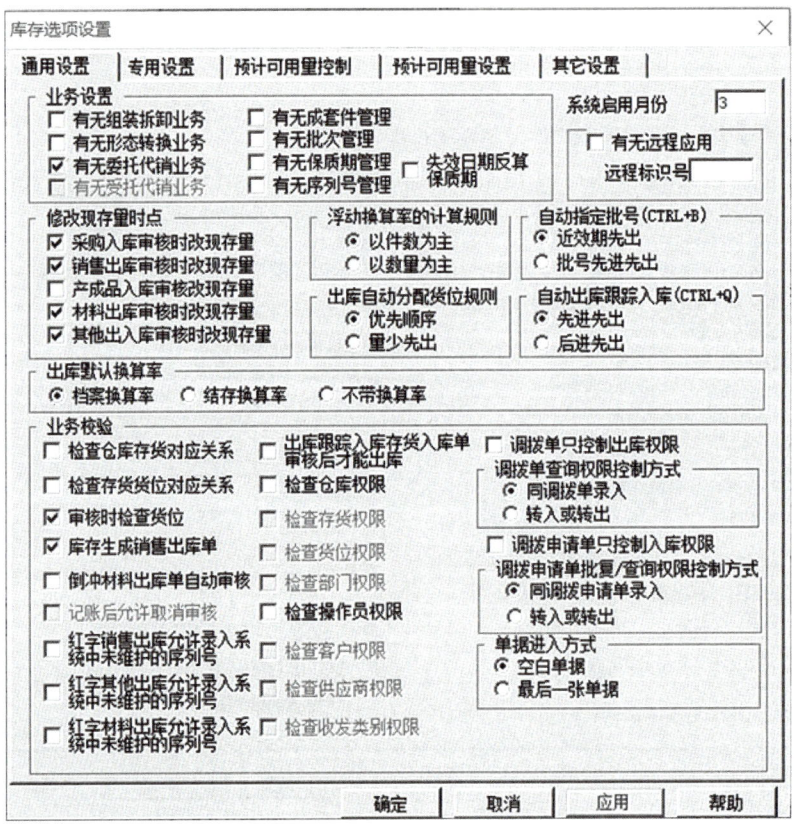

图 3-6 "通用设置"选项卡参数设置

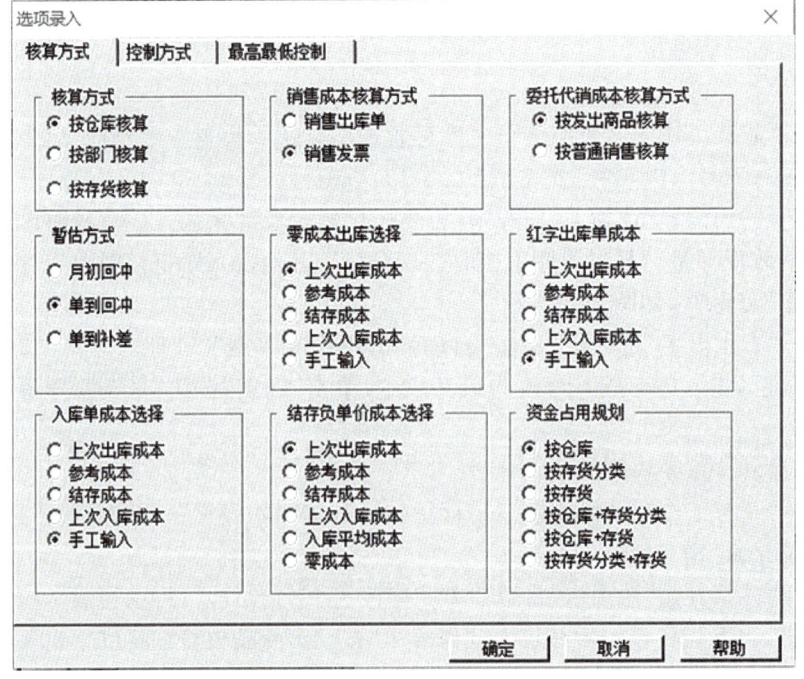

图 3-7 "核算方式"选项卡参数设置

（3）打开"控制方式"选项卡，勾选"单据审核后才能记账""结算单价与暂估单价不一致是否调整出库成本"复选框，单击"确定"按钮，弹出"是否保存当前设置"提示框，单击"是"按钮，采购管理系统参数设置结束。

8. 设置计件要素及工序

（1）在"临时员工"工资类别下，执行"设置"—"计件要素设置"命令，进入"计件要素设置"窗口，检查"工序"计件要素是否为"启用"状态。

示例3.8 设置计件要素及工序

（2）在"基础设置"窗口中，执行"基础档案"—"生产制造"—"标准工序资料维护"命令，进入"标准工序资料维护"窗口。

（3）单击"增加"按钮，输入工序代号为"01"，工序说明为"组装"，单击"保存"按钮。

（4）单击"增加"按钮，输入工序代号为"02"，工序说明为"检验"，如图3-8所示。单击"保存"按钮，退出"标准工序资料维护"窗口。

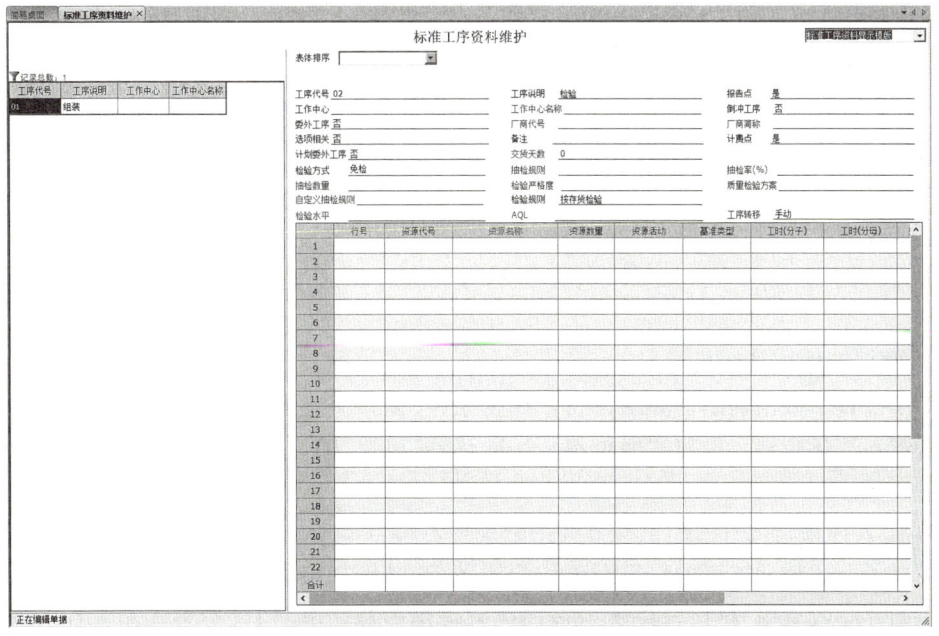

图3-8　标准工序资料维护

工作任务二　系统初始化设置

工作任务概述

1. 能够完成总账系统期初余额录入
2. 能够进行应收款管理系统的初始化设置
3. 能够进行应付款管理系统的初始化设置
4. 能够进行固定资产管理系统的初始化设置

5. 能够进行薪资管理系统的初始化设置
6. 能够进行采购管理系统的初始化设置
7. 能够进行销售管理系统的初始化设置
8. 能够进行库存管理系统的初始化设置
9. 能够进行存货管理系统的初始化设置

 **任务准备**

一、总账系统的初始设置

企业在首次启用总账系统时,除依据核算标准进行参数选项配置外,还需完成期初余额录入、数据权限分配、金额权限分配、总账打印工具设置及账簿清理等一系列必要工作。

1. 期初余额录入

为保持账簿数据的连续性与完整性,需将基础数据输入系统。在总账系统中,首先应录入各账户的年初余额或启用月份的月初余额。总账系统的期初余额功能主要用于输入基本账户及辅助核算账户的期初余额,并在核对无误后完成试算平衡。

1) 末级科目

直接输入末级科目(期初余额显示为白色底色)的期初余额,上一级科目的期初余额将自动填充。例如,输入"交行存款"科目的期初余额后,"银行存款"科目的期初余额会自动生成。

2) 数据辅助核算科目

对于设置了数据辅助核算的科目,"期初余额"窗口将显示两行:第一行输入货币金额,第二行输入数量余额。例如,"原材料——散热器"科目,输入时必须先填写货币金额,再填写数量余额。

3) 个人往来、客户往来、供应商往来辅助核算科目

设置了上述辅助核算的科目底色均为浅黄色,其期初余额录入需在对应的辅助账中进行。例如,"应收票据"科目若设置了客户往来辅助核算,其期初余额录入需先在"期初往来明细"中录入数据,再返回"辅助期初余额"窗口录入期初发生额。

2. 数据权限分配

总账系统补充了对操作员的权限控制。在原有制单权、科目权限和审核权限的基础上,新增了部门等辅助核算的制单及查询权限,以及凭证类别权限和查询权限。

企业在新建账套时,必须选择"是否需要数据权限控制"选项,并在系统管理中定义角色或用户,完成权限分配后,才能在此进行数据权限的分配。

二、应收款管理系统的初始设置

企业首次启用应收款管理系统时,需根据本单位的核算要求和实际业务情况进行初始设置。设置内容涵盖科目设置、坏账准备设置、账期内账龄区间设置、逾期账龄区间设置、报警级别设置、单据类型设置及中间币种设置。若为初次使用应收款管理系统,还需将启用时未处理完毕的所有客户的应收账款、预收账款、应收票据等数据录入至"期初余额",以确保

数据的连续性和完整性。

1. 设置科目

为了简化凭证生成操作，可以将各业务类型凭证中常用的科目预先设置好，以便在进行生成凭证操作时，系统能够自动将这些相应科目直接带入凭证中。应收款管理系统中包含四种需要初始设置的科目类型：基本科目、控制科目、产品科目和结算方式科目。

1）基本科目

基本科目是指应收款管理系统在凭证制单过程中所需的基本科目，如"应收账款""预收账款""主营业务收入""应交税费—应交增值税（销项税额）"等。

2）控制科目

控制科目是根据企业在系统选项中所选的控制科目选项进行设置的，通常按照客户分类来设置应收科目和预收科目。

3）产品科目

产品科目是根据存货类别名称来设置"销售收入""应交增值税""销售退回"科目。

4）结算方式科目

结算方式科目是根据结算方式和币种来设置货币资金类科目。

2. 坏账准备设置

坏账准备设置是指企业在设定坏账准备提取比率和期初余额功能后，系统能够根据企业的应收账款余额自动进行坏账准备的计提。此模块要求企业设定包括坏账准备提取比率、期初余额、坏账准备科目及对方科目等相关内容。

3. 账龄区间设置

账龄区间设置是指企业依据应收账款的收款时间间隔，对应收账款或收款进行账龄查询与账龄分析，以便掌握企业在特定期间内的应收款及收款状况。

三、应付款管理系统的初始设置

企业首次启用应付款管理系统时，需根据本单位的核算要求和实际业务情况完成初始设置。设置内容涵盖科目设置、账期内账龄区间设置、逾期账龄区间设置、报警级别设置、单据类型设置以及中间币种设置。若为初次使用该系统，还需将启用时应付款管理系统尚未处理完毕的所有客户应付账款、预付账款、应付票据等数据录入期初余额，以便后续顺利进行核销处理。

1. 设置科目

为了简化凭证生成操作，可以将各业务类型凭证中常用的科目预先设置好，待进行生成凭证操作时，系统即可自动将相应科目直接带入凭证中。应付款管理系统中包含四种需要初始设置的科目类型：基本科目、控制科目、产品科目和结算方式科目。

1）基本科目

基本科目是指应付款管理系统在凭证制单过程中所需的基本科目，如"应付账款""预付账款""在途物资""应交税费——应交增值税（进项税额）"等科目。

2）控制科目

控制科目是根据企业在系统选项中选择的控制科目选项而设置的，通常按照供应商名称进行应付科目和预付科目的设置。

3) 产品科目

产品科目是根据存货类别名称进行"采购""应交增值税"科目的设置。

4) 结算方式科目

结算方式科目是根据结算方式和币种进行货币资金类科目的设置。

2. 账龄区间设置

账龄区间设置是指企业依据应付账款的付款时间间隔，对应付账款或付款进行账龄查询和账龄分析，以便企业全面掌握在一定期间内发生的应付款及付款情况。

3. 单据类型设置

用友 U8V10.1 软件提供了两种单据类型：发票和应付单。

(1) 发票包括增值税专用发票、普通发票、运费发票及废旧物资收购凭证。当采购管理系统与应付款管理系统同时启用时，上述四种发票均可使用；若仅单独使用应付款管理系统，则仅限于使用增值税专用发票和普通发票。发票类型设定后不可修改或删除。

(2) 应付单用于记录除采购业务外的其他应付款项。应付单可根据不同类型进行分类，以便清晰区分应付货款及其他应付款。其中，其他应付单作为默认类型，不可修改或删除。

四、固定资产管理系统的初始设置

固定资产管理系统是用于固定资产核算与管理的核心模块。该系统的主要功能包括：通过录入固定资产卡片，详细反映固定资产的分类、计价以及增减变动等情况；编制固定资产增减明细表；计提固定资产折旧；以及编制固定资产折旧报告。固定资产管理系统的初始设置包括三部分：系统初始化、基础设置和原始卡片录入。

1. 系统初始化

1) 约定及说明

约定及说明部分提供了即将初始化的固定资产账套的基本信息、资产管理的基本原则、各类变动后的折旧计算及分配汇总原则等内容。系统将提供"我同意"和"我不同意"两个选项供操作员选择，只有选择"我同意"才能进入下一步设置。

2) 启用月份

启用月份的设置将决定固定资产折旧开始的时点，此设置不可修改。若需修改，需进入系统启用设置中进行调整。启用月份前的固定资产通常作为期初值使用。

3) 折旧信息

折旧信息设置包括是否计提折旧、折旧方法、折旧汇总分配周期及提足折旧的公式等内容。系统默认为计提折旧，并提供六种常见的折旧方法供选择。

4) 编码方式

编码方式提供资产类别和固定资产两种编码模式。资产类别编码一旦在某一级设定，其长度不可更改，未使用的各级长度方可调整。固定资产编码方式提供手工输入和自动编码两种选项，自动编码可根据企业实际情况选择"类别编号＋部门编号＋序号""部门编号＋类别编号＋序号""类别编号＋序号"或"部门编号＋序号"四种模式。

5) 账务接口

账务接口是指固定资产管理系统是否选择向总账账务系统传输数据。若需进行固定资产核算业务的自动转账,需选择与账务系统对账,并设置固定资产和累计折旧的对账科目。账务接口的选择旨在实现固定资产管理系统数据与总账账务系统的对接。

提示

若固定资产管理系统中设置有误,可通过执行"固定资产"—"设置"—"选项"命令,对初始化设置信息进行修改。

2. 基础设置

在进行固定资产日常业务处理之前,必须先对固定资产选项、折旧科目、资产类别、增减方式、使用状况、折旧方法等信息进行详细设置,这些基础设置是固定资产管理和核算的重要基石。

1)固定资产选项

固定资产管理系统的选项设置与初始化设置内容相似,共分为五个选项卡:基本信息、折旧信息、账务系统接口、编码方式和其他。

(1)基本信息选项卡内的信息根据系统管理信息自动导入,仅供查阅,不可修改。

(2)折旧信息选项卡内的内容与初始化设置基本一致,增加了变动单生效原则选项和新增资产当月计提折旧选项。

(3)账务系统接口选项卡补充了固定资产、累计折旧、减值准备、固定资产清理、增值税进项税额的缺省入账科目内容。

(4)编码方式选项卡补充了资产组编码方式和卡片编号长度两个选项内容。

(5)其他选项卡提供了已发送资产减少卡片可删除时限、卡片断号填补设置、不允许转回减值准备等选项内容。

2)部门对应折旧科目

固定资产计提的折旧需根据使用者的具体情况计入相应的成本或费用账户。设置部门对应折旧科目的作用在于在录入固定资产卡片时,系统可根据部门自动生成对应折旧科目,减少手工录入的工作量;在生成部门折旧分配表时,系统可根据部门自动汇总对应折旧科目,自动生成转账凭证。

3)资产类别

由于固定资产种类繁多、规格不一,需对其进行资产类别设置。

提示

资产类别编码不可重复,同一级的资产类别名称不得相同。

类别编码、名称、计提属性与卡片样式必须填写完整。

若需设置二级及以下类别,需先在左侧列表中选择需添加的类别,但已使用过的类别无法新增下一级。

4)增减方式

系统提供了增加和减少两类增减方式。增加方式包括:直接购入、投资者投入、捐赠、盘盈、在建工程转入、融资租入;减少方式包括:出售、盘亏、投资转出、捐赠转出、报废、毁损、融资租出。

5）使用状况

系统提供了三种使用状况目录：使用中、未使用和不需用。默认情况下，只有使用中的资产需要计提折旧，其他两种状况均可进行自定义修改。

6）折旧方法

折旧方法设置是系统自动计算折旧的基础。系统提供了六种折旧方法：不提折旧、平均年限法（一）、平均年限法（二）、工作量法、双倍余额递减法、年数总和法，并附有相应的折旧计算公式。用户只能选用系统默认的折旧方法，不可删除或修改。若这些方法仍无法满足企业实际需求，系统也提供了自定义折旧方法的功能。

3. 原始卡片录入

固定资产卡片是固定资产核算与管理的基础性依据，企业需将建账之前的相关数据录入系统。原始卡片的录入时间不受限制，可随时进行数据录入。

五、薪资管理系统的初始设置

薪资管理系统的初始设置包括建立工资账套和基础信息设置两部分。

1. 建立工资账套

系统为建立工资账套提供了操作向导，包括参数设置、扣税设置、扣零设置和人员编码。

1）参数设置

参数设置允许用户选择工资类别个数、币别名称以及是否核算计件工资。工资类别个数分为单个和多个。若企业仅有一种人员类型，可选择单个；若存在两种及以上人员类型，则需选择多个。计件工资是根据计件单价支付劳动报酬的方式，与计时工资的核算方式不同。企业可根据实际经营情况选择，若启用此选项，系统将自动在工资项目设置中显示"计件工资"，并在人员档案中选择"核算计件工资"。

2）扣税设置

扣税设置用于确定企业是否代扣员工个人所得税。若选择此选项，系统将自动生成"代扣税"项目，并自动计算代扣税金。

3）扣零设置

扣零设置是指每次发放工资时将零头扣下并积累，待下次工资发放时补回。系统提供了三种扣零类型：扣零至元、扣零至角、扣零至分。若启用此选项，系统将在工资项目设置中显示"本月扣零"和"上月扣零"。

> **提示**
> 工资账套建账完成后，部分参数可通过执行"薪资管理"—"设置"—"选项"命令进行修改。

2. 基础信息设置

工资账套建立后，还需设置基础信息，包括发放次数管理、人员附加信息设置、工资项目设置、人员档案及选项设置。

1）发放次数管理

在单个工资类别模式下，发放次数管理功能无法启用。

2）人员附加信息设置

人员附加信息设置仅需补充人员的基础信息，如性别、民族、婚姻状况等。

3）工资项目设置

工资项目设置涉及工资项目的名称、类型、宽度、小数位数及增减项。"应发合计""扣款合计""实发合计"等常用工资项目由系统自动提供，且不可修改或删除；其他项目则可根据实际需求手动输入，或通过"名称参照"方式添加，如"基本工资""岗位工资""固定工资"等。

4）人员档案及选项设置

人员档案及选项设置允许编辑和修改工资账套建立时设定的扣零设置、扣税设置及参数设置内容，并根据人员工资的实际情况，补充了调整汇率和分段计薪两项参数信息。

六、销售管理系统的初始设置

销售管理系统的初始设置涵盖选项设置和期初录入两大模块。销售选项设置细分为业务控制设置、其他控制设置、信用控制设置、可用量控制以及价格管理五个子模块。销售期初录入则是指在正式启用销售管理系统进行业务管理前，若存在上月未完成的销售业务，需在该系统中录入相应的期初单据和业务数据。依据收入与费用配比的核算原则，销售业务中不会出现期初销售发票和期初销售出库单，因此仅需录入已签订但尚未执行的期初销售订单即可。

七、采购管理系统的初始设置

采购管理系统包括采购期初记账、采购选项设置和替代关系设置三大模块。期初记账指的是企业在启用采购管理系统进行采购业务管理之前，若存在上月未完成的采购业务，需将这些业务作为期初采购订单录入系统；对于上月已收货但尚未收到采购发票的业务，则需进行暂估入库处理，待本月实际收到发票后再在系统中进行相应调整。采购管理系统的期初录入功能包括期初采购订单录入和期初采购入库单录入两部分。

八、库存管理系统的初始设置

库存管理系统的初始设置包括四个关键部分：选项参数设置、期初结存录入、期初不合格品登记以及库存年结期初单据配置。在启用库存管理系统时，除必须完成选项参数设置外，还需准确录入企业期初的库存原材料和商品等存货的数量、金额等相关业务数据。

九、存货核算系统的初始设置

存货核算系统是供应链系统中负责存货成本核算和凭证生成的系统。其初始设置包括四个主要部分：选项参数设置、期初数据录入、科目设置及其他相关设置。其中，科目设置预先配置与存货核算相关的科目，以便系统能够自动生成凭证。

> **提示**
> 由于库存管理系统与存货核算系统均需调用库存初始资料，必须在两个子系统中分别录入相关数据。

在完成采购管理、销售管理、库存管理和存货核算系统的选项参数设置，并录入初始业务数据后，即可进行期初记账，标志着各系统正式进入日常业务处理阶段。

以下情况无法取消采购期初记账：采购管理系统已执行月末结账；采购管理系统已进行采购结算；存货核算系统已完成期初记账。

同样，以下情况不能取消存货核算系统的期初记账：存货核算系统已进行月末结账；存在已记账的凭证；手动添加了入库或出库调整单。在这些情况下，需先取消存货核算系统中所有相关业务，方可撤销期初记账。

子任务 3-2 总账系统初始化

 任务内容

广州新风电器制造有限公司决定于 2024 年 3 月 1 日开始对公司财务核算与业务处理进行融合管理。根据公司业务发展实际，满足规范化的财务管理要求，公司需要在业财信息系统平台上完成各业务子系统初始设置工作。

1. 录入期初余额

期初余额表，如表 3-8 所示。

表 3-8 期初余额表

单位：元

科目编码	科目名称	方向	币别/计量	累计借方	累计贷方	期初余额	备注
1001	库存现金	借				1 200.00	
1002	银行存款	借				385 532.64	
100201	交行存款	借	人民币			385 532.64	
1121	应收票据	借				280 250.00	
112101	银行承兑汇票	借				280 250.00	见辅助明细
1122	应收账款	借				141 250.00	见辅助明细
1123	预付账款	借				386 000.00	见辅助明细
1221	其他应收款	借				2 000.00	
122101	应收个人款	借				2 000.00	见辅助明细
1402	在途物资	借				20 000.00	
1403	原材料	借				1 130 500.00	
140301	散热器	借				150 000.00	
			片			5 000	数量
140302	控制器	借				250 000.00	

(续表)

科目编码	科目名称	方向	币别/计量	累计借方	累计贷方	期初余额	备注
			个			12 500	数量
140303	电机	借				690 000.00	
			个			8 625	数量
140304	塑料制品	借				40 500.00	
			箱			810	数量
1405	库存商品	借				263 400.00	见辅助明细
1601	固定资产	借				318 870.00	
1602	累计折旧	贷				148 993.20	
1701	无形资产	借				1 500 000.00	
1702	累计摊销	贷				6 944.44	
2001	短期借款	贷				500 000.00	
2201	应付票据	贷				10 000.00	
220101	银行承兑汇票	贷				10 000.00	见辅助明细
2202	应付账款	贷				39 550.00	
220201	应付货款	贷				39 550.00	见辅助明细
2203	预收账款	贷				5 000.00	
220301	货款	贷				5 000.00	见辅助明细
2211	应付职工薪酬	贷				120 175.00	
221101	工资	贷				115 000.00	
221105	工会经费	贷				2 300.00	
221106	职工教育经费	贷				2 875.00	
2221	应交税费	贷				11 350.00	
222101	应交增值税	贷				7 400.00	
22210101	进项税额	贷				−9 600.00	
22210102	销项税额	贷				17 000.00	
222104	应交城市维护建设税	贷				700.00	
222105	应交教育费附加	贷				300.00	
222106	应交地方教育附加	贷				200.00	
222107	应交个人所得税	贷				2 750.00	
4001	实收资本	贷				2 318 922.00	

(续表)

科目编码	科目名称	方向	币别/计量	累计借方	累计贷方	期初余额	备注
4103	本年利润	贷				1 115 823.00	
4104	利润分配	贷				476 077.00	
410401	未分配利润	贷				476 077.00	
5001	生产成本					323 832.00	
500101	直接材料					309 000.00	见辅助明细
500102	直接人工					9 800.00	
500103	制造费用					4 032.00	
500104	其他					1 000.00	

2. 辅助账期初余额表

应收票据(1121)期初余额,如表 3-9 所示。

表 3-9 应收票据(1121)期初余额

往来明细表:

日期	凭证号	客户	业务员	摘要	方向	金额(元)	票号	票据日期
2024-2-5	记-5	广佛商超	杨杰	销售商品	借	280 250.00	600123	2024-2-1

应收账款(1122)期初余额,如表 3-10 所示。

表 3-10 应收账款(1122)期初余额

往来明细表:

日期	凭证号	客户	业务员	摘要	方向	金额(元)
2024-2-15	记-28	福耀日用品	黄芳萍	销售商品	借	141 250.00

预付账款(1123)期初余额,如表 3-11 所示。

表 3-11 预付账款(1123)期初余额

往来明细表:

日期	凭证号	供应商	业务员	摘要	方向	金额(元)
2024-2-28	记-83	东莞安淮	黄焱	预付采购款	借	386 000.00

其他应收款——应收个人款(112101)期初余额,如表 3-12 所示。

表 3-12 其他应收款——应收个人款(112101)期初余额

往来明细表:

日期	凭证号	部门	个人	摘要	方向	金额(元)
2024-2-28	记-90	采购部	黄焱	借款	借	2 000.00

库存商品(1405)期初余额,如表 3-13 所示。

表 3-13　库存商品(1405)期初余额

项目	单位	数量	期初余额(元)
落地扇	台	150.00	62 400.00
吊扇	台	500.00	175 000.00
无叶风扇	台	80.00	26 000.00

应付票据(2201)期初余额,如表 3-14 所示。

表 3-14　应付票据(2201)期初余额

日期	凭证号	供应商	业务员	摘要	方向	金额(元)	票号	票据日期
2024-1-20	记-60	东莞安淮	黄焱	采购商品	贷	10 000.00	168254	2024-1-18

应付账款(2202)期初余额,如表 3-15 所示。

表 3-15　应付账款(220201)期初余额

日期	凭证号	供应商	业务员	摘要	方向	金额(元)
2024-2-20	记-53	苏州华城	刘英杰	应付采购款	贷	16 950.00
2024-2-28	记-65	沈阳科成	黄焱	应付采购款	贷	22 600.00

预收账款(2203)期初余额,如表 3-16 所示。

表 3-16　预收账款(220301)期初余额

日期	凭证号	供应商	业务员	摘要	方向	金额(元)
2024-2-10	记-14	韶关百福	杨杰	预收货款	贷	5 000.00

直接材料(500101)期初余额,如表 3-17 所示。

表 3-17　直接材料(500101)期初余额

单位:元

科目名称	落地扇	吊扇	无叶风扇	合计
直接材料	140 000.00	56 000.00	113 000.00	309 000.00

任务操作

以"003 孙艳明"的身份登录企业应用平台,完成期初余额数据录入。

1. 无辅助核算科目的期初余额录入

(1) 执行"业务工作"—"财务会计"—"总账"—"设置"—"期初余额"命令,进入总账"期初余额录入"窗口。

(2) 双击"库存现金"科目的"期初余额"栏,输入期初余额为"1 200"。

(3) 依次录入数据栏为白色的各末级科目的期初余额。

2. 带辅助核算科目的期初余额录入

以"应收票据——银行承兑汇票"期初余额录入为例。

示例 3.9 无辅助核算科目的期初余额录入

示例 3.10 带辅助核算科目的期初余额录入

(1) 双击"应收票据"科目的"期初余额"栏,进入"辅助期初余额"窗口。
(2) 单击"往来明细"按钮,进入"期初往来明细"窗口。
(3) 单击"增行"按钮,按辅助账期初余额表(表3-9)输入往来明细信息,如图3-9所示。

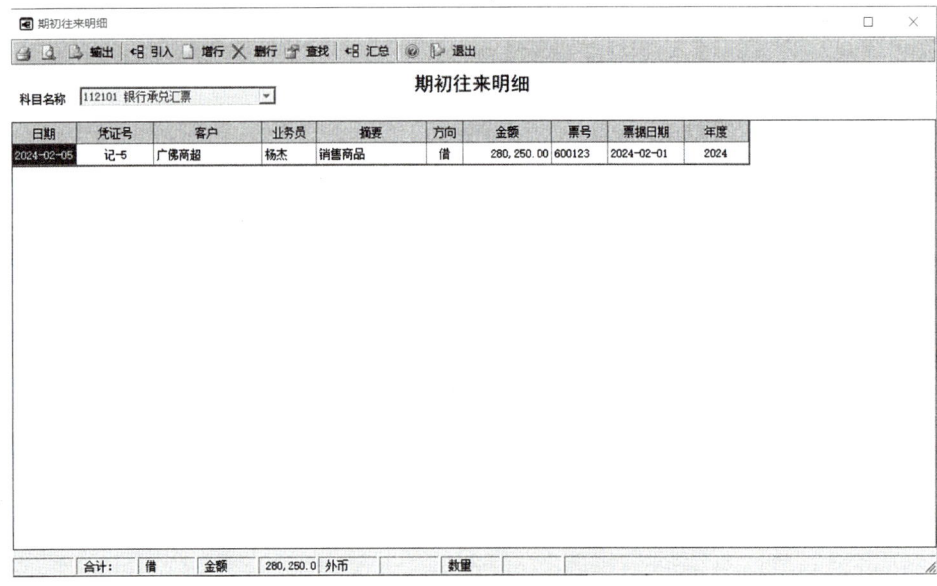

图 3-9　录入期初往来明细

(4) 单击"汇总"按钮,系统弹出"完成了往来明细到辅助期初表的汇总!"提示框,单击"确定"按钮,退出"辅助期初余额"窗口。

子任务 3-3　应收款管理系统初始设置

 **任务内容**

1. 设置科目

应收款管理系统科目,如表3-18所示。

表 3-18　应收款管理系统科目

科目类别	基础科目种类	设置方式
基本科目	应收科目	1122
	预收科目	220301
	税金科目	22210102
	销售收入科目	6001
	现金折扣科目	660303
	坏账入账科目	1231
	银行承兑科目	112101
	商业承兑科目	112102

(续表)

科目类别	基础科目种类	设置方式
结算方式科目	结算方式:现金结算,设置方式:人民币,科目:1001	
	结算方式:现金支票,设置方式:人民币,科目:100201	
	结算方式:转账支票,设置方式:人民币,科目:100201	

2. 设置坏账准备

坏账准备,如表3-19所示。

表3-19 坏账准备

控制参数	参数设置
提取比例	0.5%
坏账准备期初余额(元)	0
坏账准备科目	1231
对方科目	6701

3. 录入期初数据

应收票据(1121)期初余额,如表3-20所示。

表3-20 应收票据(1121)期初余额

金额单位:元

单据名称	单据类型	票据编号	开票单位	承兑银行	票据面值	科目	签发日期	到期日	业务员	收到日期
应收票据	银行承兑汇票	600123	广佛商超	交通银行	280 250.00	112101	2024-2-1	2024-05-31	杨杰	2024-2-05

应收账款(1122)期初余额,如表3-21所示。

表3-21 应收账款(1122)期初余额

金额单位:元

增值税专用发票:

开票日期	客户	销售部门	业务员	存货编码	数量	无税单价	税率	价税合计	发票号
2024-2-15	福耀日用品	销售一部	黄芳萍	201	500	250.00	13%	141 250.00	588720

预收账款(2203)期初余额,如表3-22所示。

表3-22 预收账款(2203)期初余额

单据名称	单据类型	日期	客户	业务员	结算方式	金额(元)	票号
预收单	收款单	2024-2-10	韶关百福	杨杰	电汇	5 000.00	476341

 任务操作

以"003 孙艳明"的身份登录企业应用平台,完成应收款系统参数设置与期初余额录入。

1. 设置科目

示例 3.11
设置科目

（1）执行"业务工作"—"应收款管理"—"设置"—"初始设置"命令，进入"初始设置"窗口。

（2）选中"基本科目设置"，单击"增加"按钮，在"基础科目种类"下拉框中选择"应收科目"，输入科目为"1122"。

（3）其他基本科目设置参照上述操作，此处不再赘述。基本科目设置完毕，如图 3-10 所示。

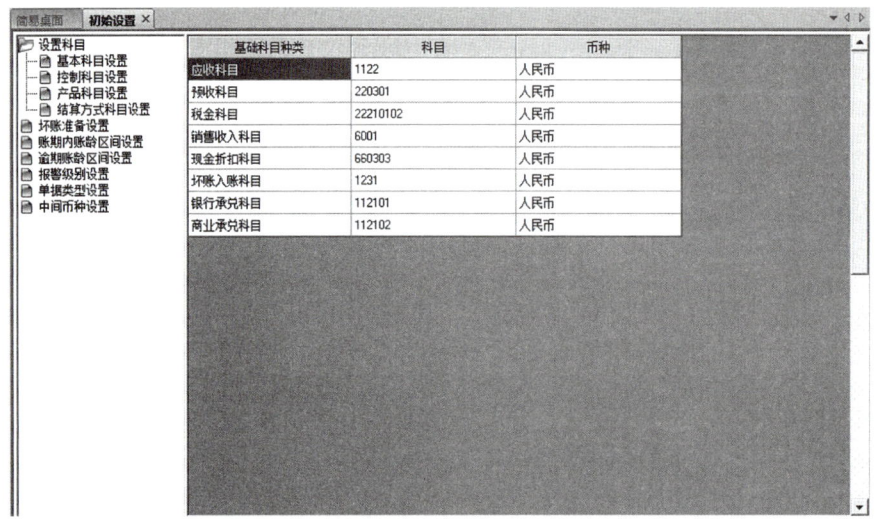

图 3-10　设置基本科目

（4）选中"结算方式科目设置"，双击"结算方式"下空白框，在下拉框中选择"1 现金结算"，币种选择"人民币"，输入科目为"1001"。

（5）其他结算方式设置参照上述操作，此处不再赘述。结算方式科目设置完毕，如图 3-11 所示。

图 3-11　设置结算方式科目

2. 设置坏账准备参数

（1）选中"坏账准备设置"，输入提取比率为"0.5"，坏账准备期初余额为"0"，坏账准备科目为"1231"，对方科目为"6702"，如图3-12所示。

示例3.12
设置坏账准备参数

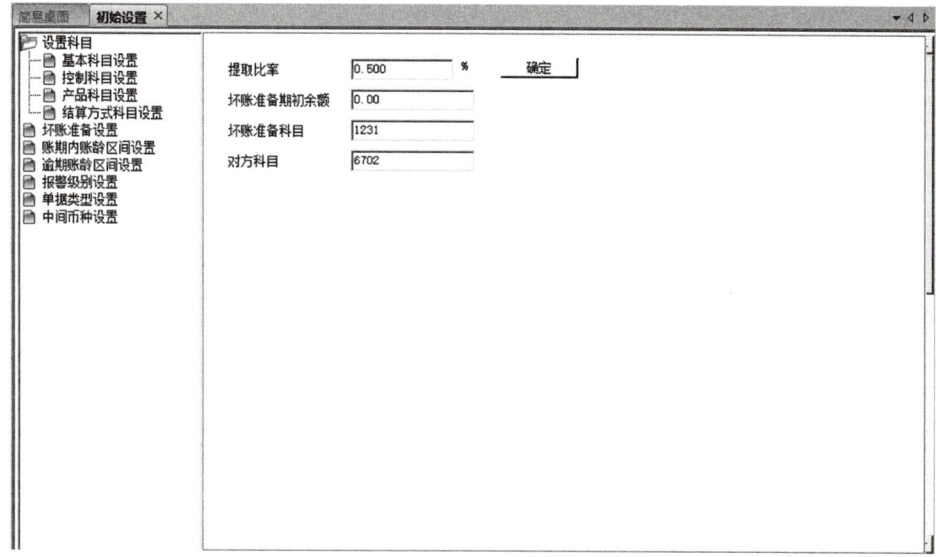

图3-12 设置坏账准备

（2）单击"确定"按钮，关闭并退出"初始设置"窗口。

3. 期初数据录入

1）应收票据期初余额录入

（1）执行"业务工作"—"财务会计"—"应收款管理"—"设置"—"期初余额"命令，进入"期初余额—查询"窗口，单击"确定"按钮，进入"期初余额明细表"窗口。

（2）单击"增加"按钮，进入"单据类别"对话框，在"单据名称"下拉框中选择"应收票据"，在"单据类型"下拉框中选择"银行承兑汇票"，如图3-13所示。

示例3.13
应收票据期初数据录入

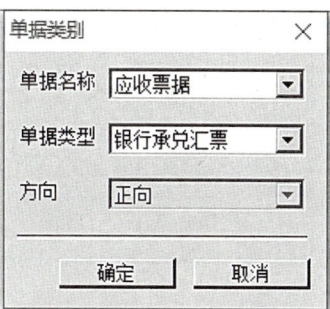

图3-13 单据类别设置

（3）单击"确定"按钮，进入"期初单据录入"窗口。

（4）在"期初单据录入"窗口，单击"增加"按钮，输入票据编号为"600123"，开票单位为"广佛商超"，承兑银行为"交通银行"，票据面值为"280 250.00"，科目为"112101"，签发日期为"2024-02-01",到期日为"2024-05-31",业务员为"杨杰",收到日期为"2024-02-05",单击"保存"按钮,如图3-14所示。

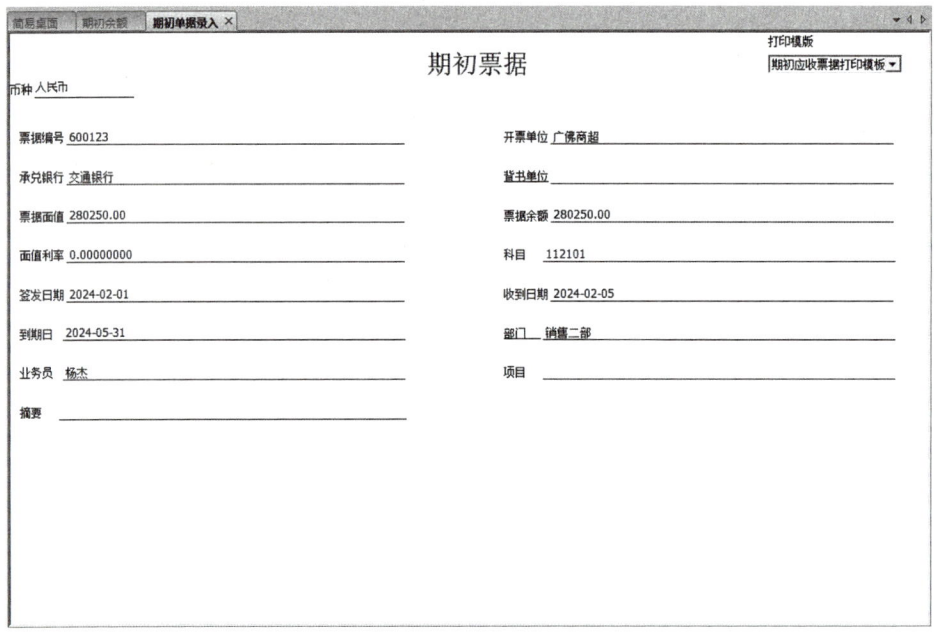

图3-14 期初单据录入

(5)单击"保存"按钮,关闭并退出"期初单据录入"窗口,返回"期初余额明细表"窗口。

2)期初增值税专用发票录入

示例3.14 期初增值税专用发票录入

(1)在"期初余额明细表"窗口,单击"增加"按钮,打开"单据类别"对话框,在"单据名称"下拉框中选择"销售发票","单据类型"下拉框中选择"销售专用发票",如图3-15所示。

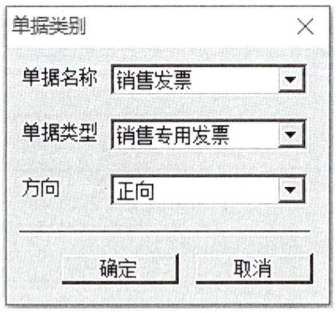

图3-15 单据类别设置

(2)单击"确定"按钮,进入"销售专用发票"窗口。

(3)在"销售专用发票"窗口,单击"增加"按钮,输入开票日期为"2024-02-15",客户为"福耀日用品",存货编码为"201",数量为"500",无税单价为"250.00",如图3-16所示。

(4)单击"保存"按钮,关闭并退出"销售专用发票"窗口,返回"期初余额明细表"窗口。

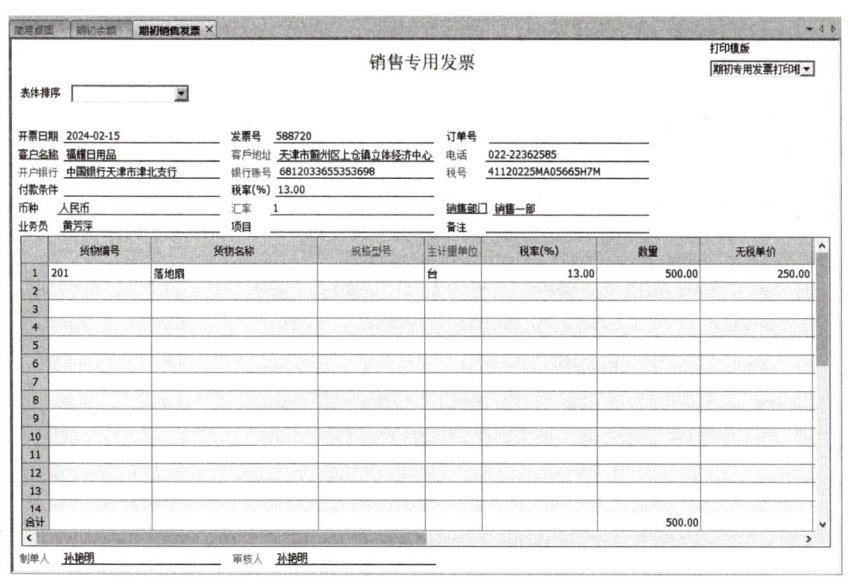

图 3-16 "销售专用发票"窗口

3）预收账款期初余额录入

（1）在"期初余额明细表"窗口，单击"增加"按钮，打开"单据类别"对话框，在"单据名称"下拉框中选择"预收款"，"单据类型"下拉框中选择"收款单"，如图 3-17 所示。单击"确定"按钮，进入"收款单"窗口。

（2）在"收款单"窗口，单击"增加"按钮，输入开票日期为"2024-02-10"，客户为"韶关百福"，结算方式为"电汇"，金额为"5 000.00"，票据号为"476341"，如图 3-18 所示。

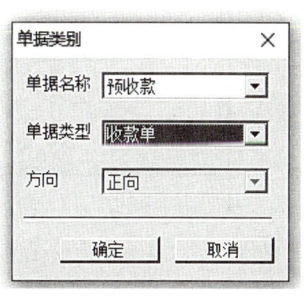

示例 3.15
预收账款期初余额录入

图 3-17 单据类别设置

图 3-18 期初单据录入

111

(3) 单击“保存”按钮，关闭并退出“收款单”窗口，返回“期初余额明细表”窗口。

4) 期初对账

示例 3.16 期初对账

(1) 在“期初余额明细表”窗口中，单击“对账”按钮，进入“期初对账”窗口，如图 3-19 所示。

(2) 此时需要查看应收管理系统与总账管理系统的期初余额是否平衡，若合计数据平衡，则关闭并退出“期初对账”窗口，返回“期初余额明细表”窗口。

科目		应收期初		总账期初		差额	
编号	名称	原币	本币	原币	本币	原币	本币
112101	银行承兑汇票	280,250.00	280,250.00	280,250.00	280,250.00	0.00	0.00
112102	商业承兑汇票	0.00	0.00	0.00	0.00	0.00	0.00
1122	应收账款	141,250.00	141,250.00	141,250.00	141,250.00	0.00	0.00
220301	货款	-5,000.00	-5,000.00	-5,000.00	-5,000.00	0.00	0.00
220302	其他	0.00	0.00	0.00	0.00	0.00	0.00
	合计		416,500.00		416,500.00		0.00

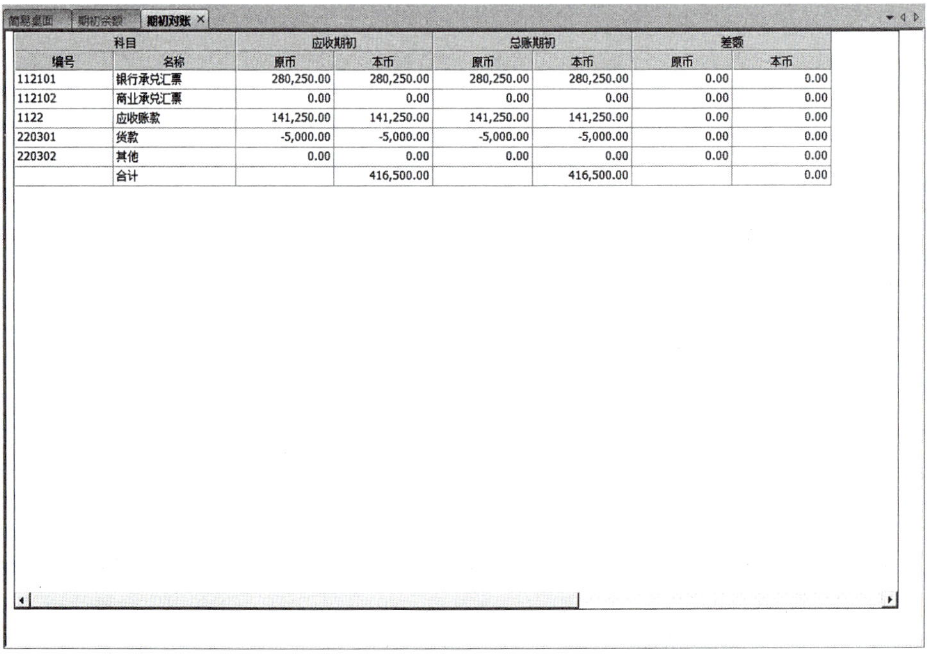

图 3-19　应收款管理期初对账结果

子任务 3-4　应付款管理系统初始设置

任务内容

1. 设置科目

应付款管理系统科目，如表 3-23 所示。

表 3-23　应付款管理系统科目

科目类别	设置方式
基本科目设置	应付科目：220201 预付科目：1123 税金科目：22210101 采购科目：1402 银行承兑科目：220101 商业承兑科目：220102 固定资产采购科目：1601

(续表)

科目类别	设置方式
结算方式科目设置	结算方式:现金结算,设置方式:人民币,科目:1001
	结算方式:现金支票,设置方式:人民币,科目:100201
	结算方式:转账支票,设置方式:人民币,科目:100201
	结算方式:电汇,设置方式:人民币,科目:100201

2. 录入期初数据

应付账款(2202)期初余额,如表3-24所示。

表3-24　应付账款(2202)期初余额

金额单位:元

单据类型	开票日期	供应商	票据号	存货编码	数量	单价	价税合计	业务员
采购专用发票	2024-2-18	苏州华城	25544573	101	200	75.00	16 950.00	刘英杰
采购专用发票	2024-2-28	沈阳科成	23423667	102	1 000	20.00	22 600.00	刘英杰

应付票据(2201)期初余额,如表3-25所示。

表3-25　应付票据(2201)期初余额

金额单位:元

单据名称	单据类型	票据编号	收票单位	科目	票据面值	签发日期	到期日	承兑银行	业务员
应付票据	银行承兑汇票	223344	东莞安淮	220101	10 000.00	2024-1-18	2024-3-18	交通银行	黄焱

预付账款(1123)期初余额,如表3-26所示。

表3-26　预付账款(1123)期初余额

单据名称	单据类型	日期	供应商	结算方式	金额(元)	票据号	科目	业务员
预付款	付款单	2024-2-28	东莞安淮	电汇	386 000.00	667722	1123	黄焱

任务操作

以"003孙艳明"的身份登录企业应用平台,完成应付款系统参数设置与期初余额录入。

1. 设置科目

(1) 执行"业务工作"—"应付款管理"—"设置"—"初始设置"命令,进入应付款管理"初始设置"窗口。

(2) 选择"基本科目设置"项目,单击"增加"按钮,在"基础科目种类"下拉框中选择"应付科目",输入科目为"220201"。

(3) 其他基本科目设置参照上述操作,此处不再赘述。基本科目设置完毕,如图3-20所示。

示例3.17
设置科目

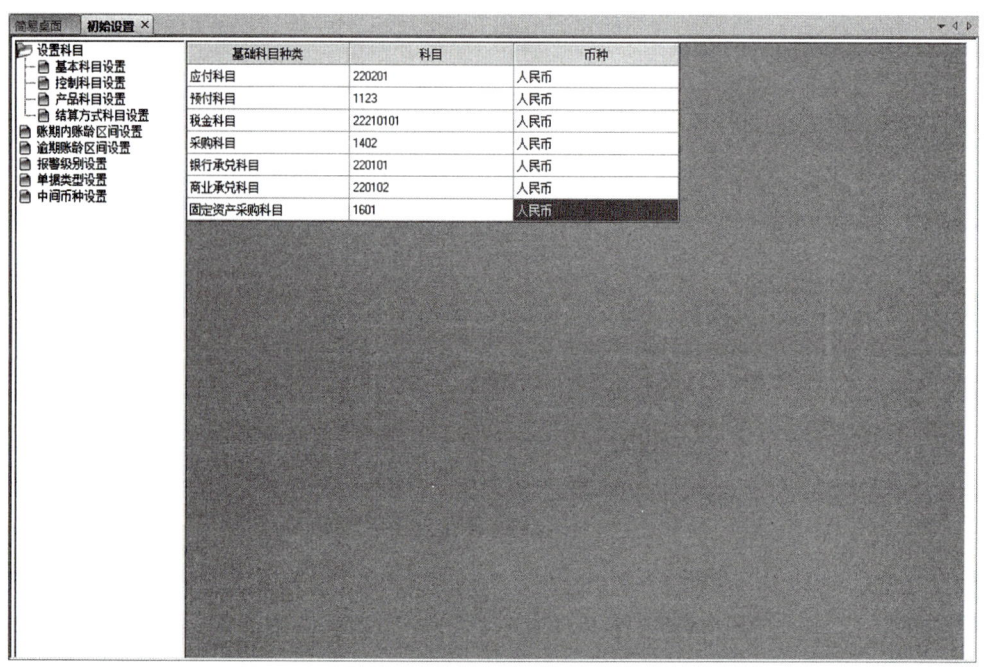

图 3-20　设置科目

（4）选择"结算方式科目设置"项目，双击"结算方式"下空白框，在下拉框中选择"1 现金结算"，币种选择"人民币"，输入科目为"1001"。

（5）其他结算方式设置参照上述操作，此处不再赘述。结算方式科目设置完毕，如图 3-21 所示。

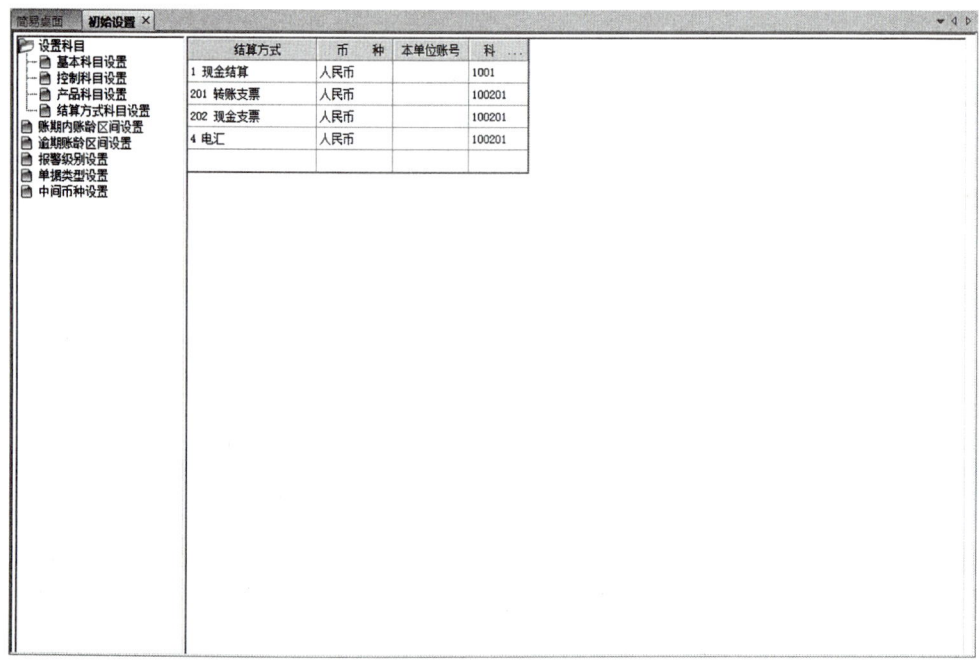

图 3-21　设置结算方式科目

2. 期初数据录入

1）期初采购专用发票录入

（1）执行"业务工作"—"应付款管理"—"设置"—"期初余额"命令，进入应付款管理"期初余额—查询"窗口，单击"确定"按钮，进入"期初余额明细表"窗口。

（2）在"期初余额明细表"窗口，单击"增加"按钮，打开"单据类别"窗口，在"单据名称"下拉框中选择"采购发票"，"单据类型"下拉框中选择"采购专用发票"，如图 3-22 所示。

（3）单击"确定"按钮，进入"采购专用发票"窗口。

（4）在"采购专用发票"窗口，单击"增加"按钮，输入开票日期为"2024-02-18"，供应商为"苏州华城"，科目为"220201"，存货编码为"101"，数量为"200"，原币单价为"75.00"，单击"保存"按钮后金额会自动计算，如图 3-23 所示。

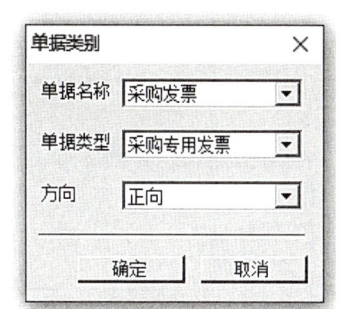

图 3-22 单据类别设置

示例 3.18 期初采购专用发票录入

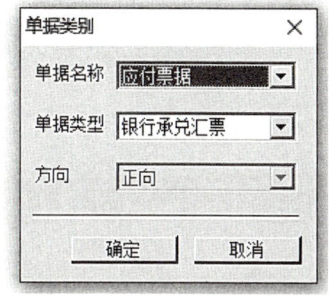

图 3-23 采购专用发票录入

图 3-24 单据类别设置

（5）关闭并退出"采购专用发票"窗口，返回"期初余额明细表"窗口。其他采购专用发票的输入按此步骤操作，此处不再赘述。

2）应付票据期初余额录入

（1）执行"业务工作"—"应付款管理"—"设置"—"期初余额"命令，进入"期初余额—查询"窗口，单击"确定"按钮，进入"期初余额明细表"窗口。

（2）单击"增加"按钮，打开"单据类别"窗口，在"单据名称"下拉框中选择"应付票据"，"单据类型"下拉框中选择"银行承兑汇票"，如图 3-24 所示。

示例 3.19 应付票据期初余额录入

(3) 单击"确定"按钮,进入"期初单据录入"窗口,单击"增加"按钮,输入票据编号为"223344",收票单位为"东莞安淮",承兑银行为"交通银行",票据面值为"10 000.00",签发日期为"2024-01-18",到期日为"2024-03-18",业务员为"黄焱",如图3-25所示。

图3-25 录入应付票据期初余额

(4) 单击"保存"按钮,关闭并退出"期初单据录入"窗口,返回"期初余额明细表"窗口。

3) 预付账款期初余额录入

(1) 在"期初余额明细表"窗口,单击"增加"按钮,打开"单据类别"窗口,在"单据名称"下拉框中选择"预付款","单据类型"下拉框中选择"付款单",如图3-26所示。

示例3.20 预付账款期初余额录入

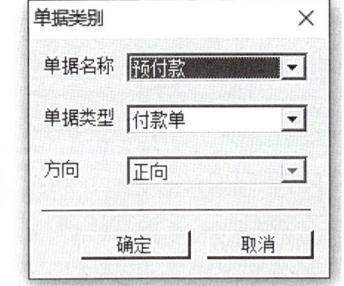

图3-26 单据类别设置

(2) 单击"确定"按钮,进入"付款单"窗口,单击"增加"按钮,输入日期为"2024-2-28",供应商为"东莞安淮",结算方式为"电汇",金额为"386 000.00",单据编号为"667722",如图3-27所示。

(3) 单击"保存"按钮,关闭并退出"付款单"窗口,返回"期初余额明细表"窗口。

4) 期初对账

(1) 在"期初余额明细表"窗口,单击"对账"按钮,进入"期初对账"窗口,如图3-28所示。

示例3.21 期初对账

(2) 此时需要查看应付管理系统与总账管理系统的期初余额是否平衡,若合计数据一致,则关闭并退出"期初对账"窗口,返回"期初余额明细表"窗口。

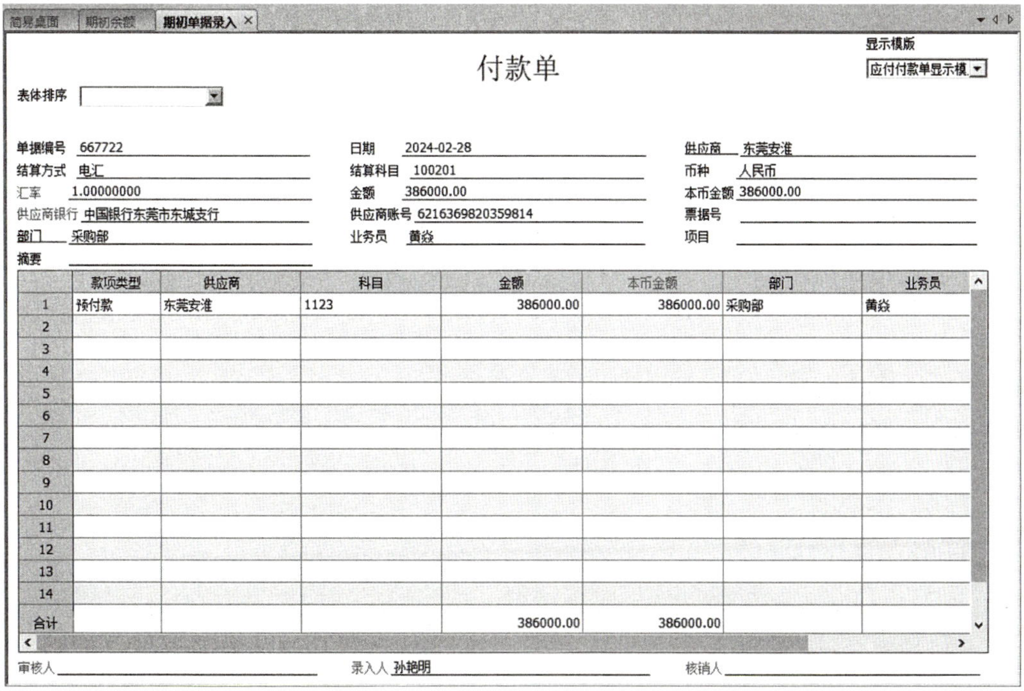

简易桌面 | 期初余额 | 期初单据录入

显示模版：应付付款单显示模

付款单

表体排序

单据编号	667722	日期	2024-02-28	供应商	东莞安准
结算方式	电汇	结算科目	100201	币种	人民币
汇率	1.00000000	金额	386000.00	本币金额	386000.00
供应商银行	中国银行东莞市东城支行	供应商账号	6216369820359814	票据号	
部门	采购部	业务员	黄焱	项目	
摘要					

	款项类型	供应商	科目	金额	本币金额	部门	业务员
1	预付款	东莞安准	1123	386000.00	386000.00	采购部	黄焱
2							
3							
4							
5							
6							
7							
8							
9							
10							
11							
12							
13							
14							
合计				386000.00	386000.00		

审核人　　录入人 孙艳明　　核销人

图 3-27　录入预付账款期初余额

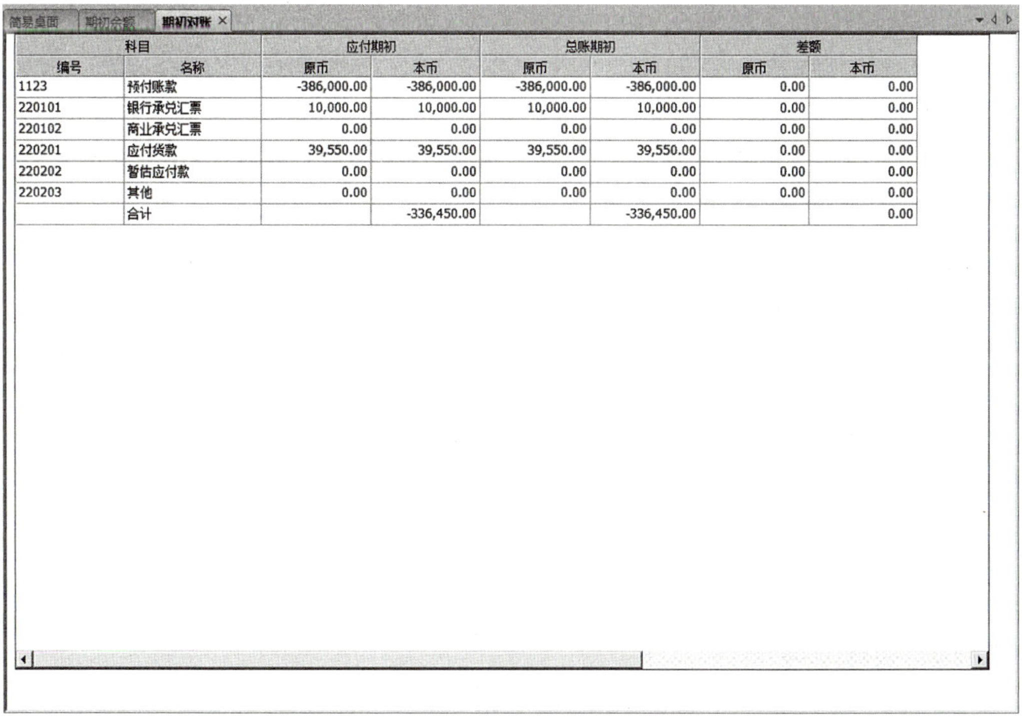

简易桌面 | 期初余额 | 期初对账

科目		应付期初		总账期初		差额	
编号	名称	原币	本币	原币	本币	原币	本币
1123	预付账款	-386,000.00	-386,000.00	-386,000.00	-386,000.00	0.00	0.00
220101	银行承兑汇票	10,000.00	10,000.00	10,000.00	10,000.00	0.00	0.00
220102	商业承兑汇票	0.00	0.00	0.00	0.00	0.00	0.00
220201	应付货款	39,550.00	39,550.00	39,550.00	39,550.00	0.00	0.00
220202	暂估应付款	0.00	0.00	0.00	0.00	0.00	0.00
220203	其他	0.00	0.00	0.00	0.00	0.00	0.00
	合计		-336,450.00		-336,450.00		0.00

图 3-28　应付款管理期初对账结果

子任务 3-5 采购管理系统初始设置

任务内容

采购管理系统有可能存在两类期初数据：一类是货到票未到，即暂估入库业务，对于这类业务应调用期初采购入库单录入；另一类是票到货未到，即在途业务，对于这类业务应调用期初采购发票功能录入。本任务为票到货未到业务。

1. 录入采购期初专用发票

2024年2月28日，采购部黄焱从沈阳科成购进控制器1 000个，无税单价为20元/个，发票已收到（发票号：10023356），货物未送到。

2. 采购期初记账

任务操作

以"007 刘英杰"的身份登录企业应用平台，完成采购管理系统期初余额录入与记账。

1. 期初专用发票录入

（1）执行"业务工作"—"供应链"—"采购管理"—"采购发票"—"专用采购发票"命令，进入"期初专用发票"窗口。

（2）在"期初专用发票"窗口，单击"增加"按钮，输入发票号为"10023356"，开票日期为"2024-2-28"，供应商为"沈阳科成"，业务类型为"普通采购"，存货编码为"102"，数量为"1 000"，原币单价为"20.00"，如图3-29所示。

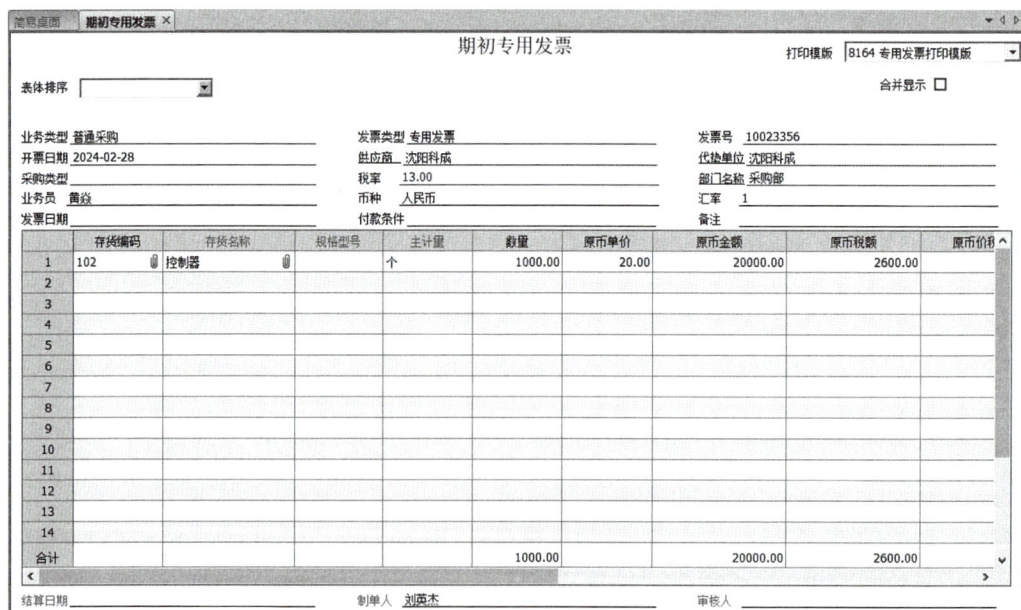

图 3-29 期初专用发票录入

(3)单击"保存"按钮,关闭并退出当前窗口返回。

2. 采购期初记账

(1)执行"采购管理"—"设置"—"采购期初记账"命令,进入"期初记账"窗口。

(2)单击"记账"按钮,系统弹出"期初记账完毕"提示框。

(3)单击"确定"按钮,退出"期初记账"窗口。

示例 3.23
采购期初记账

> **提示**
>
> 采购管理系统如果不执行期初记账,将无法开始日常业务处理,因此,即使没有期初数据,也要执行期初记账。
>
> 采购管理系统如果不执行期初记账,库存管理系统和存货核算系统不能记账。
>
> 采购管理若要取消期初记账,执行"设置"—"采购期初记账"命令,点击"取消记账"按钮即可。

子任务 3-6 销售管理系统初始设置

任务内容

销售管理系统期初数据是指销售系统启用日期之前已经发货,但未开具销售发票的存货。如果企业有委托代销业务,则已经发生但未完全结算的存货也需要在期初数据中录入。

2024年2月22日,销售二部向广佛商超公司出售吊扇20台,无税单价为350元,由产成品仓发货,该发货单尚未开票(发货单号为421456)。

任务操作

以"006 许文"的身份登录企业应用平台,完成销售管理系统期初发货单录入。

(1)执行"业务工作"—"供应链"—"销售管理"—"设置"—"期初录入"—"期初发货单"命令,进入"期初发货单"窗口。

(2)单击"增加"按钮,输入发货日期为"2024-2-22",销售类型为"正常销售",客户简称为"广佛商超",销售部门为"销售二部",仓库名称为"产成品仓",存货编码为"202",数量为"20",无税单价为"350.00",如图 3-30 所示。

(3)单击"保存"按钮,保存此次操作。

(4)单击"审核"按钮,完成期初发货单审核。

示例 3.24
销售管理系统初始设置

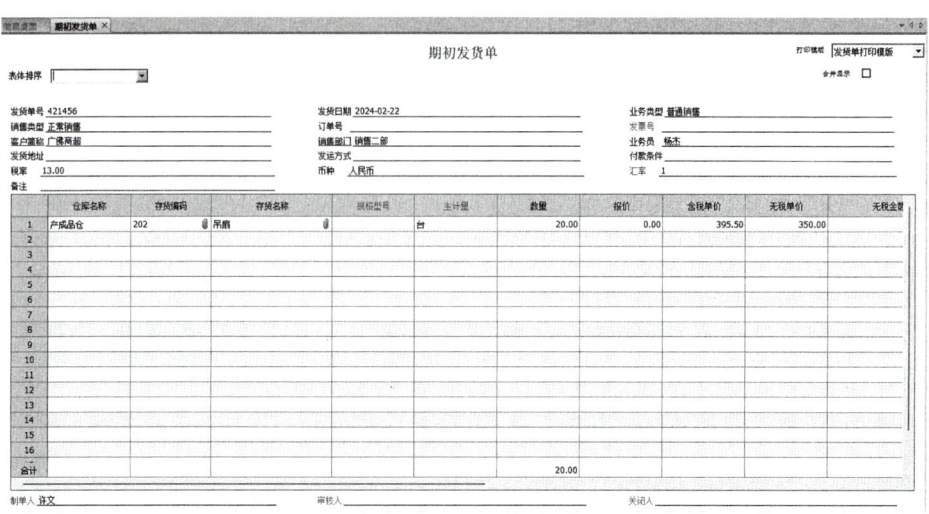

图 3-30　期初发货单

子任务 3-7　存货核算系统初始设置

 任务内容

1. 设置科目

（1）设置存货核算系统科目，如表 3-27 所示。

表 3-27　存货核算系统科目

仓库	存货编码及名称	存货科目	分期收款发出商品科目	委托收款发出商品科目	直运科目
1 原材料仓	101　散热器 102　控制器 103　电机 106　塑料制品	140301　散热器 140302　控制器 140303　电机 140304　塑料制品			
2 产成品仓	201　落地扇 202　吊扇 203　无叶风扇	140501　落地扇 140502　吊扇 140503　无叶风扇	1406　发出商品	1406　发出商品	1406　发出商品

（2）设置对方科目，如表 3-28 所示。

表 3-28　对方科目

收发类别编码	项目	对方科目	暂估科目
101	采购入库	1402　在途物资	220202　暂估应付款
102	产成品入库	500101　直接材料	

(续表)

收发类别编码	项目	对方科目		暂估科目
104	盘盈入库	1901	待处理财产损溢	
201	销售出库	6401	主营业务成本	
202	领料出库	500101	直接材料	

2. 录入期初余额

库存和存货核算期初结存数据，如表 3-29 所示。

表 3-29　库存和存货核算期初结存数据

仓库	存货编码	存货名称	数量	单位	单价(元)	金额(元)
原材料仓	101	散热器	5 000	片	30	150 000
	102	控制器	12 500	个	20	250 000
	103	电机	8 625	个	80	690 000
	106	塑料制品	810	箱	50	40 500
产成品仓	201	落地扇	150	台	416	62 400
	202	吊扇	500	台	350	175 000
	203	无叶风扇	80	台	325	26 000

任务操作

各个仓库存货的期初余额既可以在库存管理系统中录入，也可以在存货核算系统中录入，因涉及总账对账，建议在存货核算系统中录入。以"003 孙艳明"的身份登录企业应用平台，完成存货核算系统期初结存数据录入。

1. 科目设置

1) 设置存货科目

（1）执行"业务工作"—"供应链"—"存货核算"—"初始设置"—"科目设置"—"存货科目"命令，进入"存货科目"窗口。

（2）单击"增加"按钮，输入仓库编码为"1"，仓库名称为"原材料仓"，存货编码为"101"，存货名称为"散热器"，存货科目编码为"140301"，存货科目名称为"散热器"，单击"保存"按钮。

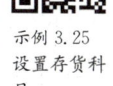

示例 3.25
设置存货科目

（3）其他存货科目参照以上步骤录入，录入完毕，如图 3-31 所示。

2) 设置对方科目

（1）执行"业务工作"—"供应链"—"存货核算"—"初始设置"—"科目设置"—"对方科目"命令，进入"对方科目"窗口。

（2）单击"增加"按钮，输入收发类别编码为"101"，收发类别名称为"采购入库"，对方科目编码为"1402"，对方科目名称为"在途物资"，暂估科目编码为"220202"，暂估科目名称为"暂估应付款"，单击"保存"按钮。

示例 3.26
设置对方科目

图 3-31 存货科目设置

（3）其他对方科目参照以上步骤录入，录入完毕，如图 3-32 所示。

图 3-32 对方科目设置

2. 期初余额录入

示例 3.27 期初余额录入

（1）执行"业务工作"—"供应链"—"存货核算"—"初始设置"—"期初数据"菜单，进入"期初余额"窗口。

（2）选择仓库为"原材料仓"，单击"增加"按钮，输入存货编码为"101"，存货名称为"散热器"，数量为"5 000"，单价为"30.00"。参照上述操作，输入其他原材料仓的期初数据，录入完毕，如图 3-33 所示。

（3）在"仓库"下拉框中选择"产成品仓"，单击"增加"按钮，输入存货编码为"201"，存货名称为"落地扇"，数量为"150"，单价为"416.00"，参照此操作步骤，完成其他产成品仓的期初数据。

（4）全部完毕后，单击"记账"按钮，系统弹出"期初记账成功"提示框，单击"确定"按钮，退出"期初余额"窗口。

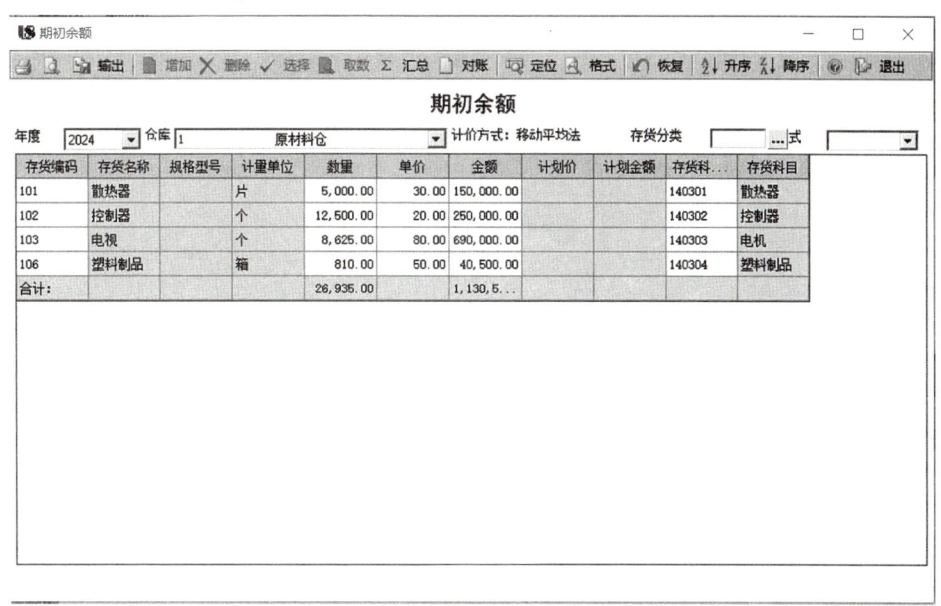

图 3-33 原材料仓期初余额录入

子任务 3-8　库存管理系统初始设置

　任务内容

库存期初数据已在存货核算系统中录入,因此库存管理系统的期初结存数据也可以从存货核算系统中读取。

　任务操作

以"008 张新"的身份登录企业应用平台,完成库存管理系统期初数据录入。

(1) 执行"业务工作"—"供应链"—"库存管理"—"初始设置"—"期初结存"命令,进入"期初结存"窗口。

(2) 在右侧"仓库"下拉框中选择"产成品仓",执行"修改"—"取数"命令,出现库存期初数。

(3) 执行"保存"—"批审"命令,弹出"批量审核完成"对话框,如图 3-34 所示。

(4) 单击"确定"按钮,完成产成品仓期初取数。其他仓库存货期初数据可以通过取数方式输入,此次不再赘述。

(5) 待仓库所有期初数据取数完毕后,单击"对账"按钮,进入"库存与存货期初对账查询条件"窗口,核对库存管理系统和存货核算系统的期初数据是否一致。

(6) 单击"确定"按钮,系统弹出"对账成功!"提示框,单击"确定"按钮,返回并退出"库存期初数据录入"窗口。

示例 3.28
库存管理系统期初设置

123

图 3-34　库存期初数据录入

子任务 3-9　固定资产管理系统初始设置

任务内容

1. 固定资产初始化

固定资产账套信息，如表 3-30 所示。

表 3-30　固定资产账套信息

建账向导	参数设置
约定及说明	我同意
启用月份	2024.3
折旧信息	采用"平均年限法（一）"计提折旧
编码方式	固定资产类别编码方式为"2-1-1-2" 固定资产类别编码方式采用"类别编码＋部门编码＋序号"的自动编码方式，序号长度为"3"
账务接口	固定资产对账科目为"1601 固定资产" 累计折旧对账科目为"1602 累计折旧"
补充参数	业务发生后立即制单 月末结账前一定要完成制单登账业务 固定资产缺省入账科目：1601 累计折旧缺省入账科目：1602

2. 固定资产选项设置

业务发生后立即制单。

固定资产缺省入账科目：1601

累计折旧缺省入账科目：1602
减值准备缺省入账科目：1603
增值税进项税额缺省入账科目：22210101
固定资产清理缺省入账科目：1606

3. 部门对应折旧科目

部门对应折旧科目，如表 3-31 所示。

表 3-31　部门对应折旧科目

部门	对应折旧科目
总经办、财务部、采购部、仓储部	管理费用——折旧费(660202)
销售部	销售费用——折旧费(660102)
生产车间	制造费用——折旧费(510104)

4. 资产类别

资产类别，如表 3-32 所示。

表 3-32　资产类别

编码	类别名称	净残值率	计提属性	折旧方法	卡片样式
01	电器与机器设备	2%	正常计提	平均年限法(一)	含税卡片样式
011	生产经营用设备	2%	正常计提	平均年限法(一)	含税卡片样式
012	非生产经营用设备	2%	正常计提	平均年限法(一)	含税卡片样式
02	运输设备	2%	正常计提	平均年限法(一)	含税卡片样式
021	生产经营用设备	2%	正常计提	平均年限法(一)	含税卡片样式
022	非生产经营用设备	2%	正常计提	平均年限法(一)	含税卡片样式

5. 增减方式

增减方式，如表 3-33 所示。

表 3-33　增减方式

方式	对应入账科目
直接购入	交行存款(100201)
投资者投入	实收资本(4001)
报废	固定资产清理(1606)
毁损	固定资产清理(1606)

6. 固定资产原始卡片

固定资产原始卡片，如表 3-34 所示。

表 3-34 固定资产原始卡片

单位:元

固定资产名称	类别编号	所在部门	增加方式	可使用月	开始使用时间	原值	累计折旧	对应折旧科目名称
广汽传祺轿车	022	总经办	直接购入	72	2022-02-01	172 000.00	86 987.81	管理费用——折旧费
格力空调	012	财务部	直接购入	60	2023-02-01	7 000.00	2 261.23	管理费用——折旧费
叉车	021	仓储部	直接购入	60	2023-02-01	10 860.00	5 419.56	管理费用——折旧费
笔记本电脑	011	销售一部	直接购入	60	2023-02-01	22 400.00	7 246.00	管理费用——折旧费
电机绕线机	011	生产一车间	直接购入	60	2022-02-01	7 610.00	2 359.60	制造费用——折旧费
线切割机	011	生产一车间	直接购入	60	2022-02-01	34 000.00	16 889.00	制造费用——折旧费
立式橡胶注塑机	011	生产二车间	直接购入	60	2022-02-01	65 000.00	27 830.00	制造费用——折旧费
合计						318 870.00	148 993.20	

任务操作

以"003 孙艳明"的身份登录企业应用平台,完成固定资产管理系统初始化及原始卡片录入。

1. 固定资产初始化

示例 3.29
固定资产初始化

(1) 执行"业务工作"—"固定资产"命令,系统弹出"这是第一次打开此账套,还没进行过初始化,是否进行初始化?"提示框,单击"是"按钮,进入"初始化账套向导"窗口。

(2) 在"初始化账套向导—约定及说明"对话框中,选择"我同意",单击"下一步"按钮,打开"初始化账套向导—启用月份"对话框。

(3) 显示启用月份为"2024-03-01",单击"下一步"按钮,打开"初始化账套向导—折旧信息"对话框。

(4) 在"折旧方法"下拉框中选择"年限平均法(一)",单击"下一步"按钮,打开"初始化账套向导—编码方式"对话框。

(5) 确定资产类别编码长度为"2112",选中"自动编码"单选按钮,选择固定资产编码方式为"类别编号+部门编号+序号",序号长度为"3",单击"下一步"按钮,打开"初始化账套向导—账务接口"对话框。

(6) 勾选"与账务系统进行对账"复选框,选择固定资产对账科目为"固定资产(1601)",累计折旧对账科目为"累计折旧(1602)"。

(7) 单击"下一步"按钮,打开"初始化账套向导—完成"对话框,如图 3-35 所示。

(8) 单击"完成"按钮,系统弹出"已经完成了新账套的所有设置工作.是否确定所设置的信息完全正确并保持对新账套的所有设置"提示框。

(9) 单击"是"按钮,系统弹出"已成功初始化本固定资产账套"提示框,单击"确定"按钮,固定资产初始化完成。

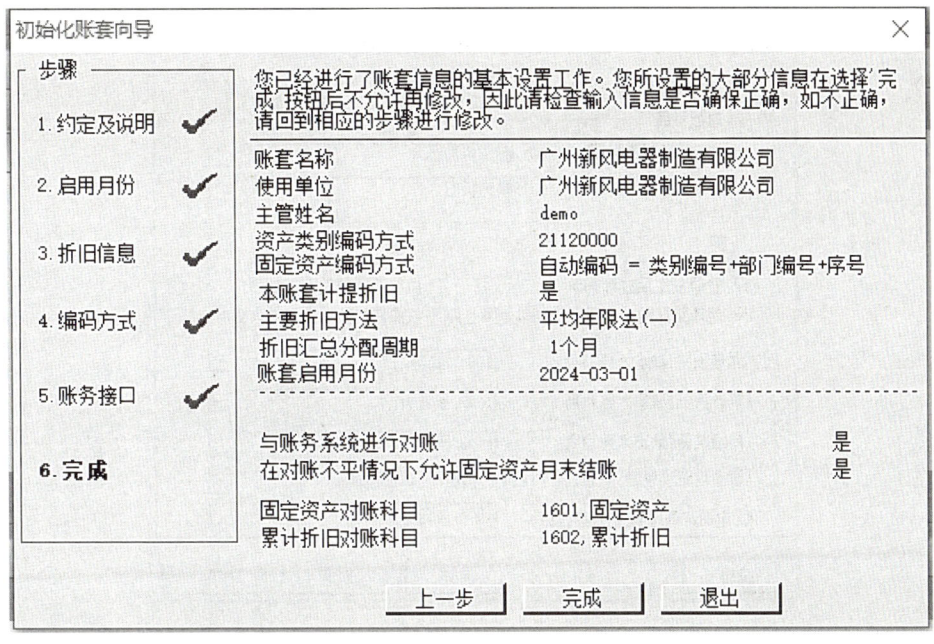

图 3-35　初始化账套向导—完成

> **提示**
>
> 初始化设置完成后，部分参数无法再修改。
> 如果发现参数有错必须改正的，只能通过执行固定资产管理系统中的"维护"—"重新初始化账套功能"命令实现，该操作将清除固定资产账套所做的一切工作。

2. 固定资产选项设置

（1）执行"业务工作"—"固定资产"—"设置"—"选项"命令，进入"选项"窗口。

（2）单击"编辑"按钮，进入"与账务系统接口"窗口。

（3）勾选"业务发生后立即制单"复选框，输入"固定资产（1601）""累计折旧（1602）""固定资产减值准备（1603）""进项税额（22210101）"和"固定资产清理（1606）"缺省入账科目，如图 3-36 所示。

（4）单击"确定"按钮，固定资产选项设置完成。

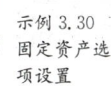
示例 3.30
固定资产选项设置

3. 部门对应折旧科目

（1）执行"业务工作"—"固定资产"—"设置"—"部门对应折旧科目"命令，进入"部门编码表"窗口。

（2）选择部门为"销售部"，单击"修改"按钮。

（3）录入折旧科目为"销售费用/折旧费（660102）"，单击"保存"按钮，系统弹出"是否将销售部部门的所有下级部门的折旧科目替换为[折旧费]？"提示框，单击"是"按钮。

（4）单击"刷新"按钮，即可看到销售部下的销售一部、销售二部对应旧科目均修改为"销售费用""折旧费"。

示例 3.31
部门对应折旧科目

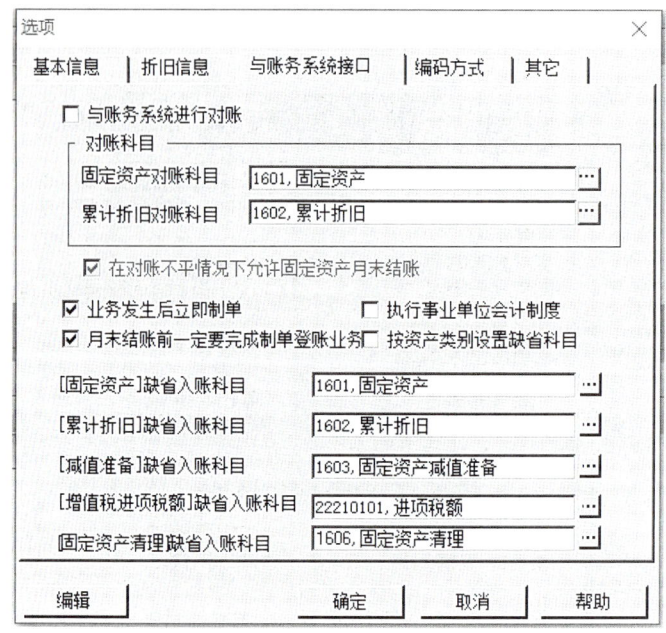

图 3-36　选项—与账务系统接口

(5) 其他部门折旧科目的设置参照上述设置方式,此处不再赘述。关闭"部门编码表"窗口,部门对应折旧科目设置完成。

4. 设置资产类别

示例 3.32 设置资产类别

(1) 执行"业务工作"—"固定资产"—"设置"—"资产类别"命令,进入"资产类别"窗口。

(2) 单击"增加"按钮,输入类别名称为"电器与机器设备",净残值率为"2%",选择计提属性为"正常计提",折旧方法为"平均年限法(一)",卡片样式为"含税卡片样式",单击"保存"按钮。

(3) 其他固定资产类别设置参照上述设置方式,此处不再赘述。关闭"资产类别"窗口,资产类别设置完成。

5. 设置增减方式的对应科目

示例 3.33 设置增减方式的对应科目

(1) 执行"业务工作"—"固定资产"—"设置"—"增减方式"命令,进入"增减方式"窗口。

(2) 选择"直接购入"增加方式,单击"修改"按钮,输入对应入账科目为"交行存款(100201)",单击"保存"按钮。

(3) 选择"投资者投入"增加方式,单击"修改"按钮,输入对应入账科目为"实收资本(4001)",单击"保存"按钮。

(4) 减少方式可参照增加方式逐一录入,此处不再赘述。

> **提示**
> 若勾选"在对账不平情况下允许固定资产月末结账"选项,表示固定资产管理系统与总账系统对账不平时,固定资产管理系统也可结账。若不勾选此项,则表示对账不平时不允许结账,在月末结账时,自动执行一次对账,给出对账结果。对账不平表明两个系统存在偏差,应予以调整。

6. 录入原始卡片

（1）执行"业务工作"—"固定资产"—"卡片"—"录入原始卡片"命令，进入"固定资产类别档案"窗口。

（2）选择"022 非生产经营用设备"，单击"确定"按钮，进入"固定资产卡片"窗口。

（3）输入固定资产名称为"广汽传祺轿车"，使用部门勾选"总经办"，增加方式为"直接购入"，使用状况为"在用"，使用年限（月）为"72"，开始使用日期为"2022-02-01"，原值为"172 000.00"，累计折旧为"86 987.81"，其他信息系统自动显示，如图3-37所示。

示例3.34 录入原始卡片

图3-37 固定资产原始卡片录入

（4）单击"保存"按钮，系统弹出"数据保存成功！"提示框，单击"确定"按钮。

（5）其他固定资产原始卡片录入参照上述步骤逐一输入，此处不再赘述。

子任务3-10 薪资管理系统初始设置

任务内容

1. 建立工资账套

工资类别个数：多个；核算计件工资；核算币种：人民币RMB；要求代扣个人所得税；不进行扣零处理。

2. 设置工资项目

工资项目，如表3-35所示。

表3-35 工资项目

项目名称	类型	长度	小数位数	增减项
基本工资	数字	8	2	增项
奖励工资	数字	8	2	增项
交通补贴	数字	8	2	增项

(续表)

项目名称	类型	长度	小数位数	增减项
应发合计	数字	10	2	增项
养老保险	数字	8	2	减项
医疗保险	数字	8	2	减项
失业保险	数字	8	2	减项
住房公积金	数字	8	2	减项
请假扣款	数字	8	2	减项
扣款合计	数字	10	2	减项
代扣税	数字	10	2	减项
实发工资	数字	10	2	增项
计税工资	数字	10	2	其他
请假天数	数字	8	2	其他

3. 工资类别管理

建立"正式员工"工资类别，所有部门都有正式人员，部门选择所有部门。

建立"临时员工"工资类别，只有生产车间有临时人员，部门选择生产车间及下属的生产一车间和生产二车间。

4. 设置正式人员档案

正式人员档案，如表3-36所示。

表3-36　正式人员档案

人员编码	姓名	工号	行政部门	人员类别	账号	中方人员	是否计税	核算计件工资
101	张伟	1111	总经办	管理人员	62226200101	是	是	否
102	曾丹	1112	总经办	管理人员	62226200102	是	是	否
103	张云	1113	总经办	管理人员	62226200103	是	是	否
201	许丽	1114	财务部	管理人员	62226200104	是	是	否
202	孙艳明	1115	财务部	管理人员	62226200105	是	是	否
203	王小刚	1116	财务部	管理人员	62226200106	是	是	否
301	刘英杰	1117	采购部	采购人员	62226200107	是	是	否
302	黄焱	1118	采购部	采购人员	62226200108	是	是	否
401	张强	1119	销售一部	销售人员	62226200109	是	是	否
402	黄芳萍	1120	销售一部	销售人员	62226200110	是	是	否
403	许文	1121	销售二部	销售人员	62226200111	是	是	否
404	杨杰	1122	销售二部	销售人员	62226200112	是	是	否
501	张新	1123	仓储部	管理人员	62226200113	是	是	否

(续表)

人员编码	姓名	工号	行政部门	人员类别	账号	中方人员	是否计税	核算计件工资
601	李红	1124	生产一车间	车间管理人员	62226200114	是	是	否
602	邓建飞	1125	生产二车间	车间管理人员	62226200115	是	是	否
603	李思熠	1126	生产一车间	生产人员	62226200116	是	是	否
604	凌恒	1127	生产一车间	生产人员	62226200117	是	是	否
605	王静	1128	生产二车间	生产人员	62226200118	是	是	否
606	杨杰	1129	生产二车间	生产人员	62226200119	是	是	否

注：以上所有人员的代发银行均为交通银行广州小北支行。

5. 设置正式员工工资项目选择及工资计算公式

正式员工工资项目选择及排序：基本工资、奖励工资、交通补贴、应发合计、养老保险、医疗保险、失业保险、住房公积金、计税工资、代扣税、请假扣款、扣款合计、实发合计、请假天数。

正式员工工资计算公式，如表3-37所示。

表3-37 正式员工工资计算公式

工资项目	定义公式
交通补贴	iff(人员类别="销售人员",300,100)
养老保险	基本工资＊0.08
医疗保险	基本工资＊0.02
失业保险	基本工资＊0.002
住房公积金	基本工资＊0.05
请假扣款	请假天数＊100
计税工资	基本工资＋奖励工资＋交通补贴－养老保险－医疗保险－失业保险－住房公积金

6. 设置正式员工个人所得税

个人所得税纳税基数为5 000元。

正式员工个人所得税税率，如表3-38所示。

表3-38 正式员工个人所得税税率表

级数	全年应纳税所得额	按月换算	税率	速算扣除数
1	不超过36 000元	不超过3 000元	3%	0
2	超过36 000元至144 000元的部分	3 000<X≤12 000	10%	210
3	超过144 000元至300 000元的部分	12 000<X≤25 000	20%	1 410
4	超过300 000元至420 000元的部分	25 000<X≤35 000	25%	2 660
5	超过420 000元至660 000元的部分	35 000<X≤55 000	30%	4 410

(续表)

级数	全年应纳税所得额	按月换算	税率	速算扣除数
6	超过660 000元至960 000元的部分	55 000<X≤80 000	35%	7 160
7	超过960 000元的部分	超过80 000元	45%	15 160

7. 设置临时人员档案

临时人员档案,如表3-39所示。

表3-39 临时人员档案

人员编码	姓名	工号	行政部门	账号	中方人员	是否计税	核算计件工资
701	王立	1130	生产一车间	62226200201	是	是	是
702	周新	1131	生产二车间	62226200202	是	是	是

注:以上人员均为男性,代发银行均为交通银行广州小北支行。

8. 设置临时员工工资项目选择及工资计算公式

临时员工工资项目选择及排序:计件工资、应发合计、计税工资、代扣税、扣款合计、实发合计。

临时员工工资计算公式,如表3-40所示。

表3-40 临时员工工资计算公式

工资项目	定义公式
计税工资	计件工资

9. 设置临时员工个人所得税税率

参照正式员工个人所得税税率表(表3-38)录入。

10. 设置临时员工计件工价

临时员工计件工价,如表3-41所示。

表3-41 临时员工计件工价

工序	计件单价(元)
组装	30.00
检验	20.00

任务操作

以"001张伟"的身份登录企业应用平台,执行"系统服务"—"权限"—"数据权限控制设置"命令,取消工资权限。以"003孙艳明"的身份登录企业应用平台,完成薪资管理系统初始设置。

1. 建立工资账套

(1)执行"业务工作"—"人力资源"—"薪资管理"—"建立工资套"命令,在"参数设置"中勾选"工资类别"为多个,选择"人民币RMB",勾选"是否核算计件工资"复选框,单击"下

示例3.35 建立工资账套

一步"按钮,进入"扣税设置"窗口。

（2）在"扣税设置"窗口,勾选"是否从工资中代扣个人所得税"复选框,单击"下一步"按钮,进入"扣零设置"窗口,在此窗口不作任何处理。单击"下一步"按钮,不进行"人员编码"处理,单击"完成"按钮,工资账套建立完成。

2. 设置工资项目

（1）执行"业务工作"—"人力资源"—"薪资管理"—"设置"—"工资项目设置"命令,在"工资项目设置"窗口中,单击"增加"按钮,依次增加"基本工资""奖励工资""交通补贴""养老保险""医疗保险""失业保险""住房公积金""请假扣款""代扣税"等项目名称,并设置类型、长度、小数、增减项、停用,如图3-38所示。

示例3.36
设置工资项目

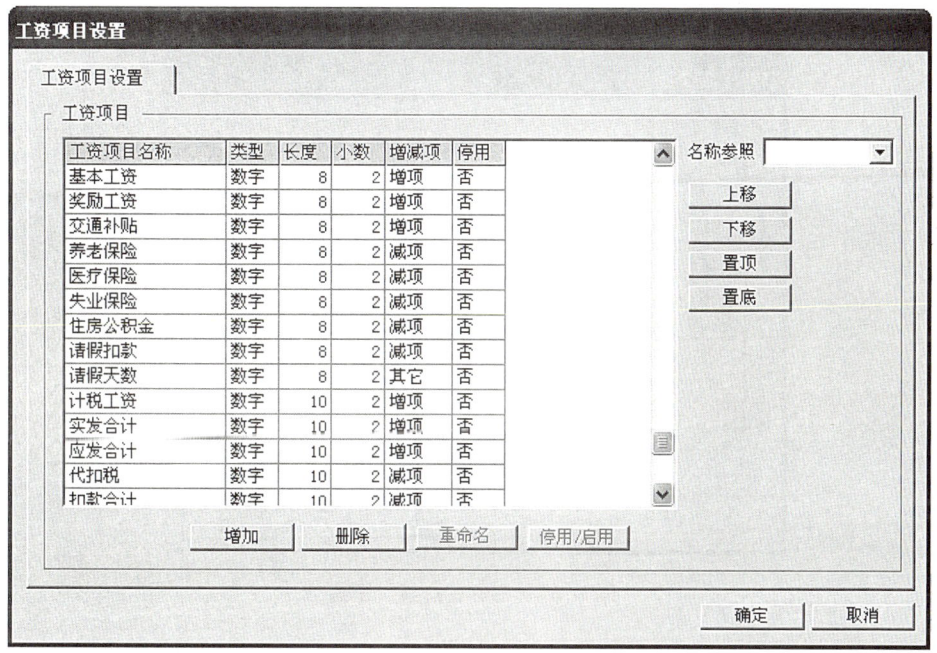

图3-38　工资项目设置

（2）单击"确定"按钮,系统弹出"工资项目已经改变,请确认各工资类别的公式是否正?"提示框,单击"确定"按钮,工资项目设置完成。

> **提示**
>
> 工资项目设置中可以定义工资项目的名称、类型、长度、小数、增减项、停用。系统中预设了一些基本工资项目,其中"应发合计""扣款合计""实发合计"不能被删除和重命名,其他项目可根据实际情况定义或参照增加,在此设置的工资项目是针对所有工资类别的全部工资项目。
>
> 基本工资、奖励工资、交通补贴计入应发合计,属于工资增项项目;养老保险、医疗保险、失业保险、住房公积金、请假扣款、代扣税计入扣款合计,属于工资减项项目;计税工资、请假天数不属于应发合计和扣款合计,属于其他项目。

3. 工资类别管理

示例 3.37
工资类别管理

（1）执行"业务工作"—"人力资源"—"薪资管理"—"工资类别"—"新建工资类别"命令，新增"正式员工"类别，单击"下一步"按钮，单击"选定全部部门"按钮，单击"完成"按钮，系统弹出"是否以 2024-03-01 为当前工资类别的启用日期？"提示框，单击"是"按钮，正式员工工资类别设置完毕。

（2）双击"关闭工资类别"按钮，系统弹出"已关闭工资类别"提示框，单击"确定"按钮。

（3）临时员工工资类别设置与正式员工一致，在选择部门时，需选择生产车间下属的"生产一车间"和"生产二车间"，如图 3-39 所示。

（4）单击"完成"按钮，系统弹出"是否以 2024-03-01 为当前工资类别的启用日期？"提示框，单击"是"按钮，临时员工工资类别设置完毕。

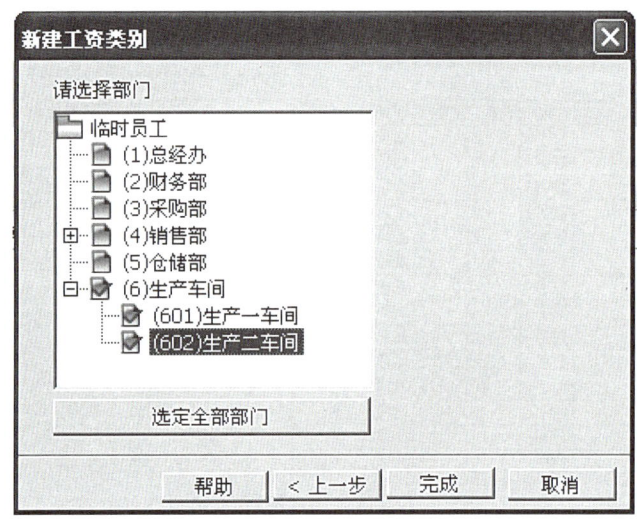

图 3-39 工资类别部门设置

4. 设置正式人员档案

示例 3.38
设置正式人员档案

（1）执行"业务工作"—"人力资源"—"薪资管理"—"工资类别"—"打开工资类别"命令，选择"正式员工"类别，单击"确定"按钮，对正式员工进行人员档案设置及修改。

（2）执行"薪资管理"—"设置"—"人员档案"命令，进入"人员档案"窗口。

（3）单击"增加"按钮，打开"人员档案明细"对话框。

（4）按任务内容分别输入个人档案内容，单击"保存"按钮，所输入的人员档案内容在"人员档案"窗口显示，如图 3-40 所示。

5. 设置正式员工资项目选择及工资计算公式

示例 3.39
设置正式员工资项目选择及工资计算公式

1）正式员工资项目选择

（1）在"正式员工"工资类别下，执行"设置"—"工资项目设置"命令。

（2）单击"增加"按钮，在"名称参照"下拉列表中选择所需的工资项目。

（3）所有工资项目增加完成后，选择相应的工资项目，单击"工资项目设置"对话框右侧的"上移"和"下移"按钮，按照实验资料所给的顺序调整工资项目的排列顺序，输入完毕，如图 3-41 所示。

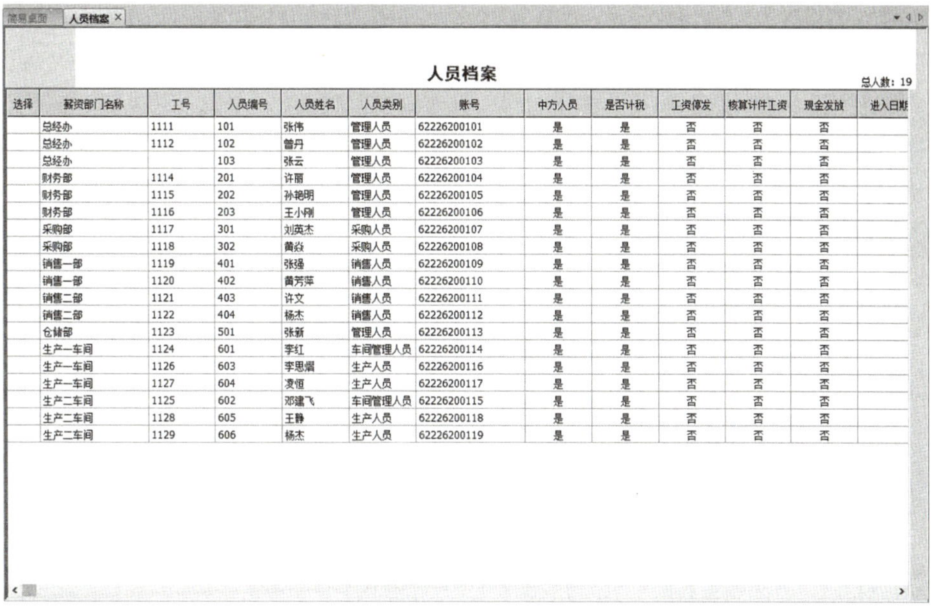

人员档案

总人数：19

选择	薪资部门名称	工号	人员编号	人员姓名	人员类别	账号	中方人员	是否计税	工资停发	核算计件工资	现金发放	进入日期
	总经办	1111	101	张伟	管理人员	62226200101	是	是	否	否	否	
	总经办	1112	102	曾丹	管理人员	62226200102	是	是	否	否	否	
	总经办		103	张云	管理人员	62226200103	是	是	否	否	否	
	财务部	1114	201	许丽	管理人员	62226200104	是	是	否	否	否	
	财务部	1115	202	孙艳明	管理人员	62226200105	是	是	否	否	否	
	财务部	1116	203	王小刚	管理人员	62226200106	是	是	否	否	否	
	采购部	1117	301	刘英杰	采购人员	62226200107	是	是	否	否	否	
	采购部	1118	302	黄焱	采购人员	62226200108	是	是	否	否	否	
	销售一部	1119	401	张强	销售人员	62226200109	是	是	否	否	否	
	销售一部	1120	402	黄芳萍	销售人员	62226200110	是	是	否	否	否	
	销售二部	1121	403	许文	销售人员	62226200111	是	是	否	否	否	
	销售二部	1122	404	杨杰	销售人员	62226200112	是	是	否	否	否	
	仓储部	1123	501	张新	管理人员	62226200113	是	是	否	否	否	
	生产一车间	1124	601	李红	车间管理人员	62226200114	是	是	否	否	否	
	生产一车间	1126	603	李思媚	生产人员	62226200116	是	是	否	否	否	
	生产一车间	1127	604	凌恒	生产人员	62226200117	是	是	否	否	否	
	生产二车间	1125	602	邓建飞	车间管理人员	62226200115	是	是	否	否	否	
	生产二车间	1128	605	王静	生产人员	62226200118	是	是	否	否	否	
	生产二车间	1129	606	杨杰	生产人员	62226200119	是	是	否	否	否	

图 3-40　人员档案设置

工资项目名称	类型	长度	小数	增减项
基本工资	数字	8	2	增项
奖励工资	数字	8	2	增项
交通补贴	数字	8	2	增项
应发合计	数字	10	2	增项
养老保险	数字	8	2	减项
医疗保险	数字	8	2	减项
失业保险	数字	8	2	减项
住房公积金	数字	8	2	减项
计税工资	数字	8	2	其它
代扣税	数字	10	2	减项
请假扣款	数字	8	2	减项
扣款合计	数字	10	2	减项
实发合计	数字	10	2	增项
请假天数	数字	8	2	其它

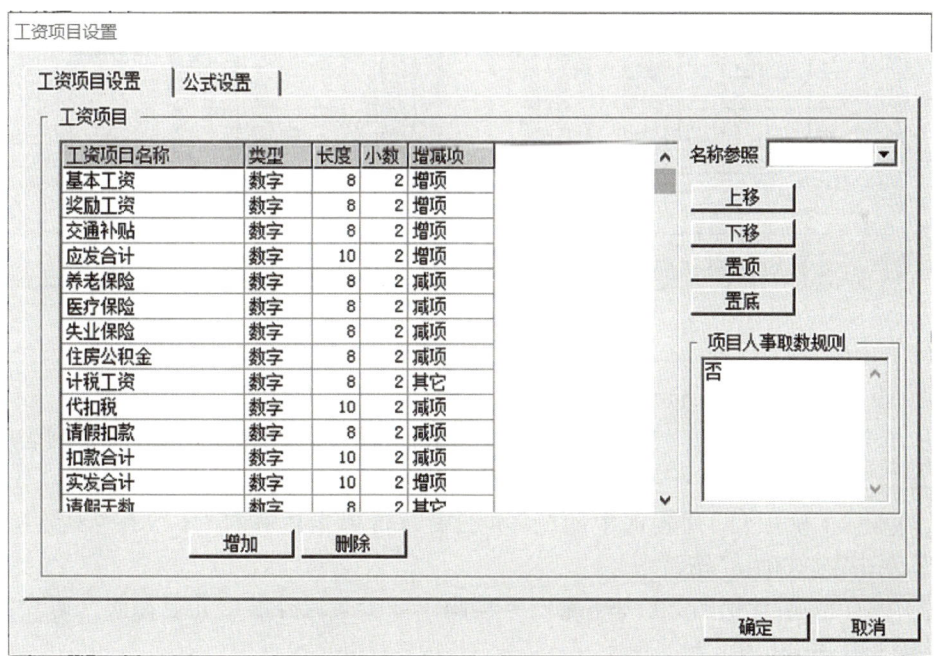

图 3-41　正式员工工资项目设置

（4）单击“确定”按钮，完成正式员工工资项目设置。

2）设置工资计算公式

（1）设置公式：交通补贴＝iff(人员类别＝“销售人员”,300,100)。

① 在“工资项目设置”对话框中，打开“公式设置”选项卡，单击“增加”按钮，在“工资项目”列表中增加一行空行，单击该行，在下拉列表中选择“交通补贴”选项。

② 打开"公式定义"文本框,单击"函数公式向导输入..."按钮,打开"函数向导—步骤 1"对话框,从"函数名"列表中选择"iff"函数。

③ 单击"下一步"按钮,打开"函数向导—步骤之 2"对话框,单击"逻辑表达式"按钮,打开"参照"窗口,在"参照"下拉列表中选择"人员类别"选项,在下拉列表中选择"销售人员",单击"确定"按钮。

④ 返回"函数向导—步骤之 2"对话框,在"算术表达式 1"文本框中输入"300",在"算术表达式 2"文本框中输入"100",单击"完成"按钮,返回"公式设置"选项卡,如图 3-42 所示。

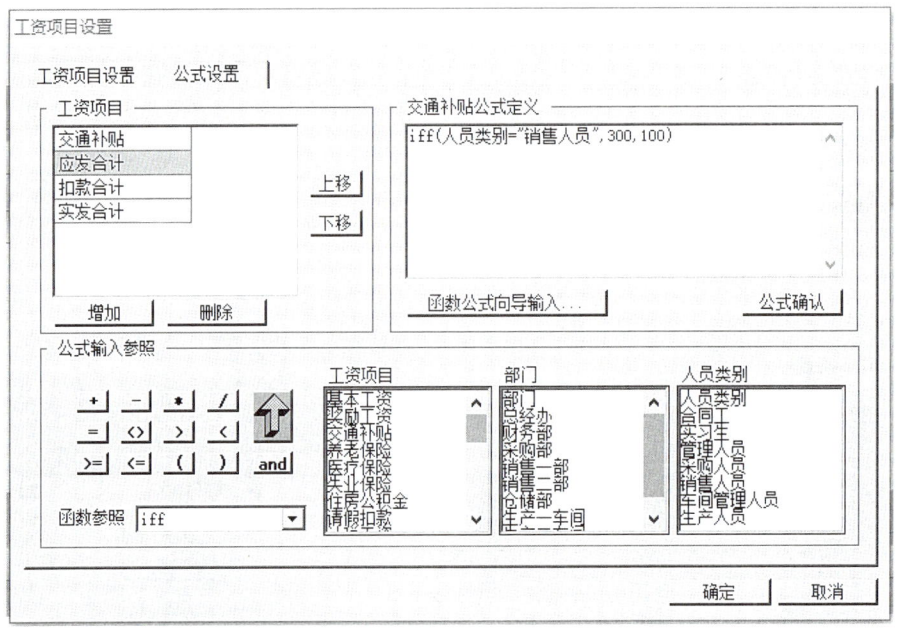

图 3-42　交通补贴公式设置

(2) 设置公式:养老保险=基本工资＊0.08。

① 单击"增加"按钮,在"工资项目"列表中增加一行空行,单击该行,在下拉列表中选择"养老保险"选项。

② 单击"工资项目"列表框中的"基本工资",再单击运算符"＊",在"＊"后面输入"0.08",单击"公式确认"按钮。

(3) 设置公式:计税工资=基本工资＋奖励工资＋交通补贴－养老保险－医疗保险－失业保险－住房公积金。

① 单击"增加"按钮,在"工资项目"列表中增加一行空行,单击该行,在下拉列表中选择"计税工资"选项。

② 选择"工资项目"列表中的"计税工资",在"计税工资公式定义"对话框中输入"基本工资＋奖励工资＋交通补贴－养老保险－医疗保险－失业保险－住房公积金",单击"公式确认"按钮。

> **提示**
>
> 计算公式的设置存在先后顺序,如计税工资中包括交通补贴、养老保险、医疗保险、失业保险、住房公积金和请假扣款,应该在以上六项计算完成之后再计算应税工资,否则计算结果有误。

6. 设置个人所得税

(1) 打开"正式员工"工资类别,执行"薪资管理"—"设置"—"选项"命令,选择"扣税设置"页签,单击"编辑"按钮,在对应的工资项目下拉框中选择"计税工资",如图 3-43 所示。

示例 3.40 设置个人所得税

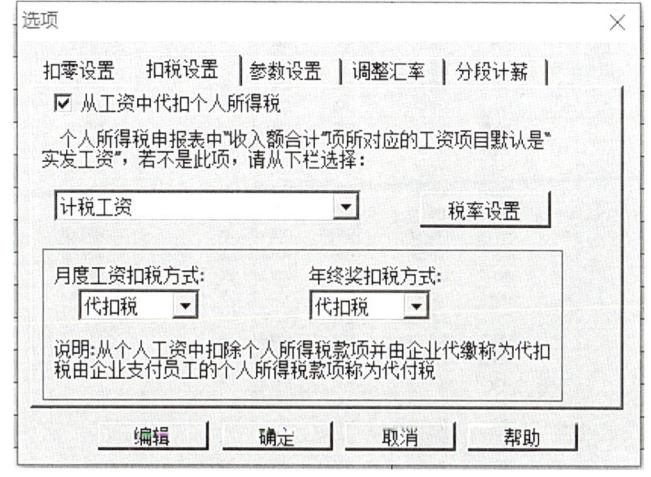

图 3-43　正式员工个人所得税设置

(2) 单击"税率设置"按钮,打开"个人所得税申报表—税率表"对话框,将基数修改为"5 000",附加费用设置为"0",并按照税率表修改计算公式内的数据,修改完毕,如图 3-44 所示。

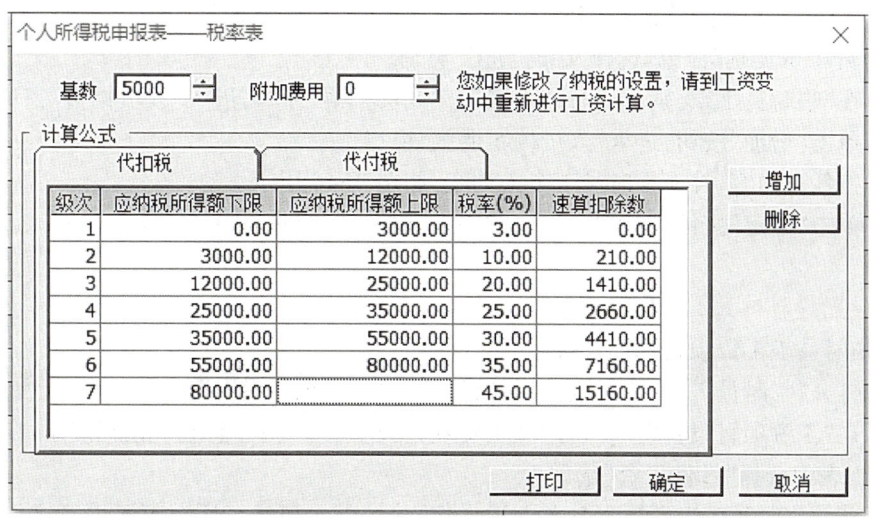

图 3-44　个人所得税申报表—税率表

(3) 单击"确定"按钮,完成个人所得税税率设置。

7. 设置临时人员档案

示例 3.41
设置临时人员档案

(1) 执行"基础设置"—"基础档案"—"人员档案"命令,进入"人员列表"窗口。

(2) 在左侧目录区选择需要增加员工的部门,单击"增加"按钮,进入"人员档案"窗口,按任务要求分别录入人员编码、姓名、行政部门名称、雇佣状态、人员类别、性别等信息。输入完毕后,单击"保存"按钮,保存新增的人员档案信息,并退出"人员档案"窗口。

(3) 返回"人员列表"窗口,如图 3-45 所示。

图 3-45 "人员列表"窗口

(4) 关闭"人员列表"窗口,执行"业务工作"—"人力资源"—"薪资管理"—"工资类别"—"打开工资类别"命令,选择"临时员工"类别。

(5) 在"临时员工"类别下,执行"设置"—"人员档案"命令,进入"人员档案"窗口。

(6) 单击"增加"按钮,进入"人员档案明细"窗口。

(7) 按任务内容,补充临时员工个人档案,如图 3-46 所示。

(8) 单击"确定"按钮,退出"人员档案明细"窗口,完成临时员工档案信息录入。

8. 设置临时员工工资项目选择及工资计算公式

示例 3.42
设置临时人员工资项目选择及工资计算公式

1) 临时员工工资项目选择及排序

(1) 打开"临时员工"工资类别,执行"设置"—"工资项目设置"命令。

(2) 在"工资项目设置"窗口,打开"工资项目设置"选项卡,单击"增加"按钮,在"名称参照"下拉列表中选择"计件工资"选项。

(3) 其他临时员工工资项目参照上述操作,此处不再赘述。所有工资项目增加完成后,需按照操作任务所给的顺序调整工资项目的排列顺序,如图 3-47 所示。

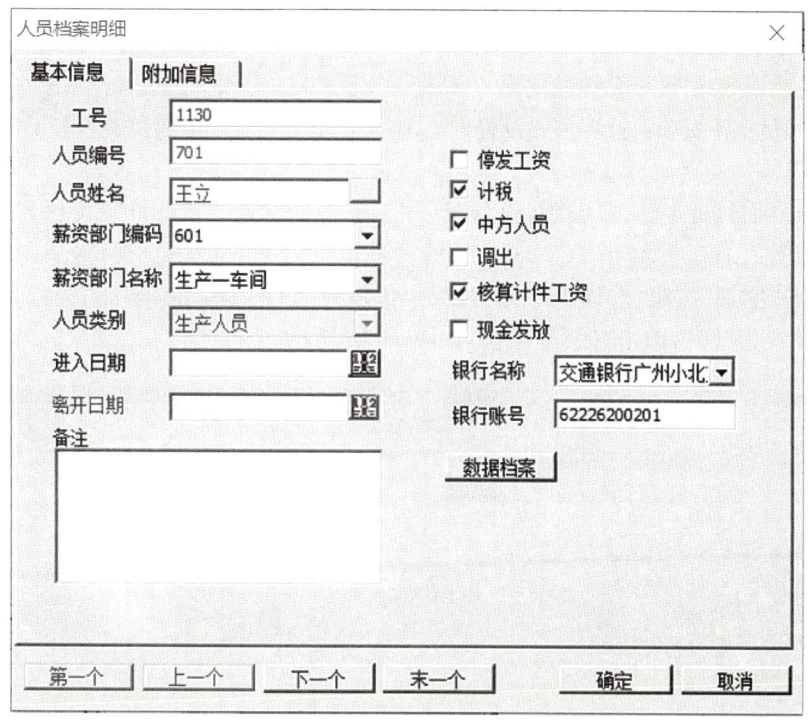

图 3-46　人员档案信息

（1）单击"确定"按钮，保存此次操作。

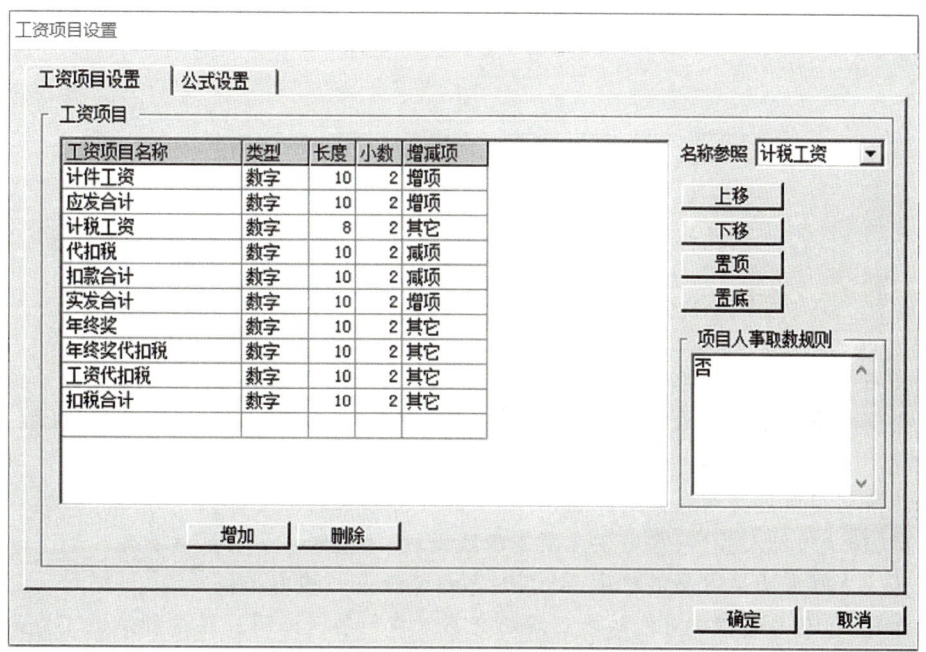

图 3-47　临时员工工资项目设置

2）临时员工工资计算公式

参照正式员工工资项目设置计算公式。

9. 设置临时员工个人所得税税率

参照正式员工工资项目计算公式设置方法，临时员工个人所得税的税率表与正式员工一致。

10. 设置临时员工计件工价

示例 3.43
设置临时员
工计件工价

（1）打开"临时员工"工资类别，执行"计件工资"—"设置"—"计件工价设置"命令，进入"计件工价设置"窗口。

（2）单击"增加"按钮，选择工序为"01"，工价设置为"30"，单击"增加"按钮，选择工序为"02"，工价设置为"20"，单击"保存"按钮，如图 3-48 所示。

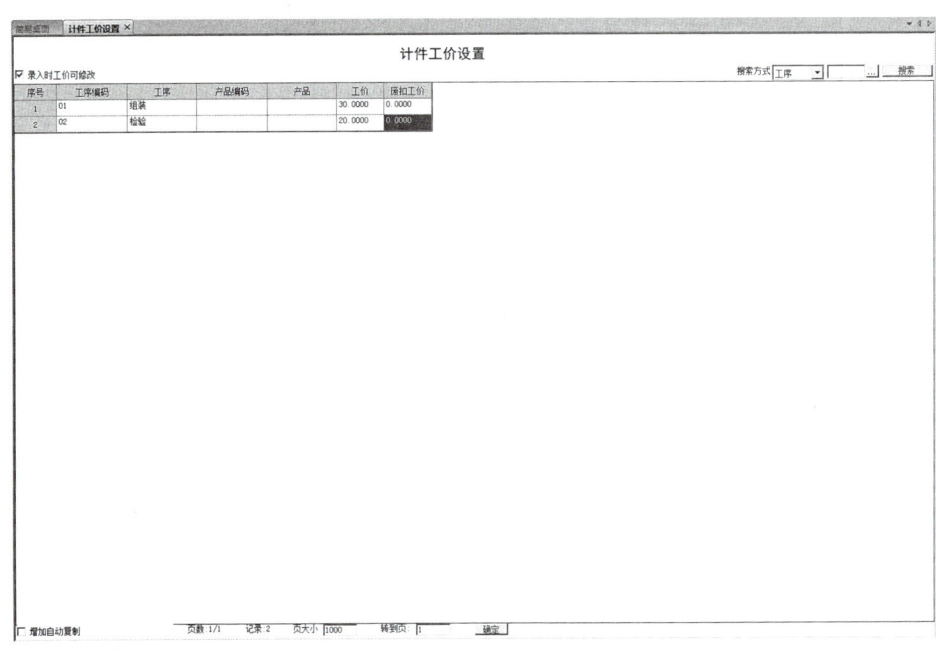

图 3-48　计件工价设置

 **思政小故事**

湖北最大超市被财务人员卷走 2.19 亿元

2023 年 12 月 20 日，湖北零售连锁企业中百集团（SZ：000759）发布公告称，其全资子公司中百仓储超市有限公司的财务人员邵某某涉嫌职务侵占资金，初步估算侵占金额累计约 2.19 亿元。

邵某某利用供应商结算系统漏洞，针对生鲜非标品采购与结算的特殊性，通过虚假勾对验收单据、伪造审批人签字、虚增供应商等隐蔽手段，恶意侵占公司巨额资金。

在传统生鲜采购渠道和链路中，由于供货方可能是一些中小供应商、供销社，甚至是一线的种养殖户，交易过程中可能缺乏正规的交易流程和票据证明。在这种情况下，若渠道本身缺乏流程化的供应商管理体系和结算系统，加之各环节经手人员职责不明确，便可能出现虚增供应商、款项支付等问题。

案例思考

根据案例内容,如何理解"不做假账是会计职业道德的基本要求"?

案例分析

思政案例考查点:会计职业道德——守法奉公,诚实守信。

会计职业道德是指在会计职业活动中应当遵循的、体现会计职业特征的、调整会计职业关系的各种经济关系的职业行为准则和规范。2023年年初,财政部研究制定《会计人员职业道德规范》,提出会计人员必须坚持诚信,守法奉公,树立诚信理念,以诚立身、以信立业,严于律己、心存敬畏,树立良好职业形象,维护会计行业声誉;坚持准则,守责敬业,严格执行准则制度,保证会计信息真实完整;坚持学习,守正创新,始终秉持专业精神,勇于探索、勤于学习,持续提升会计专业能力,与时俱进、开拓创新,不断适应新形势新要求,努力推动会计事业高质量发展。

会计工作的特点决定了守法奉公、诚实守信是会计职业道德最基本的内在要求。守法奉公,廉洁自律,不做假账是会计人员应具备的起码底线。会计人员和会计组织只有严格约束自己,以诚信为本,操守为重,遵循准则,才能阻止或防止不法侵占的发生,确保会计信息的可靠、真实,正确行使反映和监督的会计职责,引导会计行业健康有序地发展。

工作领域四
企业日常业务处理

学习目标

知识目标
- 掌握用友 U8V10.1 软件的企业日常业务账务处理流程
- 掌握用友 U8V10.1 软件的凭证填制、修改、删除方法
- 掌握用友 U8V10.1 软件的出纳管理功能
- 掌握用友 U8V10.1 软件的凭证查询方法
- 掌握用友 U8V10.1 软件报表的制作方法
- 掌握用友 U8V10.1 软件总账模块的期末处理方法

技能目标
- 熟练运用用友 U8V10.1 软件进行日常账务处理
- 熟练运用用友 U8V10.1 软件对凭证进行日常操作和管理
- 熟练掌握用友 U8V10.1 软件凭证修改和删除的方法
- 具备运用用友 U8V10.1 软件总账模块的期末处理能力
- 具备使用用友 U8V10.1 软件提供的功能制作各种财务报表的能力

素养目标
- 通过对用友 U8V10.1 软件日常账务处理学习,掌握企业账务工作流程
- 通过对用友 U8V10.1 软件日常账务处理学习,了解内部控制制度的重要性
- 通过对用友 U8V10.1 软件日常账务处理学习,培养细心谨慎的职业素质
- 激发学生掌握技术的兴趣和意愿

工作任务一　总账系统日常业务处理

工作任务概述

1. 掌握用友 U8V10.1 软件中总账系统日常业务处理的相关内容

2. 熟悉总账系统日常业务处理的各种操作
3. 掌握凭证管理、出纳管理和账簿管理的具体内容与操作方法

任务准备

一、总账系统凭证管理操作

总账系统的日常业务处理始于凭证的填制。记账凭证作为登记账簿的依据，是总账系统唯一的数据来源。总账系统的凭证管理涵盖多项功能，包括凭证的填制、查询、审核以及凭证记账等。

1. 填制凭证

在用友 U8V10.1 软件中，填制凭证一般指新增一张凭证，需手动输入凭证类别、制单日期、附单据数、摘要、科目、辅助核算信息及金额。

凭证填制完成后，若发现信息有误，在未审核前，操作员可进行修改、作废或删除。修改凭证时，需在填制凭证界面找到目标凭证，对需改动部分进行编辑。已审核的错误凭证则必须先取消审核，才能进行修改。需要注意的是，仅总账系统生成的凭证可在总账系统中修改，非总账系统生成的凭证只能在生成该凭证的系统中修改。

作废凭证时，需打开填制凭证界面，找到相应凭证，点击"作废/恢复"按钮，凭证上将显示"已作废"。若需取消作废，可再次点击该按钮进行恢复。

删除凭证是指对已标记为"已作废"的凭证进行删除，并对本月未记账的凭证重新整理编号。若需删除已记账凭证，按"CTRL＋H"组合键，执行"恢复记账前状态"命令，方能进行凭证整理操作。

提示

总账系统的凭证编号通常由系统按月自动分类编制。仅在启用账套时设置凭证编号方式为"手动编号"，操作员才可手动输入凭证编号。记账凭证的分录金额若为负数，可直接以负数形式录入，系统将显示为红字金额。

2. 查询凭证

总账系统提供两种查询凭证的方式：①执行"填制凭证"—"查询"命令，可以查找到符合条件的凭证信息；②执行"凭证"—"查询凭证"命令进行凭证查询。

3. 出纳签字

涉及银行存款和库存现金科目的记账凭证，必须由具备签字权限的出纳人员执行"出纳签字"命令，其主要目的是核对出纳凭证中出纳科目的金额是否准确无误。在使用用友 U8V10.1 软件时，执行出纳签字功能之前，需在会计科目设置环节进行科目指定操作，仅针对被指定为现金科目和银行存款科目的凭证，才需进行出纳签字。

4. 审核凭证

审核凭证是指审核员依据财会制度，对制单员填制的记账凭证进行审查，确认其是否与原始凭证相符，以及会计分录是否准确等。若审核过程中发现错误或有异议的凭证，应退还

给填制人员进行修改,修改后再重新提交审核。需要注意的是,只有具备审核权限的人员才能执行审核操作。一旦凭证经过审核,便不可再进行修改或删除,必须先取消审核状态后方可进行相关操作;对于标记为"已作废"的凭证,同样不能直接审核,需先取消其作废状态,方可进行审核。

凭证审核与出纳签字类似,均需由具备相应审核权限的操作员来完成。

5. 记账

记账凭证必须经过会计主管审核并签字后,方可执行"记账"命令,完成记账的凭证才能用于登记总账、明细账、日记账、部门账、往来账、项目账及备查账等。在用友 U8V10.1 软件中,记账工作由计算机自动进行数据处理,无需人工干预。

提示

未经审核的凭证无法进行记账;作废凭证虽无需审核,但可直接记账。

若上月未完成记账,本月将无法进行记账;若期初余额试算不平衡,本月同样无法进行记账。

二、总账系统账簿处理操作

1. 账簿查询

基本会计核算账簿包括总账、发生额及余额表、明细账、序时账和多栏账;辅助核算账簿则涵盖个人往来、部门核算、项目核算的总账和明细账,以及部门收支分析和项目统计表。查询基本会计核算账簿需以会计身份登录企业应用平台,在"总账"—"账表"—"科目账"模块进行;而查询辅助核算账簿则需在"总账"—"账表"模块进行。

2. 日记账及资金日报表查询

日记账与资金日报表均为总账系统为出纳人员提供的账表管理工具。日记账包括现金日记账和银行存款日记账,在设置会计科目时,若勾选"日记账"辅助核算,即表示该科目需进行日记账登记。在用友 U8V10.1 软件中,日记账由系统自动登记,无需手动操作。

要查询现金日记账,需以出纳身份登录企业应用平台,执行"出纳"—"现金日记账"操作,即可打开"现金日记账查询条件"对话框,在此对话框中选择相应科目,即可进入"现金日记账"窗口。银行存款日记账的查询方式与现金日记账相同,此处不再赘述。

资金日报表是反映现金、银行存款当日发生额及余额情况的报表。用友 U8V10.1 软件会自动登记每日的借、贷金额合计和余额,以及发生的业务量等信息,无需手动处理。

工作任务二　固定资产管理系统日常业务处理

工作任务概述

1. 掌握用友 U8V10.1 软件中固定资产管理系统日常业务处理的相关内容

2. 熟悉固定资产管理系统日常业务处理的各种操作
3. 掌握固定资产管理系统日常业务的具体内容及其操作方法

任务准备

固定资产管理系统日常处理主要包括资产增减、资产变动、生成凭证和账簿管理。

一、资产增减

资产增减涵盖资产增加和资产减少两个方面。资产增加是指企业通过购买或其他途径所增加的资产。在进行资产增加时,需录入一张新的固定资产卡片,这与固定资产期初录入相呼应。资产减少则是指资产在使用过程中,因毁损、出售、盘亏等原因导致固定资产退出企业,此时需进行资产减少处理,并通过卡片管理中的已减少资产功能来查看已减少的资产。进行资产减少时,需录入资产减少卡片,并注明减少的具体原因。

> **提示**
> 只有在账套开始计提折旧后,方可启用资产减少功能;否则,减少资产只能通过删除卡片的方式完成。对于误操作的资产减少,可借助系统提供的纠错功能进行恢复,但仅限当月减少的资产。若资产减少操作已生成凭证,则必须先删除该凭证,方可进行恢复。

二、资产变动

资产变动涵盖多个方面,包括原值变动、部门转移、资产使用状况的调整、资产使用年限的调整、资产折旧方法的调整、净残值(率)的调整、工作总量的调整、累计折旧的调整、资产类别的调整以及变动单的管理。对于其他项目的修改,如名称、编号、自定义项目等,可直接在卡片上进行操作。资产变动需通过输入相应的"变动单"来记录资产调整的结果。

1. 原值变动

原值变动包括原值增加和原值减少两个部分。

2. 部门转移

部门转移是指固定资产在使用过程中,因内部调配而发生的部门变动。此类变动应及时处理,否则将影响部门的折旧计算。

3. 资产使用状况的调整

固定资产的使用状况可分为在用、未使用、不需用、停用和封存五种类型。在使用过程中,若资产的使用状况发生变更,将直接影响设备折旧的计算结果,因此需及时进行相应的调整。

4. 资产使用年限的调整

资产在使用过程中,可能会因资产重估、大修等因素而调整其使用年限。对于进行使用年限调整的资产,自调整当月起即按调整后的使用年限计提折旧。

5. 资产折旧方法的调整

通常情况下,资产折旧方法在一年内鲜有变更,然而,若遇特殊情况需进行调整,则可予以适当调整。

6. 变动单管理

变动单管理功能允许用户对系统生成的变动单进行查询、修改、制单及删除等操作。

三、生成凭证

在用友 U8V10.1 软件中，固定资产管理系统能够通过记账凭证将相关数据传递至总账管理系统，生成记账凭证的方式包括立即制单和批量制单两种方法。

四、账簿管理

固定资产账簿管理涵盖账簿、折旧表、统计表等。同时，用友 U8V10.1 软件还提供了自定义报表功能，能够根据具体需求进行灵活设置。

1. 账簿

固定资产管理系统能够自动生成多种账簿，包括固定资产明细账、固定资产登记簿以及固定资产总账。

2. 折旧表

固定资产管理系统提供了四种折旧表：折旧计提汇总表、固定资产折旧计算明细表、固定资产及累计折旧表（一）和（二）。通过这些表格，可以全面了解和掌握本企业所有资产在本期、本年乃至某部门的折旧计提及其明细情况。

3. 统计表

固定资产统计表旨在满足资产管理的需求，按照管理目的进行数据统计。系统共提供了七种统计表：固定资产原值一览表、固定资产统计表、评估汇总表、评估变动表、盘盈盘亏报告表、逾龄资产统计表以及役龄资产统计表。

工作任务三　薪资管理系统日常业务处理

工作任务概述

1. 熟练掌握用友 U8V10.1 软件薪资管理系统的日常业务处理相关内容
2. 熟悉薪资管理系统在日常业务处理中的各类操作
3. 掌握薪资管理系统日常业务的具体内容及操作方法

任务准备

薪资管理通常仅需对每月发生的工资数据变动进行相应调整。在使用用友 U8V10.1 软件时，通过重新计算和汇总功能即可轻松完成这一操作。

一、工资数据管理

首次使用薪资管理系统时，需手动将全体员工的基本工资数据录入系统。此后，每月发生的工资数据变动也在此系统中进行调整。对于日常工资变动，只需将符合条件员工的特定工资项目数据统一替换，即可高效完成操作。

二、个人所得税计算与申报

用友 U8V10.1 软件配备了自动计算个人所得税的功能。操作员只需执行"薪资管理"—"选项"命令，完成所得税税率的定义，系统便能自动完成个人所得税的计算。

三、工资分摊

工资分摊是薪资管理系统中的一个关键环节，涉及对工资总额的计提计算、分配计算以及各项经费的计提操作。通过工资分摊，能够编制相应的会计凭证，进而完成薪资系统的登账处理。

四、工资数据查询

薪资管理系统提供了工资报表功能。若使用者对系统预设的固定报表格式不满意，可借助"修改表"和"新建表"功能进行个性化设计。

1. 工资表

工资表包括工资发放签名表、工资发放条、工资卡、部门工资汇总表、人员类别工资汇总表、条件汇总表、条件统计表、条件明细表、工资变动明细表、工资变动汇总表等一系列由系统生成的原始表格，主要应用于本月工资的发放与统计工作，支持修改和重建操作。

2. 工资分析表

工资分析表基于工资数据，对部门及人员类别的工资情况进行深入分析和对比，生成多样化的分析报表，为决策人员提供有力的数据支持。

工作任务四　采购与应付款管理系统日常业务处理

工作任务概述

1. 熟练掌握用友 U8V10.1 软件中采购与应付款管理系统的日常业务处理相关内容
2. 熟悉采购与应付款管理系统在日常业务处理中的各项操作
3. 掌握采购管理系统日常业务的具体内容及操作方法

任务准备

采购管理系统是用友 U8V10.1 软件供应链管理系统中的一个关键子系统，与其他系统之间建立了紧密的集成使用关系。尤为常见的是其与应付款管理系统的协同运作，负责采购付款的录入、销售发票及其他应付单的审核，并有效核销相关应付单据。

一、采购管理系统

采购管理系统主要处理采购请购、订货、到货、入库、采购发票、采购结算等业务环节，涵盖普通采购、受托代销业务、直运业务等多种业务类型。该系统既可以独立运行，也可与用友U8V10.1软件管理系统的库存管理、存货核算、销售管理、应付款管理等模块集成使用。

1. 请购

请购是企业内部各部门向采购部门提出采购申请，或采购部门汇总内部需求以制定采购清单的过程。

2. 订货

订货是企业与供应商签订采购合同或框架协议，确认要货需求的过程。供应商依据采购订单组织货源，企业则根据订单进行验收。采购订单可直接录入，或通过参照生单方式生成。

3. 到货

到货通常由采购业务员根据供应商通知或送货单内容填写，确认所送货物、数量、单价等信息。采购到货单可手工录入，或通过参照生单方式生成。

4. 入库

入库是采购业务中至关重要且必不可少的环节。采购入库单依据实际到货签收数量填制。用友U8V10.1软件根据进出库方向，将入库单分为蓝字和红字采购入库单；根据业务类型，分为普通采购入库单和受托代销入库单。采购入库单可手工录入，或通过参照生单方式生成。

5. 采购发票

采购发票是供应商开具的销货凭证，用于确认采购成本。根据审核无误的发票进行应付款登记、记账、付款及核销。用友U8V10.1软件根据业务性质，将采购发票分为蓝字和红字发票；根据发票类型，分为增值税专用发票、增值税普通发票和运输发票。采购发票可手工录入，或通过参照生单方式生成。

6. 采购结算

采购结算是将采购入库单与发票关联，确认采购成本的结算操作，包括自动结算和手工结算两种方式。自动结算由用友U8V10.1软件自动处理相同供应商、相同品类且数量相等的入库单和发票。手工结算则涵盖入库单与发票结算、蓝字与红字单据结算、溢余短缺处理、费用折扣分摊及费用发票结算等操作。

> **提示**
>
> 采购业务发生后，需进行应付款确认、采购成本确认及货款支付，涉及应付款管理系统和存货核算系统。
>
> 确认应付款是将完成结算的电子发票自动传递至应付款管理系统，由相关人员审核确认后生成应付款凭证。
>
> 确认采购成本是将完成结算的入库单传递至存货核算系统，经"正常单据记账"和相关财务核算后，确认并生成采购成本凭证。
>
> 支付货款由会计人员在应付款管理系统填制付款单，经审核无误后制单，由出纳支付，至此采购流程结束。

二、应付款管理系统

应付款管理系统在日常处理中主要包括应付款处理、付款处理、制单处理、取消操作、单据查询与账表管理等操作。

1. 应付款处理

应付款处理涉及对采购业务所开具的各种发票以及非采购业务相关的其他应付单据的处理。通常情况下，应付款管理与采购管理协同使用，在采购发票填制完成后，发票将自动传输至应付款管理系统进行审核和制单处理。若不与采购管理系统结合使用，则需在应付款管理系统中独立完成应付业务的所有操作，包括采购发票的录入、审核和制单处理等。

2. 付款处理

付款单据记录了企业支付给供应商的应付款、预付款及其他费用等原始信息，其主要功能包括应付单录入、审核、单据核销与制单处理。单据核销功能是付款处理中的特有功能，在用友 U8V10.1 软件中，核销处理分为手工核销与自动核销。

3. 制单处理

制单处理分为系统立即制单和手动批量制单。立即制单是指在单据处理、转账处理、票据处理及坏账处理等功能操作中，系统会询问是否立即制单，选择"是"即可立即生成凭证。批量制单则是在所有业务完成后，使用制单功能进行批量处理。

4. 取消操作

在应付款管理系统中出现误操作时，可通过执行"应付款管理"—"其他处理"—"取消操作"命令，恢复至操作前状态。应付款管理系统的取消操作涵盖取消核销、取消应付冲应付、取消应付冲应收、取消预付冲应付、取消红票对冲、取消票据处理、取消选择付款、取消汇兑损益等操作。

提示

取消操作必须在未进行后续操作的情况下执行，若已进行后续操作，则需先删除后续操作，方能进行取消操作。

5. 单据查询与账表管理

应付款管理系统提供单据查询和账表查询功能，通过查询可及时掌握企业应付款项的发送、支付及结余情况，有助于强化应付款项的管理与监督。查询内容涵盖采购发票、应付单和收款单等原始单据及记账凭证。账表管理则提供业务报表查询、统计分析和科目账查询。应付款管理系统的业务账表主要包括业务总账、业务余额表、业务明细账、对账单查询及与总账对账功能。统计分析包括应付账龄分析、付款账龄分析、欠款分析和付款预测。

工作任务五　销售与应收款管理系统日常业务处理

工作任务概述

1. 熟练掌握用友 U8V10.1 软件中销售与应收款管理系统日常业务处理的相关知识和操作
2. 熟悉销售与应收款管理系统在日常业务处理中的各类操作流程

3. 掌握销售管理系统日常业务的具体内容及相应的操作方法

任务准备

销售管理系统是用友 U8V10.1 软件供应链管理系统中的一个关键子系统，与其他系统之间保持着紧密的集成使用关系。最为常见的集成应用是与应收款管理系统协同运作，负责销售收款录入、销售发票处理、其他应收单审核，并高效核销应收单据，确保财务流程的顺畅与准确。

一、销售管理系统

销售管理系统主要负责处理销售报价、销售订货、销售发货、销售开票、销售调拨、销售退回、发货折扣、委托代销及零售业务等事务。在该系统中，用户可以处理包括普通销售、委托代销、直运销售、分期收款销售、销售调拨和零售业务在内的多种业务类型。

当销售管理系统涉及销售出库、结转出库成本、应收账款确认及收款处理等业务时，需在库存管理系统、存货核算系统和应收款管理系统中进行相应的操作。

1. 销售出库

销售出库常用于库存管理系统中对存货出库数量的核算。若存货核算销售成本的依据选择为销售出库单，则存货出库成本核算只能在存货核算系统中进行。在使用用友 U8V10.1 软件时，用户可通过销售选项设置销售出库单的生成方式，既可在销售系统中生成，也可在库存管理系统中生成。

 提示

若由销售管理系统生成出库单，则只能实现一次性销售全部出库。

若由库存管理系统生成销售出库单，则可支持一次销售分次出库。

2. 结转出库成本

在日常销售活动中，一旦商品完成出库，就必须及时确认出库成本。对于采用先进先出、后进先出、移动平均和个别计价这四种计价方式的存货，应在存货核算系统中进行单据记账时同步进行出库成本核算；而对于采用全月平均或计划价、售价法计价的存货，则仅需在期末处理阶段进行出库成本核算。

3. 应收账款确认及收款处理

销售完成后，企业应及时开具发票，并进行应收账款的确认及收款处理。在使用用友 U8V10.1 软件时，结转收入的工作由应收款管理系统负责完成。

二、应收款管理系统

应收款管理系统在日常运作中主要涵盖以下几项关键操作：应收款处理、票据管理、坏账处理、制单处理、取消操作，以及单据查询与账表管理。

1. 应收款处理

应收款处理包括应收单据处理、单据结算、转账处理。

1) 单据处理

应收款管理系统的单据处理主要涉及销售普通发票、专用发票以及其他销售业务外的应收单据等原始单据。若用户同时使用应收款管理系统和销售管理系统,销售发票及代垫费用产生的单据将由销售系统录入、审核,并自动传输至应收款管理系统。在该系统中,用户可对这些单据进行查询、核销和制单。仅在应收款管理系统中需手动录入的单据为应收单。若未使用销售系统,则所有发票及应收单均需在应收款管理系统中录入并审核。

2) 单据结算

单据结算功能包括录入收款单、付款单,对发票及应收单进行核销,形成并核销预收款,以及处理代付款。收款单是记录收到款项的单据,包括货款、预收款和代付款。付款单则是因销售退回而填制的付款凭证。核销操作旨在明确收款单、付款单与原始发票、应收单之间的对应关系,即指明每次收款对应的具体销售业务款项。

3) 转账处理

在日常业务中,常会遇到以下几种转账处理情形:

(1) 预收冲应收:当某客户有预收款时,可用其一笔预收款冲抵一笔应收款。

(2) 应收冲应付:若某客户同时为销售客户和供应商,则可能发生应收款与应付款相互冲抵的情况。

(3) 红字单据冲蓝字单据:发生退货时,使用红字发票对冲蓝字发票。

(4) 应收冲应收:当一个客户为另一客户代付款时,将产生应收款与应收款之间的冲抵情况。

2. 票据管理

应收款管理系统具备对银行承兑汇票和商业承兑汇票进行全面管理的能力,能够详尽记录票据的详细信息及其处理流程,涵盖票据贴现、背书、计息、结算以及转出等多个环节。

3. 坏账处理

坏账处理包括坏账发生、坏账收回、坏账计提。

4. 制单处理

制单处理分为系统立即制单和手动批量制单两种方式。立即制单是指在处理单据、转账、票据及坏账等功能操作时,系统会提示是否立即制单,点击"是"按钮系统将立即生成相应凭证。而批量制单则是在所有业务处理完毕后,通过制单功能,进行批量处理生成凭证。

5. 取消操作

在应收款管理系统中,若发生误操作,可通过执行"应收款管理"—"其他处理"—"取消操作"命令,恢复至操作前的状态。该系统的取消操作功能包括:取消核销、取消坏账准备、取消应收冲应收、取消应收冲应付、取消预收冲应收、取消红票对冲、取消票据处理、取消选择收款、取消汇兑损益等多项操作。

6. 单据查询与账表管理

应收款管理系统的单据查询与账表管理功能与应付款管理系统基本一致,此处不再赘述。

工作任务六　库存管理系统日常业务处理

 工作任务概述

1. 掌握用友U8V10.1软件库存管理系统在日常业务处理中的相关内容
2. 熟悉库存管理系统在日常业务处理中的各项操作
3. 掌握出入库业务的具体内容及操作方法

 任务准备

库存管理系统是用友U8V10.1软件供应链管理系统的一个重要子系统,既可与采购管理、销售管理、存货核算系统无缝集成使用,亦能独立运行。在日常运营中,该系统主要负责对入库业务、出库业务以及其他相关业务进行单据的填制与审核工作。

一、入库业务

1. 入库单据处理

1)采购入库单

采购入库主要由采购业务员将采购回来的存货交由仓管员处理。仓管员对采购存货进行验收确认,并填制采购入库单,以完成企业存货采购的入库业务。

2)产成品入库单

产成品入库单是针对工业企业产成品入库和退回业务的单据,商业企业则无需使用此单据。在产成品入库时,所填制的产成品入库单通常只包含数量信息,不涉及单价和金额。

3)其他入库单

当企业发生调拨入库、盘盈入库、组装拆卸入库、形态转换入库等业务时,需填制其他入库单以规范操作。

2. 入库单据审核

库存管理系统中的审核不仅涵盖一般意义上的审核,还可用以标识单据是否经过审核来代表实物的出入库状态。具体而言,当入库单上列明的所有存货均已完成入库手续后,方可对该入库单执行审核操作。

二、出库业务

1. 销售出库

销售出库功能可以与销售管理系统无缝集成,通过参照功能,销售发票、发货单、销售调拨单以及零售日报等单据能够便捷地生成销售出库单。

2. 材料领用出库

仅限工业企业在生产过程中需要领用材料时,才进行材料领用出库及相应的记账操作。

3. 其他出库

其他出库业务涵盖多种形式，包括但不限于维修出库、办公耗用出库、调拨出库、盘亏出库、组装拆卸出库以及形态转换出库等。

三、其他相关业务

1. 库存调拨

库存管理系统提供了调拨单功能，用于处理仓库间存货的转库业务或部门间的存货调拨业务。若调拨单上的转出部门和转入部门不同，则属于部门间的调拨业务；若转出部门和转入部门相同，但转出仓库和转入仓库不同，则属于仓库间的转库业务。

2. 盘点

库存管理系统设有盘点单功能，用于定期对仓库中的存货进行盘点。存货盘点报告表是证明企业存货盘盈、盘亏和毁损的书面凭证，经企业领导批准后，可作为原始凭证入账。系统提供两种盘点方法：按仓库盘点和按批次盘点，并支持对各仓库或批次中的全部或部分存货进行盘点。根据盘盈、盘亏结果，系统可自动生成出入库单。

3. 组装拆卸业务

组装是将多个散件组合成一个配套件的过程。组装单相当于两张单据：散件出库单和配套件入库单。配套件与散件之间呈一对多关系，其对应关系在产品结构中设置。用户在组装前需先定义产品结构，否则无法进行组装。

拆卸是将一个配套件拆解成多个散件的过程。拆卸单亦相当于两张单据：配套件出库单和散件入库单。配套件与散件之间同样呈一对多关系，其对应关系亦在产品结构中设置。用户在拆卸前需先定义产品结构，否则无法进行拆卸。

4. 形态转换

受自然条件或其他因素影响，某些存货会从一种形态转换为另一种形态，如煤块因长期风吹、雨淋变为煤渣，活鱼因缺氧变为死鱼等，导致存货规格和成本发生变化。因此，库管员需根据存货实际状况填制形态转换单（或称规格调整单），报请主管部门批准后进行调账处理。

工作任务七　存货核算系统日常业务处理

工作任务概述

1. 掌握用友 U8V10.1 软件存货核算系统日常业务处理的相关内容
2. 熟练掌握存货核算系统日常业务处理的各种操作技巧
3. 掌握存货核算记账的具体流程及操作方法

任务准备

存货核算系统是用友 U8V10.1 软件供应链管理系统中的一个重要子系统。该系统既可以与采购管理、销售管理、存货核算系统集成使用,也可以仅与库存管理系统集成使用,甚至能够独立运行。库存管理系统在日常运作中,主要负责出入库成本核算、暂估入库业务处理、出入库成本调整、单据记账、凭证生成以及存货跌价准备等各项业务处理工作。

一、入库业务处理

入库业务包括填制和审核采购入库单、产成品入库单和其他入库单。

1. 采购入库单

采购入库单在库存管理系统中录入,其入库金额可在存货核算系统中进行修改。而采购入库单上的数量修改,则仅限在该单据填制的系统中操作。

2. 产成品入库单

在填制产成品入库单时,通常只需填写数量,单价与金额的录入既可直接通过修改产成品入库单完成,也可借助存货核算系统的产成品成本分配功能自动计算并填入。

3. 其他入库单

其他入库单均由相关业务直接生成。若与库存管理系统集成使用,可通过修改其他入库单的操作,对因盘盈入库业务生成的其他入库单的单价进行输入或调整。

二、出库业务处理

出库单涵盖填制与审核销售出库单、材料领用出库单以及其他出库单。在存货核算系统中,可对出库单据上的单价或金额进行修改。

三、单据记账

单据记账是指将输入的各类出入库单据记录到存货明细账、差异明细表、受托代销商品明细账等相关账目中。已记账的单据不可修改或删除,但若本月尚未结账,则可进行取消记账操作。对于已生成凭证的单据,必须先删除相关凭证,方能执行取消记账。

四、调整业务

因暂估入库后出现零出库业务等问题,导致出库成本不准确或库存数量为零但库存金额仍存在的情况,需通过调整单据进行修正。调整单据分为入库调整单和出库调整单,两者均仅针对当月存货的出入库成本进行调节,且仅调整存货金额,不对存货数量进行变动。

五、暂估处理

存货核算系统针对采购暂估入库业务,提供了月初回冲、单到回冲、单到补差三种处理方式。一旦选定暂估处理方式,便不可更改。在暂估处理过程中,必须等待采购发票到达后,在采购管理系统中填制发票并完成采购结算,随后在存货核算系统中进行入库业务成本的处理。

六、生成凭证

在存货核算系统中,能够将各类出入库单据中涉及存货增减及价值变动的单据自动生成凭证,并传递至总账。对于较为规范的业务流程,在系统初始设置阶段,可预先设定凭证上的存货科目及对方科目,系统将依据这些预设科目自动生成相应的出入库凭证,并顺利传送到总账。

工作任务八　企业日常综合业务处理

【业务1】　3月1日,财务部王小刚从交行提取现金10 000.00元,作为备用金,现金支票号为XJ8071。

记账凭证分录：

借：库存现金　　　　　　　　　　　　　　　　　　　　　　　10 000.00
　　贷：银行存款——交行存款　　　　　　　　　　　　　　　　10 000.00

操作指导

1. 填制凭证

以"003 孙艳明"的身份登录企业应用平台。

(1) 执行"业务工作"—"财务会计"—"凭证"—"填制凭证"命令,进入"填制凭证"窗口。

(2) 在"填制凭证"窗口,单击"增加"按钮,输入摘要为"提取现金",科目名称为"库存现金",借方金额为"10 000.00",科目名称为"银行存款/交行存款",进入"辅助项"窗口。

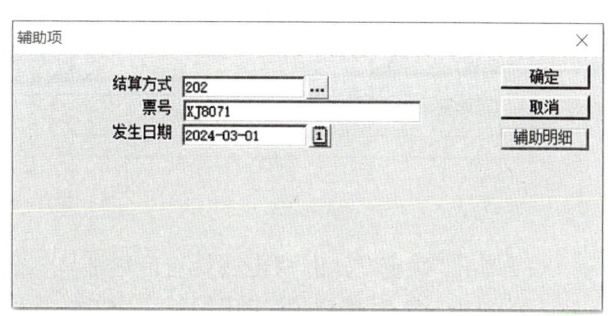

图4-1　辅助项核算

(3) 在"辅助项"窗口中,输入结算方式为"202",输入票号为"XJ8071",如图4-1所示。单击"确定"按钮,返回"记账凭证"窗口。

(4) 在"记账凭证"窗口,输入贷方金额为"10 000.00",如图4-2所示。

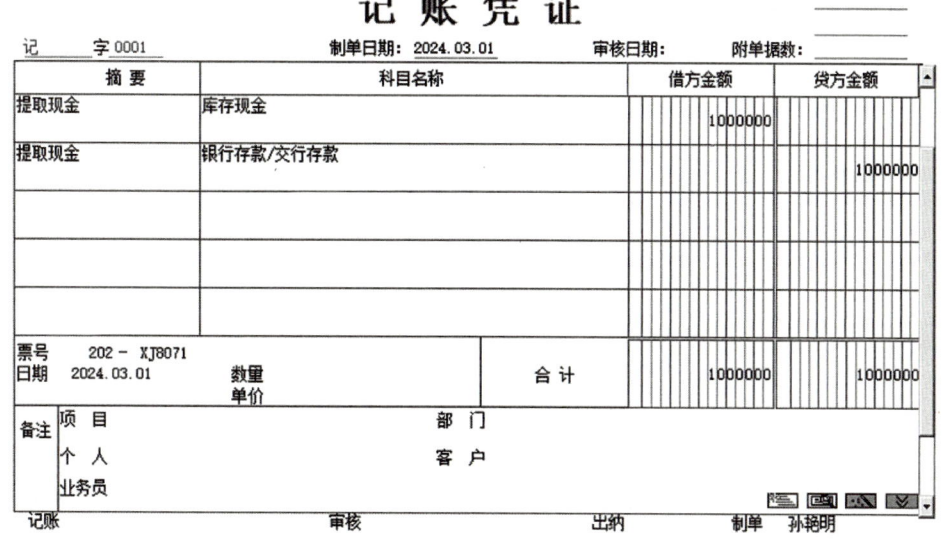

图4-2　已制单的记账凭证

（5）单击"保存"按钮，弹出"凭证已成功保存！"提示框，凭证保存成功。

2. 出纳签字

以"004 王小刚"的身份登录企业应用平台。

（1）执行"业务工作"—"财务会计"—"总账"—"凭证"—"出纳签字"命令，进入"出纳签字"窗口，如图 4-3 所示。

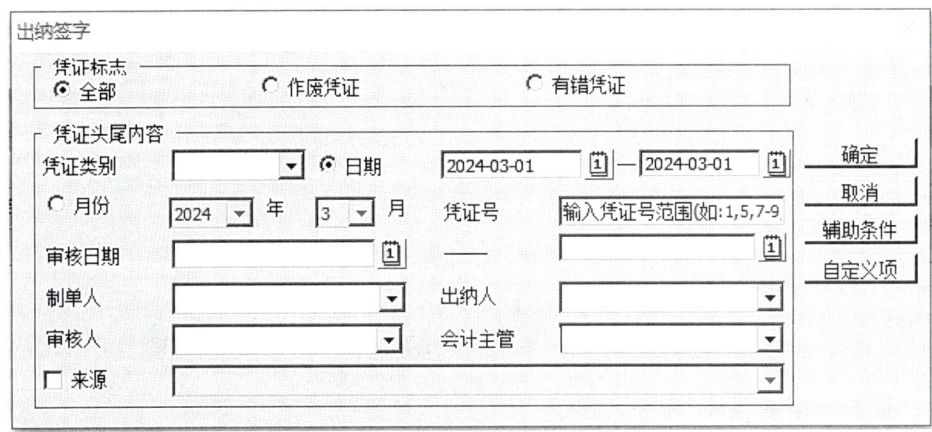

图 4-3　出纳签字

（2）单击"确定"按钮，双击选择对应凭证，进入"记账凭证"窗口。

（3）单击"签字"按钮，完成出纳签字，如图 4-4 所示。

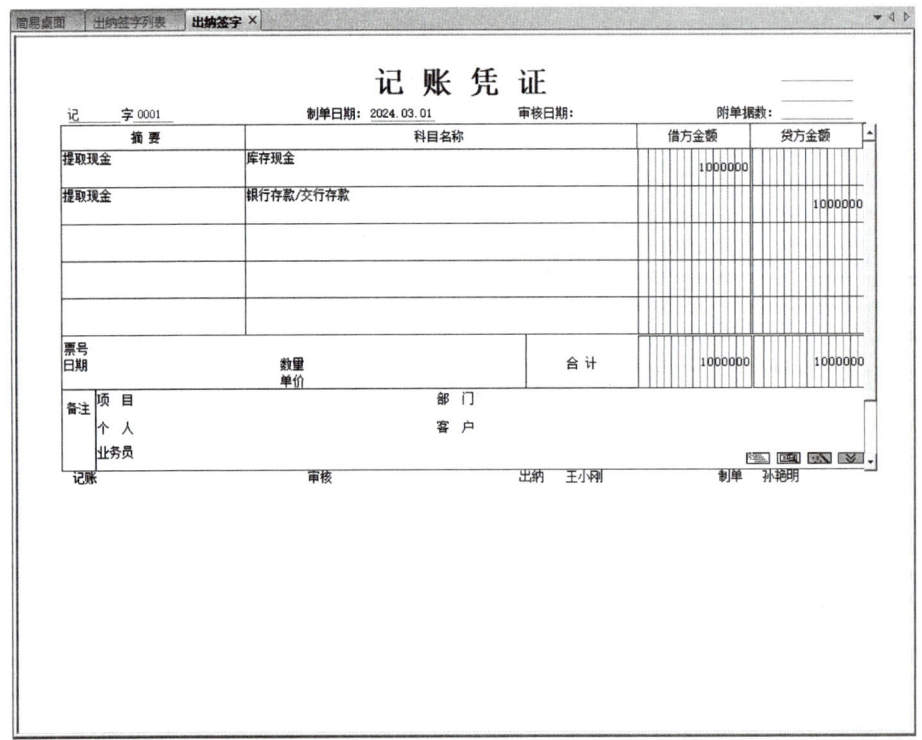

图 4-4　出纳签字后的记账凭证

3. 审核凭证

以"002 许丽"的身份登录企业应用平台(本书所有审核日期均为业务日期后一日)。

(1) 执行"业务工作"—"财务会计"—"总账"—"凭证"—"审核凭证"命令,进入"凭证审核"窗口。

(2) 单击"确认"按钮,进入"凭证审核列表"窗口,如图 4-5 所示。

制单日期	凭证编号	摘要	借方金额合计	贷方金额合计	制单人	审核人	系统名	备注	审核日期	年度
2024-03-01	记-0001	提取现金	10,000.00	10,000.00	孙艳明					2024

凭证共 1 张　已审核 0 张　未审核 1 张　　凭证号排序　制单日期排序

图 4-5 凭证审核列表

(3) 双击列表中凭证编号为"记-0001"的方框,进入"记账凭证"窗口。

(4) 单击"审核"按钮,完成凭证审核,如图 4-6 所示。

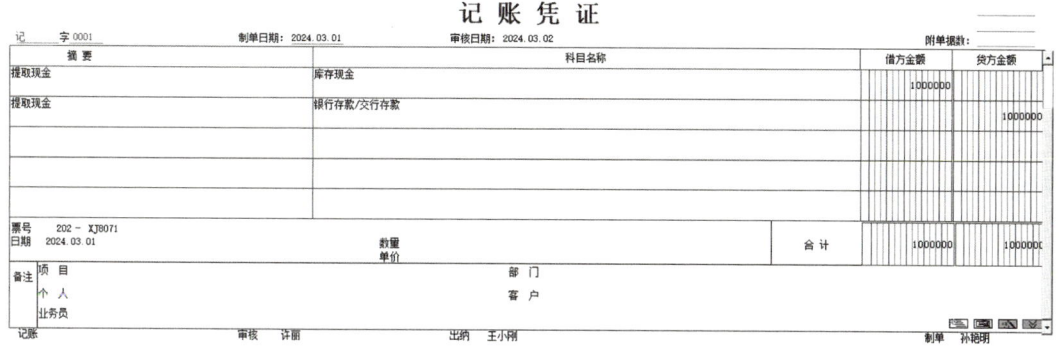

图 4-6 已审核凭证

【业务 2】 3 月 1 日,采购部刘英杰向佛山生科散热科技有限公司签订购买散热器合同,采购散热器数量 3 000 片,单价为 25.00 元,要求到货日期为 3 月 5 日。此业务无记账凭证。

操作指导

以"007 刘英杰"的身份登录企业应用平台,填制并审核采购订单。

(1) 执行"业务工作"—"供应链"—"采购订货"—"采购订单"命令,进入"采购订单"窗口。

(2) 单击"增加"按钮,输入供应商为"佛山生科",存货编码为"101",业务员为"刘英杰",数量为"3 000",原币单价为"25.00",订单日期为"2024-03-01",单击"保存"按钮。

(3) 单击"审核"按钮,如图 4-7 所示,采购订单增加完成。

示例 4.2 签订采购合同

图 4-7 采购订单

【业务3】 3月2日,开出交行转账支票(票号为ZZ9081)缴纳上月城市维护建设税、教育费附加、地方教育附加、个人所得税。

记账凭证分录：

借：应交税费——应交城市维护建设税 700.00
　　　　　　——应交个人所得税 2 750.00
　　　　　　——应交教育费附加 300.00
　　　　　　——应交地方教育附加 200.00
　　贷：银行存款——交行存款 3 950.00

操作指导

1. 填制凭证

以"003 孙艳明"的身份登录企业应用平台。

(1) 执行"业务工作"—"财务会计"—"凭证"—"填制凭证"命令,进入"填制凭证"窗口。

(2) 在"填制凭证"窗口,单击"增加"按钮,输入制单日期为"2024-03-02",摘要为"缴纳上月税费",依次输入科目名称为"应交税费/应交城市维护建设税",借方金额为"700.00",科目名称为"应交税费/应交个人所得税",借方金额为"2 750.00",科目名称为"应交税费/应交教育费附加",借方金额为"300.00",科目名称为"应交税费/应交地方教育附加",借方金额为"200.00",科目名称为"银行存款/交行存款",贷方金额为"3 950.00",进入"辅助项"窗口。

(3) 在"辅助项"窗口中,输入结算方式为"转账支票(201)",票号为"ZZ9081",单击"确定"按钮,进入"现金流量录入修改"窗口。

(4) 在"现金流量录入修改"窗口的"项目编码"处单击"□"按钮,进入"参照"窗口,在左侧"现金流量项目"中,单击"＋"按钮,双击右侧项目编号"06",现金流量项目录入完成。

示例 4.3 缴纳相关税费

(5) 单击"确定"按钮,保存现金流量流入修改信息,单击"保存"按钮,弹出"凭证已成功保存!"提示框,凭证保存成功。

2. 出纳签字

参照【业务 1】,进行出纳签字操作。

3. 审核凭证

参照【业务 1】,进行审核凭证操作。

【业务 4】 3 月 2 日,收到恒通公司投资款 70 000.00 美元,存入中国银行,转账支票票号为 ZZ9082。

记账凭证分录:

借:银行存款——中行存款　　　　　　　　　　　　　　　509 936.00
　　贷:实收资本　　　　　　　　　　　　　　　　　　　　　　　509 936.00

操作指导

1. 填制记账凭证

以"003 孙艳明"的身份登录企业应用平台。

(1) 执行"业务工作"—"财务会计"—"凭证"—"填制凭证"命令,进入"填制凭证"窗口。

(2) 在"填制凭证"窗口,单击"增加"按钮,输入摘要为"收到投资款",科目名称为"银行存款/中行存款",进入"辅助项"窗口。

(3) 在"辅助项"窗口,输入结算方式为"转账支票(201)",票号为"ZZ9082",单击"确定"按钮。

(4) 输入外币为"70 000.00",科目名称为"实收资本",贷方金额为"509 936.00",如图 4-8 所示。

示例 4.4 收到外币投资款

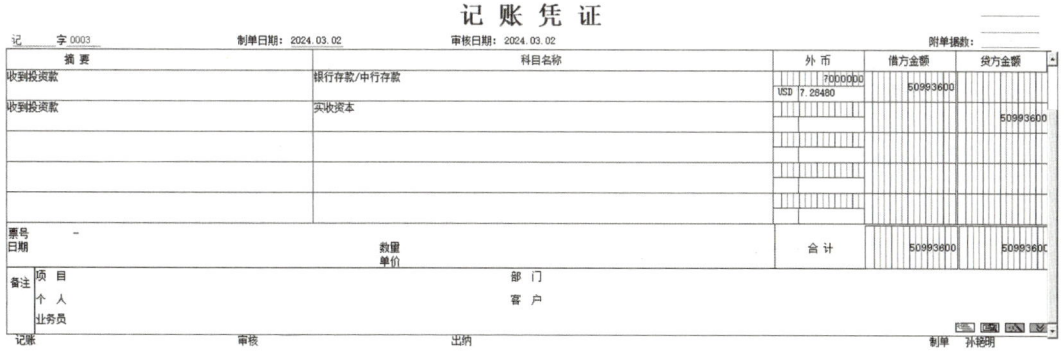

图 4-8　外币投资记账凭证

(5) 单击"保存"按钮,进入"现金流量录入修改"窗口。

(6) 在"现金流量录入修改"窗口的"项目编码"处单击按钮,进入"参照"窗口,在左侧"现金流量项目"中,单击"03 筹资活动",双击右侧项目编号"17",现金流量项目录入完成。

(7) 单击"确定"按钮,保存现金流量流入修改信息,单击"保存"按钮,弹出"凭证已成功保存!"提示框,凭证保存成功。

2. 出纳签字

参照【业务1】,进行出纳签字操作。

3. 审核凭证

参照【业务1】,3月3日进行凭证审核操作。

【业务5】 3月2日,采购部黄焱报销差旅费,火车票两张,票面金额628.00元;开具酒店增值税专用发票一张,注明住宿费金额1 050.00元,税率6%,价税合计1 113.00元;另取得餐馆增值税普通发票两张,注明餐费458.00元;补付黄焱现金199.00元。

记账凭证分录:

```
借:管理费用——差旅费                                          2 136.00
    应交税费——应交增值税——进项税额                               63.00
  贷:其他应收款——应收个人款                                     2 000.00
      库存现金                                                    199.00
```

操作指导

示例4.5
员工报销差旅费

1. 填制记账凭证

以"003孙艳明"的身份登录企业应用平台。

(1) 执行"业务工作"—"财务会计"—"凭证"—"填制凭证"命令,进入"填制凭证"窗口。

(2) 在"填制凭证"窗口,单击"增加"按钮,输入摘要为"员工报销差旅费",输入科目名称为"管理费用/差旅费",进入"辅助项"窗口。

(3) 在"辅助项"窗口,输入采购部,单击"确定"按钮后返回"记账凭证"窗口。

(4) 在"记账凭证"窗口,输入借方金额为"2 136.00",第二行科目名称为"应交税费/应交增值税/进项税额",借方金额为"63.00",第三行科目名称为"其他应收款/应收个人款",进入"辅助项"窗口,输入部门为"采购部",个人为"黄焱",如图4-9所示。

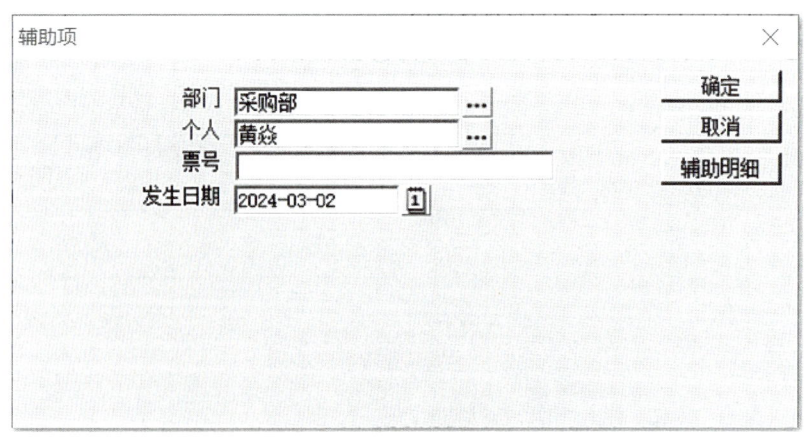

图4-9 部门辅助项

(5) 单击"确定"按钮,返回"记账凭证"窗口,输入贷方金额为"2 000.00"。

(6) 输入第四行科目名称为"1001",贷方金额为"199.00"。

(7) 单击"保存"按钮，进入"现金流量录入修改"窗口，在"项目编码"处单击 按钮，进入"参照"窗口，在左侧"现金流量项目"中，单击"01 经营活动"，双击右侧项目编号"07"，现金流量项目录入完成，如图 4-10 所示。

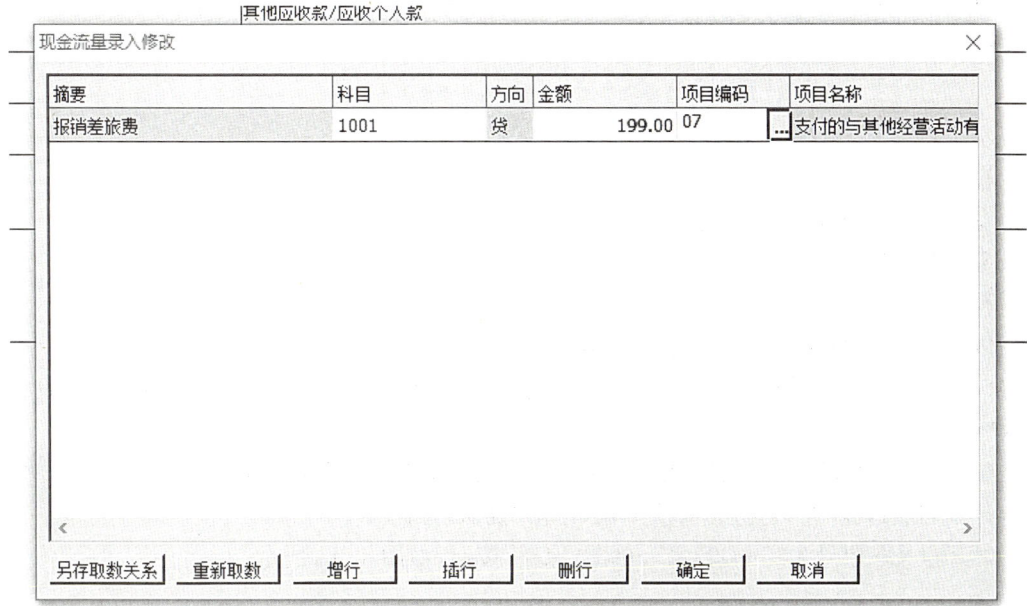

图 4-10　现金流量录入修改

(8) 单击"确定"按钮，退出"现金流量录入修改"窗口。
(9) 单击"保存"按钮，弹出"凭证已成功保存！"提示框，凭证保存成功。

2. 出纳签字
参照【业务 1】，进行出纳签字操作。

3. 审核凭证
参照【业务 1】，进行凭证审核操作。

【业务 6】　3 月 3 日，总经理办公室客户招待费用 1638.50 元，取得增值税专用发票一张，开出转账支票（票号为 ZZ9083）付款。

记账凭证分录：

 借：管理费用——业务招待费　　　　　　　　　　　　　　　　　　1 450.00
   应交税费——应交增值税——进项税额　　　　　　　　　　　188.50
 贷：银行存款——交行存款　　　　　　　　　　　　　　　　　　　1 638.50

操作指导

1. 填制记账凭证
参照【业务 1】，进行填制记账凭证操作。

2. 出纳签字
参照【业务 1】，进行出纳签字操作。

示例 4.6
支付客户招待费

3. 审核凭证

参照【业务1】,进行凭证审核操作。

【业务7】 3月4日,采购部黄焱向东莞安淮塑料制品公司购买塑料制品12000箱,原币单价为50.00元,要求到货日期为3月7日,收到增值税专用发票一张(票号为50032241)。此业务无记账凭证。

示例4.7 采购并收到发票

操作指导

1. 填制与审核采购订单

参照【业务2】,填制采购订单。
参照【业务2】,审核采购订单。

2. 填制采购发票

以"003孙艳明"的身份登录企业应用平台。

(1) 执行"业务工作"—"供应链"—"采购管理"—"采购发票"—"专用采购发票"命令,进入"专用发票"窗口。

(2) 单击"增加"按钮,在"生单"下拉框中选择"采购订单"页签,进入"查询条件选择—采购订单列表过滤"窗口,选择对应单据,单击"确认"按钮。

(3) 输入发票号为"50032241",单击"保存"按钮,如图4-11所示。

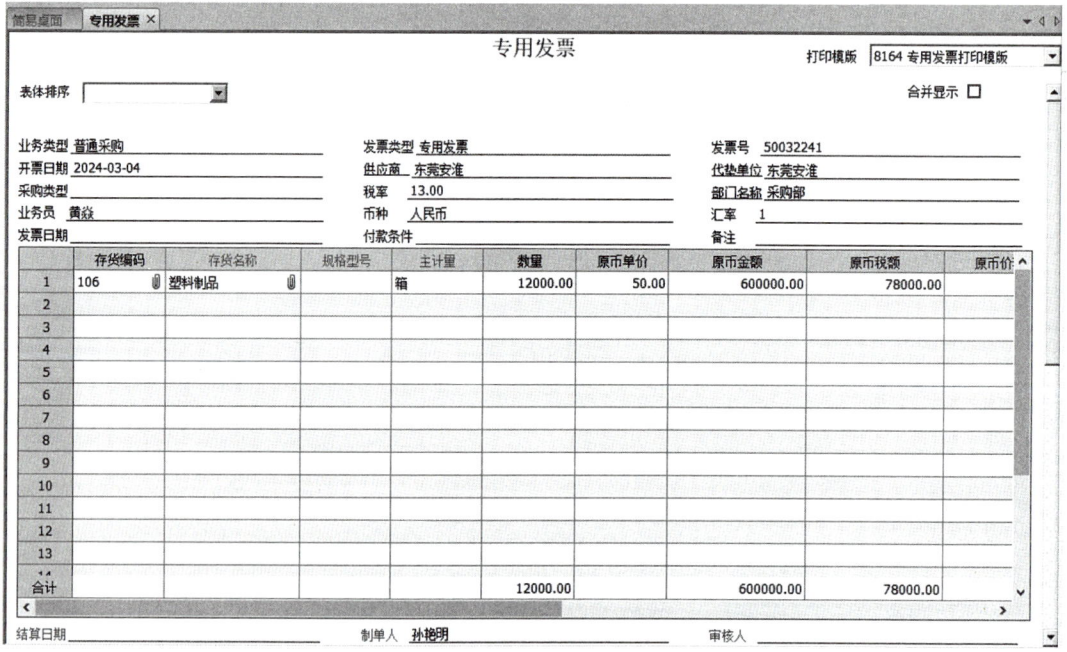

图4-11 增值税专用发票

【业务8】 3月5日,收到向佛山生科散热科技有限公司采购的3000片散热器,仓库已验收入原材料仓(到货单号为992021,入库单号为613670)。此业务无记账凭证。

操作指导

1. 填制与审核到货单

以"007 刘英杰"的身份登录企业应用平台。

（1）执行"业务工作"—"供应链"—"采购管理"—"采购到货"—"到货单"命令，进入"到货单"窗口，单击"增加"按钮。

（2）在"生单"下拉框中选择"采购订单"页签，进入"查询条件选择—采购订单列表过滤"窗口，双击选择对应单据，如图4-12所示。

示例4.8 采购入库

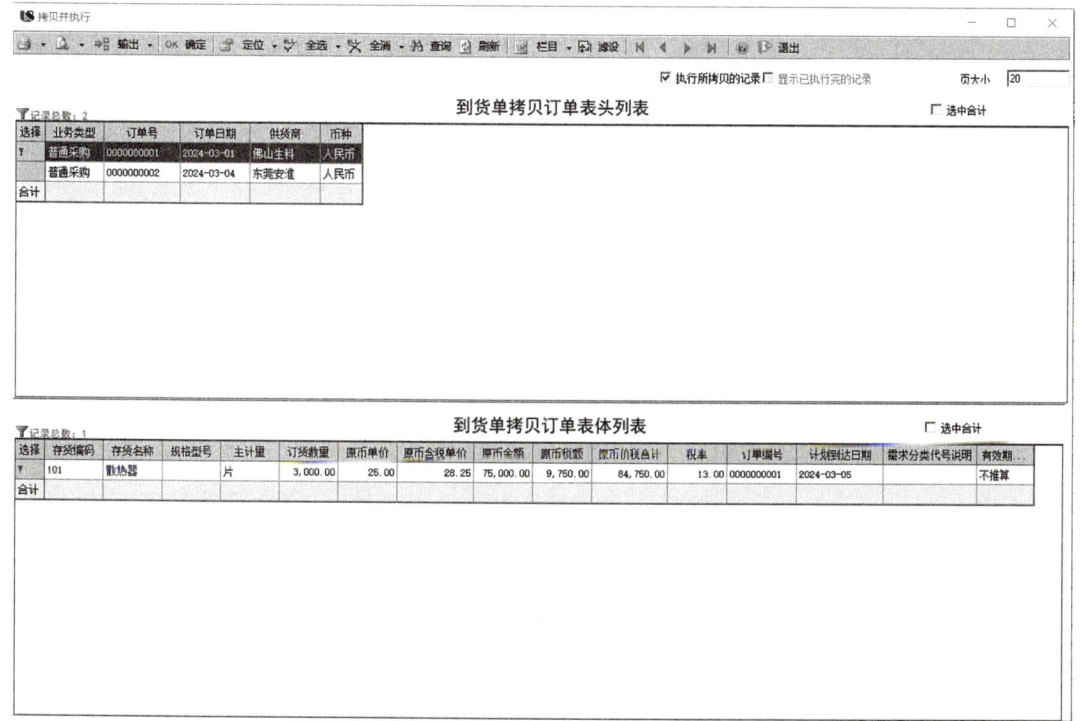

图4-12 到货单生单

（3）单击"确认"按钮，将采购订单信息代入到货单，输入单据号为"992021"，如图4-13所示，单击"保存"按钮。

（4）单击"审核"按钮，完成到货单审核。

2. 填制与审核入库单

以"007 刘英杰"的身份登录企业应用平台。

（1）执行"业务工作"—"供应链"—"库存管理"—"入库业务"—"采购入库单"命令，进入"采购入库单"窗口。

（2）在"生单"下拉框中选择"采购到货单（蓝字）"页签，进入"查询条件选择—采购到货单生单列表"窗口，双击选择对应单据，如图4-14所示。单击"确定"按钮，生成到货单。

（3）输入入库单号为"613670"，仓库为"原材料仓"，单击"保存"按钮。

（4）单击"审核"按钮，弹出"该单据审核成功！"提示框，单击"确定"按钮，完成审核入库单。

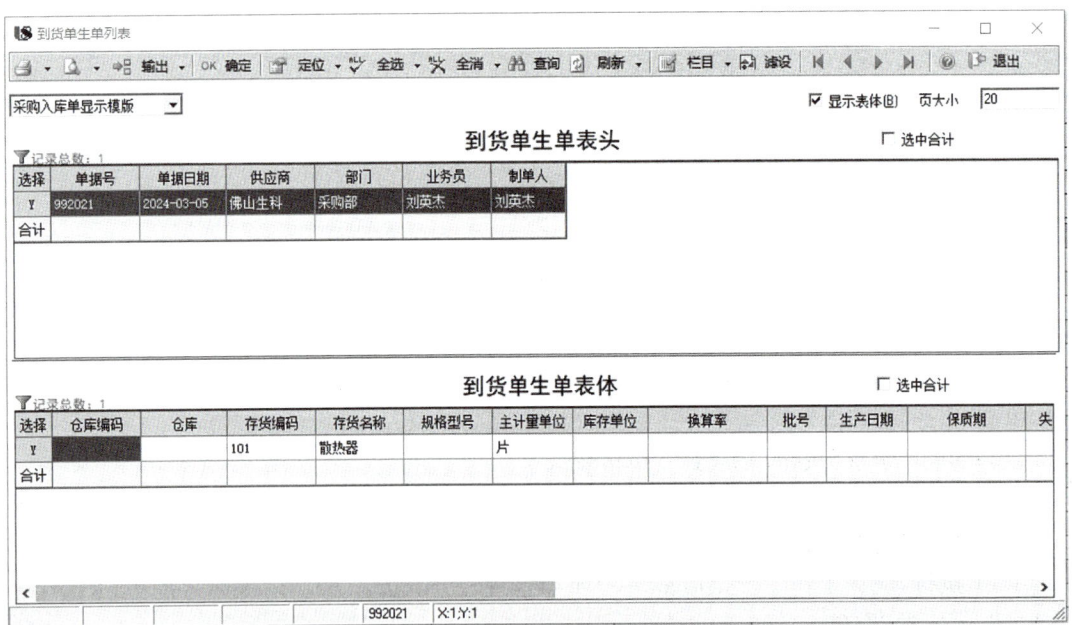

图 4-13 到货单

图 4-14 到货单生单列表

【业务9】 3月5日,销售一部张强向科鑫商贸出售无叶风扇40台,无税单价为400.00元/台,出售落地扇60台,无税单价510.00元,货物已从产成品仓发出(出库单号为223382),财务部孙艳明根据上述两张发货单开具专用发票(发票号为81123341)一张,确认销售收入并结转销售成本(无叶风扇发货单号为000002,落地扇发货单号为000003)。

记账凭证分录：

借：应收账款——科鑫商贸　　　　　　　　　　　　　　　　　　52 658.00
　　贷：主营业务收入——无叶风扇　　　　　　　　　　　　　　16 000.00
　　　　主营业务收入——落地扇　　　　　　　　　　　　　　　30 600.00
　　　　应交税费——应交增值税——销项税额　　　　　　　　　 6 058.00

借：主营业务成本——落地扇　　　　　　　　　　　　　　　　　24 960.00
　　主营业务成本——无叶风扇　　　　　　　　　　　　　　　　13 000.00
　　贷：库存商品——落地扇　　　　　　　　　　　　　　　　　24 960.00
　　　　库存商品——无叶风扇　　　　　　　　　　　　　　　　13 000.00

操作指导

1. 填制与审核销售发货单

以"005 张强"的身份登录企业应用平台。

(1) 执行"业务工作"—"供应链"—"销售管理"—"销售发货"—"发货单"命令,进入"发货单"窗口。

(2) 单击"增加"按钮,进入"查询条件选择—参照订单"窗口,单击"取消"按钮,进入"发货单"窗口。

(3) 输入发货单号"000002",销售类型为"正常销售",客户简称为"科鑫商贸",修改业务员为"张强",输入仓库名称为"2 产成品仓",存货编码为"203",数量为"40",无税单价为"400.00",单击"保存"按钮。

(4) 单击"审核"按钮,完成审核销售发货单,返回"发货单"窗口。

(5) 在"发货单"窗口,单击"增加"按钮,进入"查询条件选择—参照订单"窗口,单击"取消"按钮,进入"发货单"窗口。

(6) 输入发货单号"000003",销售类型为"正常销售",客户简称为"科鑫商贸",修改业务员为"张强",输入仓库名称为"2 产成品仓",存货编码为"201",数量为"60",无税单价为"510.00",单击"保存"按钮。

(7) 单击"审核"按钮,完成审核销售发货单。

2. 填制与审核销售出库单

以"008 张新"的身份登录企业应用平台。

(1) 执行"业务工作"—"供应链"—"库存管理"—"出库业务"—"销售出库单"命令,进入"销售出库单"窗口。

(2) 单击"生单"按钮,进入"销售发货单生单列表"窗口,单击"确定"按钮,进入"销售生单"窗口,如图 4-15 所示。

(3) 双击选择需要的两张销售发货单。

(4) 单击"确定"按钮,生成销售出库单,输入出库单号为"223382",单击"保存"按钮。

(5) 单击"审核"按钮,弹出"该单据审核成功!"提示框,完成审核销售出库单。

示例 4.9 销售两款产品开列同张发票

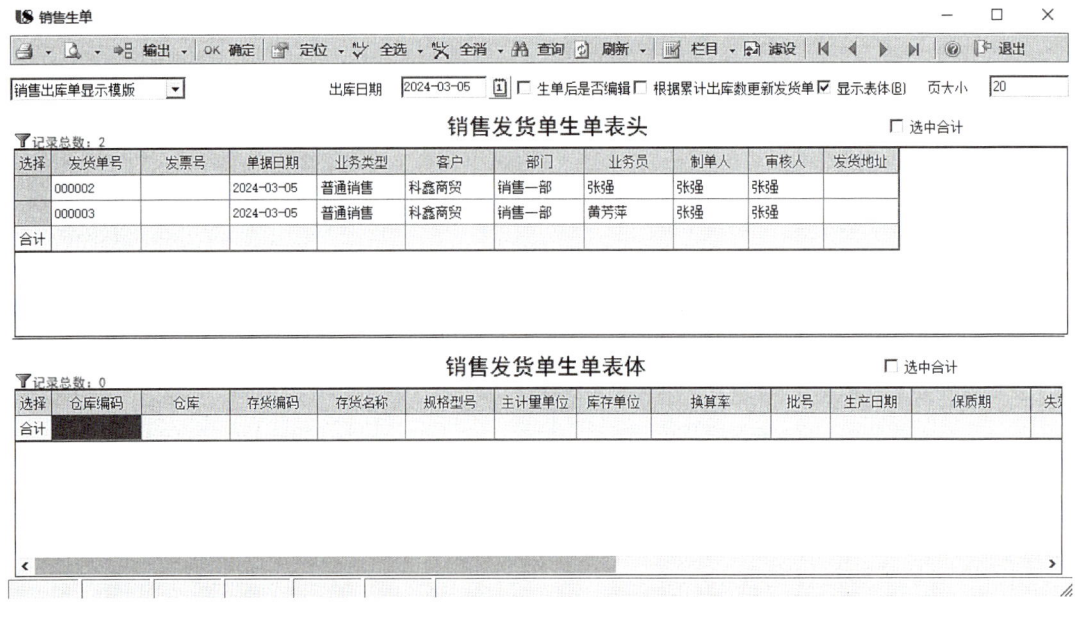

图 4-15 发货单生单列表

3. 填制并复核销售发票

以"003 孙艳明"的身份登录企业应用平台。

(1) 执行"业务工作"—"供应链"—"销售管理"—"销售开票"—"销售专用发票"命令,进入"销售专用发票"窗口。

(2) 单击"增加"按钮,进入"查询条件选择—发票参照发货单"窗口,单击"确定"按钮,进入"参照生单"窗口,如图 4-16 所示。

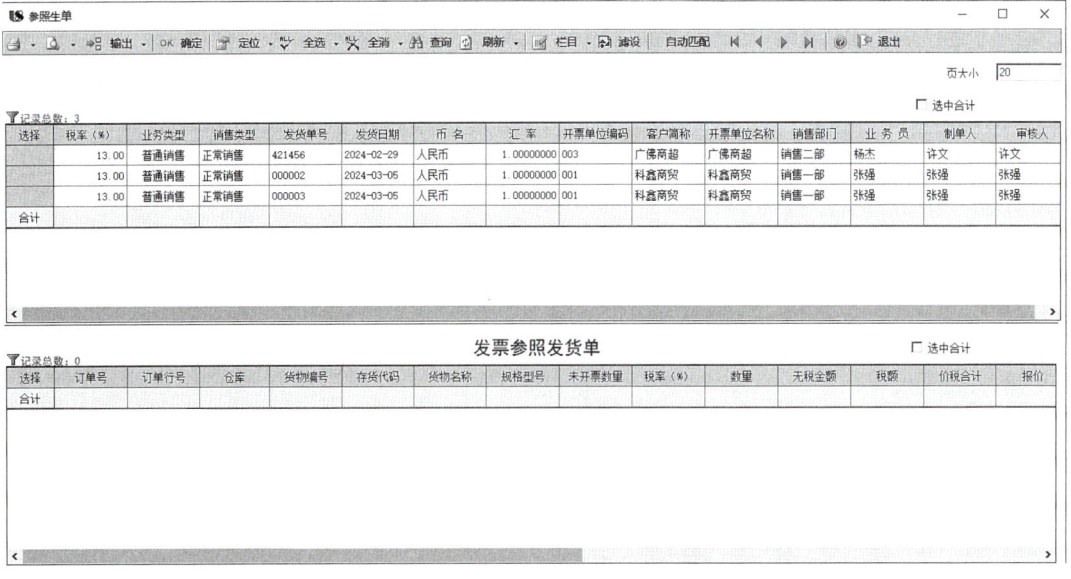

图 4-16 参照发货单生成发票

(3) 双击选择要开票的发货单,单击"确定"按钮,确保已将两张发货单的信息汇总反映在增值税专用发票上。

(4) 在已生成的增值税专用发票中,输入发票号为"81123341",单击"保存"按钮。

(5) 单击"复核"按钮,完成此次专用发票开票。

4. 审核发票

以"001 张伟"的身份登录企业应用平台。

(1) 执行"业务工作"—"财务会计"—"应收款管理"—"应收单据审核"命令,进入"应收单查询条件"窗口。

(2) 单击"确定"按钮,进入"应收单据列表"窗口,选择需要审核的发票信息,单击"审核"按钮,弹击"提示"对话框,如图 4-17 所示。

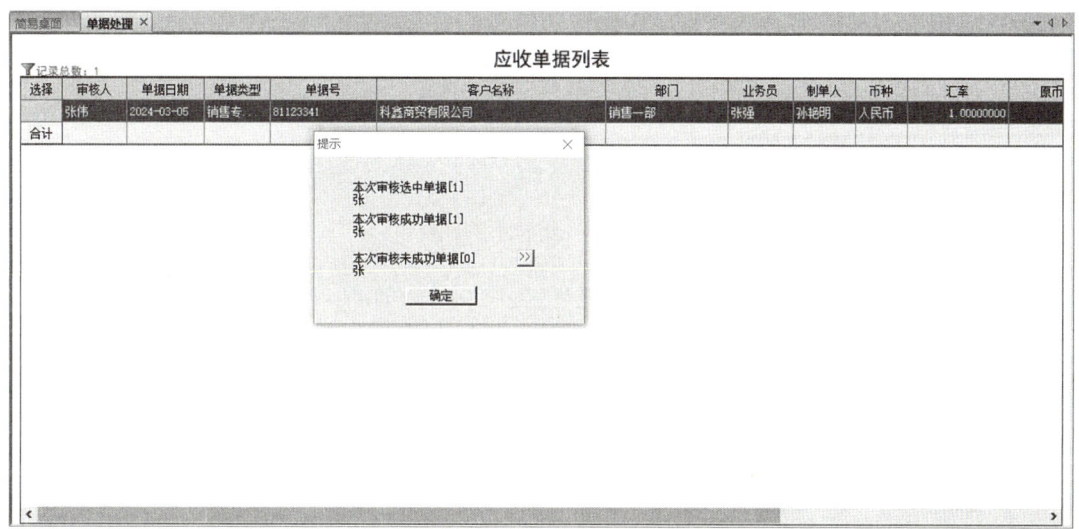

图 4-17 已审核销售专用发票

(3) 单击"确定"按钮,完成销售专用发票审核。

5. 确认销售收入

以"003 孙艳明"的身份登录企业应用平台。

(1) 执行"业务工作"—"财务会计"—"应收款管理"—"制单处理"命令,进入"制单查询"窗口,单击"确认"按钮,进入"销售发票制单"窗口,如图 4-18 所示。

(2) 在"销售发票制单"窗口,单击"制单"按钮。

(3) 在已生成的"记账凭证"窗口,单击第二行科目,将鼠标放在凭证左下角"备注"表格"项目"处,当出现" "状态,双击"项目"栏,进入"辅助项"窗口。

(4) 在"辅助项"窗口,输入项目名称为"无叶风扇",修改金额为"16 000.00",单击"确定"按钮。

(5) 单击"插分"按钮,输入第三行科目为"主营业务收入(6001)",参照上述操作,进入"辅助项"窗口。

(6) 在"辅助项"窗口中,输入项目名称为"落地扇",单击"确定"按钮,输入金额为"30 600.00"。

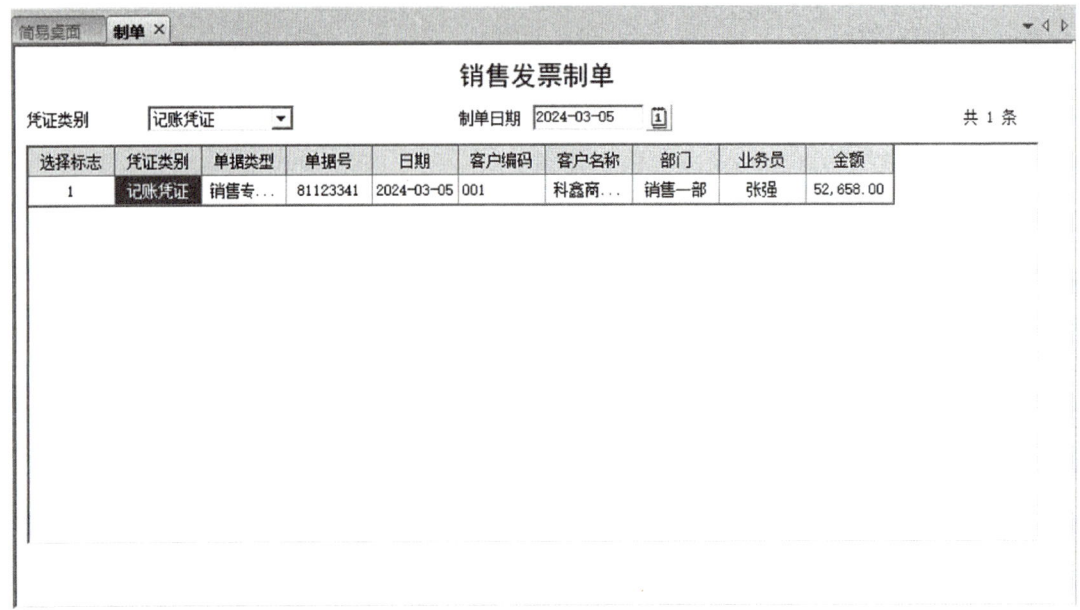

图 4-18 销售发票制单

(7) 单击"保存"按钮,凭证左上角出现"已生成"字样,如图 4-19 所示。

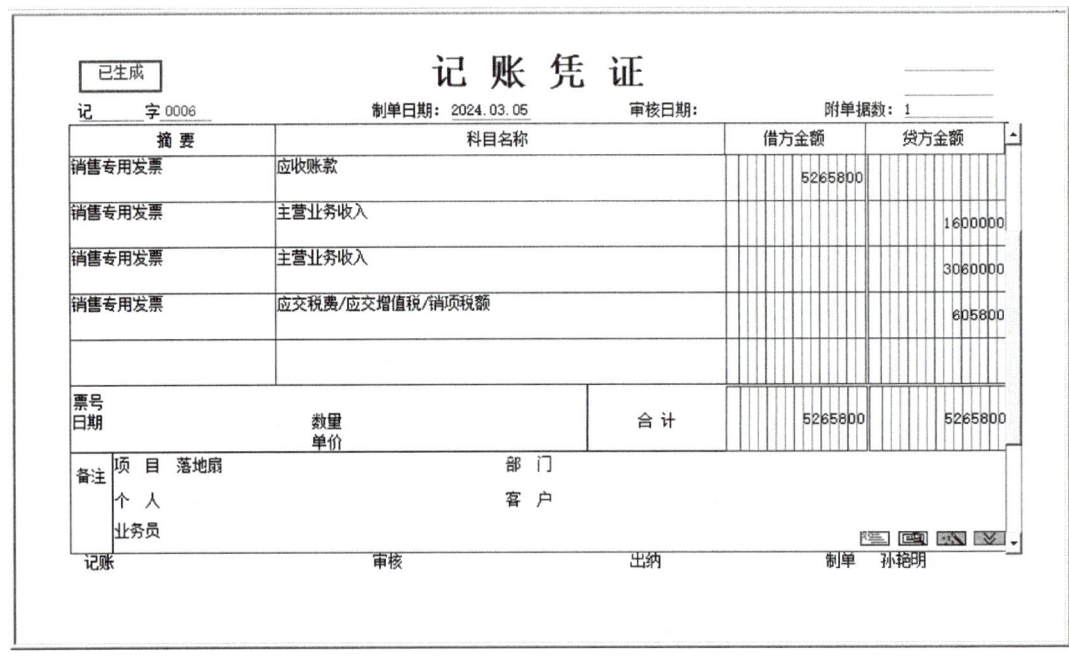

图 4-19 已生成的记账凭证

6. 结转已售产品成本

以"003 孙艳明"的身份登录企业应用平台。

(1) 执行"业务工作"—"供应链"—"存货核算"—"业务核算"—"正常单据记账"命令,

进入"查询条件选择"窗口。

（2）单击"确定"按钮，进入"正常单据记账列表"窗口，双击选择要记账的单据，如图4-20所示。

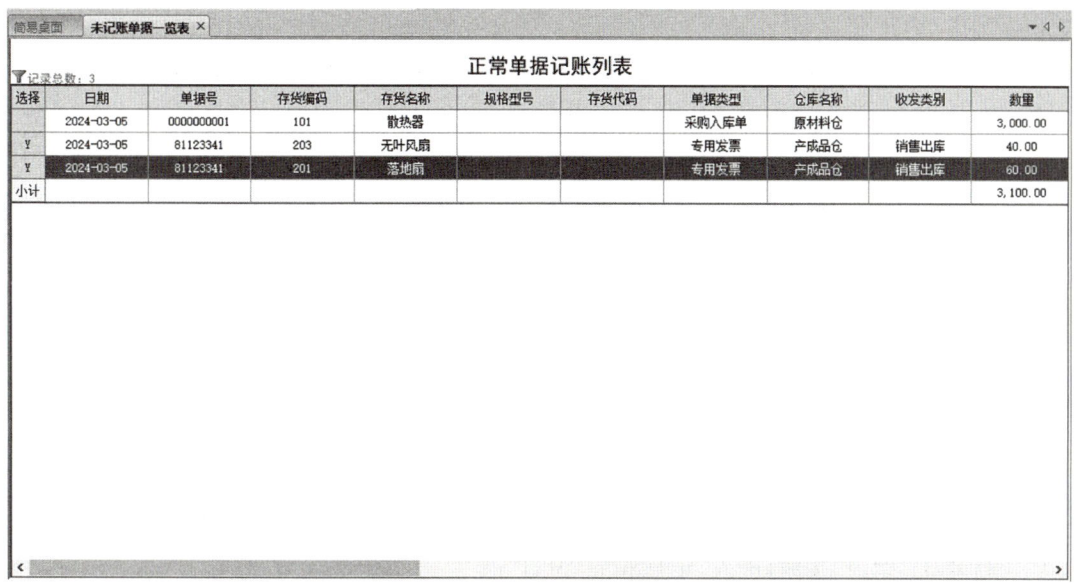

图4-20　正常单据记账列表

（3）单击"记账"按钮，弹出"记账成功"提示框，单击"确定"按钮，退出"正常单据记账列表"窗口。

（4）执行"存货核算"—"财务核算"—"生成凭证"命令，进入"生成凭证"窗口。

（5）单击"选择"按钮，进入"查询条件"窗口。

（6）在"选择单据"窗口，单击"确定"按钮，进入"未生成凭证单据一览表"窗口，如图4-21所示。

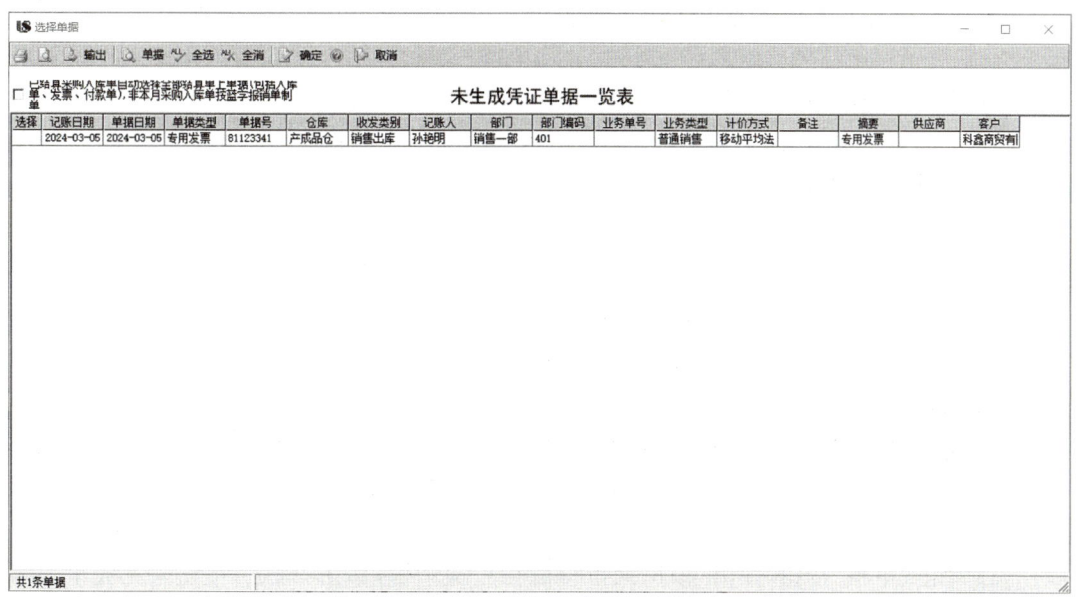

图4-21　未生成凭证单据一览表

(7) 选择要制单的记录,单击"确定"按钮,进入"生成凭证"窗口,如图 4-22 所示。

选择	单据类型	单据号	摘要	科目类型	科目编码	科目名称	借方金额	贷方金额	借方数量	贷方数量	科目方向	存货编码	存货名称	存货代码	规格型号	部门编码	部门名称	业务
1	专用发票	81123341	专用发票	对方	6401	主营业	13 000.00		40.00		1	203	无叶风扇			401	销售一部	401
				存货	140503	无叶风扇		13 000.00		40.00	2	203	无叶风扇			401	销售一部	401
				对方	6401	主营业	24 960.00		60.00		1	201	落地扇			401	销售一部	401
				存货	140501	落地扇		24 960.00		60.00	2	201	落地扇			401	销售一部	401
合计							37 960.00	37 960.00										

图 4-22 生成凭证

(8) 单击"生成"按钮,进入"记账凭证"窗口。

(9) 单击第一行科目,将鼠标放在凭证左下角"备注"表格"项目"处,当出现" "状态,双击"项目"栏,进入"辅助项"窗口。

(10) 在"辅助项"窗口中,输入项目名称为"落地扇",单击"确定"按钮,输入金额为"24 960.00"。

(11) 单击"插分"按钮,输入第二行科目为"主营业务成本(6401)",进入"辅助项"窗口。

(12) 在"辅助项"窗口,输入项目名称为"无叶风扇",单击"确定"按钮,输入金额为"13 000.00",凭证左上角出现"已生成"字样。

7. 审核记账凭证

参照【业务1】,3月6日进行审核凭证操作。

【业务10】 3月6日,仓库反映3月5日入库的佛山生科的500片散热器规格不符,要求退回给供应商(入库单号为000002)。此业务无记账凭证分录。

操作指导

示例 4.10
未结算产生
退货

以"008 张新"的身份登录企业应用平台,填制与审核红字采购入库单。

(1) 执行"业务工作"—"供应链"—"库存管理"—"入库业务"—"采购入库单"命令,进入"采购入库单"窗口。

(2) 单击"增加"按钮,选择窗口右上角"红字"选项,输入入库单号为"000002",仓库为"原材料仓",供货单位为"佛山生科",存货编码为"101",数量为"-500",单击"保存"按钮,如图 4-23 所示。

(3) 单击"审核"按钮,弹出"该单据审核成功!"提示框,单击"确定"按钮。完成审核采购入库单后退出"采购入库单"窗口。

图 4-23　红字采购入库单

【业务 11】　3 月 6 日,总经理办公室购买 HP 笔记本电脑一台,不含税金额 6 000.00 元,取得增值税专用发票一张,开出交行转账支票(转账支票号为 ZZ9084)付款,该笔记本电脑预计使用年限为 5 年,净残值率 2%。

记账凭证分录：

借：固定资产——笔记本电脑　　　　　　　　　　　　　　　6 000.00
　　应交税费——应交增值税——进项税额　　　　　　　　　　780.00
　　贷：银行存款——交行存款　　　　　　　　　　　　　　　6 780.00

操作指导

1. 录入固定资产卡片

以"003 孙艳明"的身份登录企业应用平台。

(1) 执行"业务工作"—"财务会计"—"固定资产"—"卡片"—"资产增加"命令,进入"固定资产类别档案"窗口。

(2) 双击右侧资产类别编码为"012"的资产信息,进入"固定资产卡片"窗口。

(3) 修改固定资产名称为"HP 笔记本电脑",输入增加方式为"直接购入",使用状况为"在用",使用部门为"总经办",使用年限(月)为"60",净残值率为"2%",原值为"6 000.00",增值税为"780.00",如图 4-24 所示。

示例 4.11
采购不需安装的固定资产

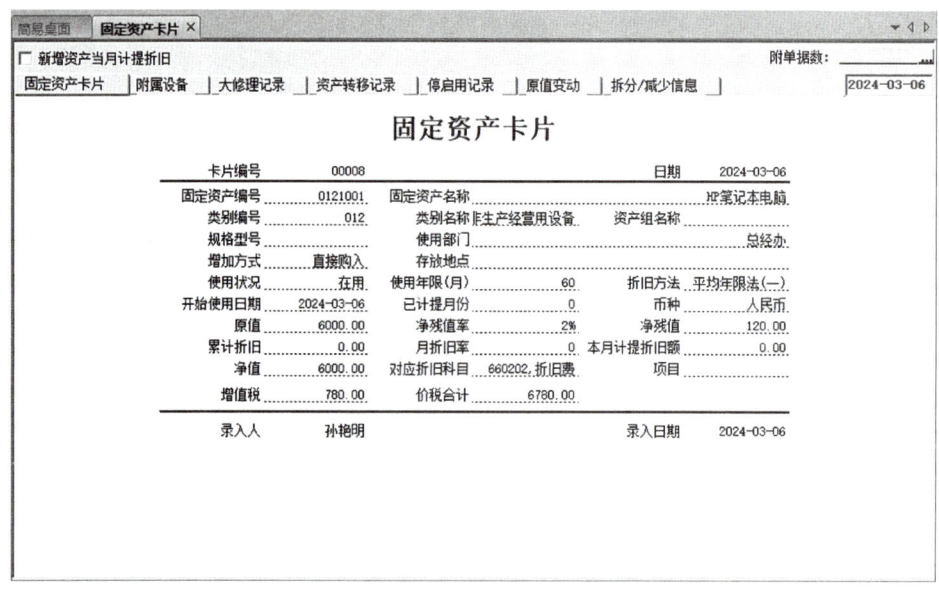

图 4-24 新增固定资产卡片

(4) 单击"保存"按钮,进入"记账凭证"界面,弹出"数据成功保存!"提示框。

(5) 单击"确定"按钮,补充凭证字号,输入银行存款的辅助项目,输入结算方式为"转账支票(201)",票号为"ZZ9084",发生日期为"2024-03-06",单击"确定"按钮。

(6) 单击"保存"按钮,进入"现金流量录入修改"窗口,输入项目编码为"13"。

(7) 单击"确定"按钮,凭证左上角出现"已生成"字样。

2. 出纳签字

参照【业务1】,进行出纳签字。

3. 审核凭证

参照【业务1】,3月7日进行审核凭证操作。

【业务12】 3月7日,向东莞安淮塑料制品公司购买的塑料制品已到货(到货单号为992022),仓库已验收入库,抵减预付款后余款已支付,支付方式为电汇(付款单号为778801)。

记账凭证分录:

借:在途物资　　　　　　　　　　　　　　　　　　　　　　　600 000.00
　　应交税费——应交增值税——进项税额　　　　　　　　 78 000.00
　　贷:应付账款——应付货款　　　　　　　　　　　　　　678 000.00

借:应付账款——应付货款　　　　　　　　　　　　　　　　386 000.00
　　贷:预付账款　　　　　　　　　　　　　　　　　　　　386 000.00

借:应付账款——应付货款　　　　　　　　　　　　　　　　292 000.00
　　贷:银行存款——交行存款　　　　　　　　　　　　　　292 000.00

借:原材料——塑料制品　　　　　　　　　　　　　　　　　600 000.00
　　贷:在途物资　　　　　　　　　　　　　　　　　　　　600 000.00

操作指导

1. 材料到货,填制与审核到货单

参照【业务 8】,进行填制与审核到货单。

2. 材料验收入库,填制入库单

参照【业务 8】,进行采购入库单填制与审核。

示例 4.12
预付款抵付
采购款

3. 采购结算

以"003 孙艳明"的身份登录企业应用平台。

(1) 执行"业务工作"—"供应链"—"采购管理"—"采购结算"—"手工结算"命令,进入"手工结算"窗口。

(2) 单击"选单"按钮,进入"结算选发票列表"窗口。

(3) 单击"查询"按钮,进入"查询条件选择—采购手工结算"窗口,单击"确定"按钮,进入"结算选单"窗口,同时勾选"结算选发票列表"与"结算选入库单列表"单据,如图 4-25 所示。

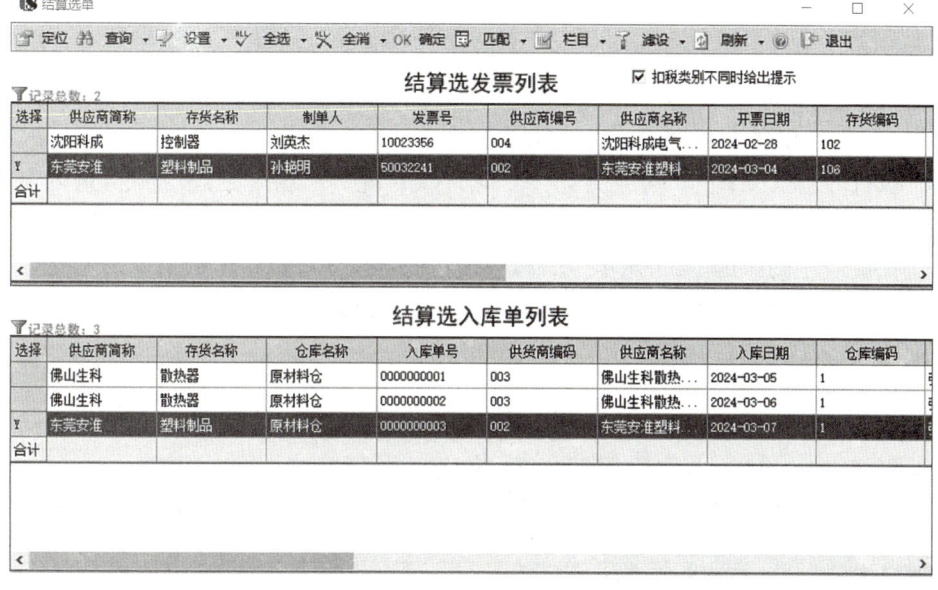

图 4-25 采购结算选单

(4) 单击"确定"按钮,进入"结算汇总"窗口,如图 4-26 所示。

(5) 单击"结算"按钮,弹出"完成结算!"提示框,单击"确定"按钮,完成采购结算。

4. 发票审核

以"001 张伟"的身份登录企业应用平台。

(1) 执行"业务工作"—"财务会计"—"应付款管理"—"应付单据处理"—"应付单据审核"命令,进入"应付单查询条件"窗口。

(2) 单击"确定"按钮,进入"应付单据列表"窗口。双击选择单据栏,单击"审核"按钮,弹出"提示"对话框。

(3) 单击"确定"按钮,完成增值税专用发票审核。

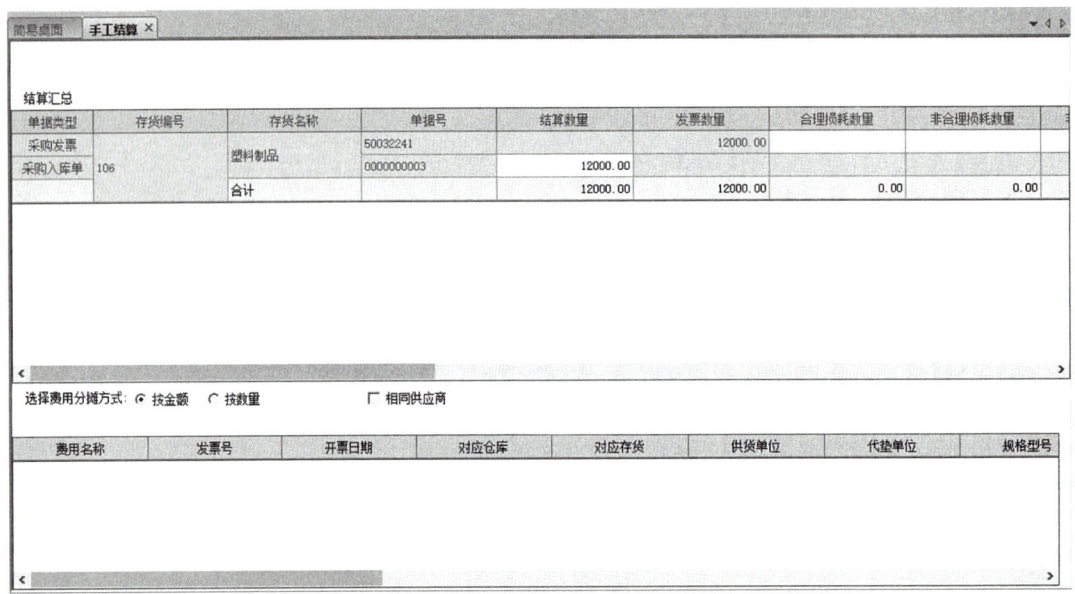

图 4-26 结算汇总

5. 材料采购成本结算

以"003 孙艳明"的身份登录企业应用平台。

(1) 执行"业务工作"—"财务会计"—"应付款管理"—"制单处理"命令,进入"制单查询"窗口。

(2) 在窗口左侧勾选"发票制单"项目,单击"确定"按钮,进入"采购发票制单"窗口。

(3) 选择需要制单的单据,单击"制单"按钮,生成记账凭证,如图 4-27 所示。

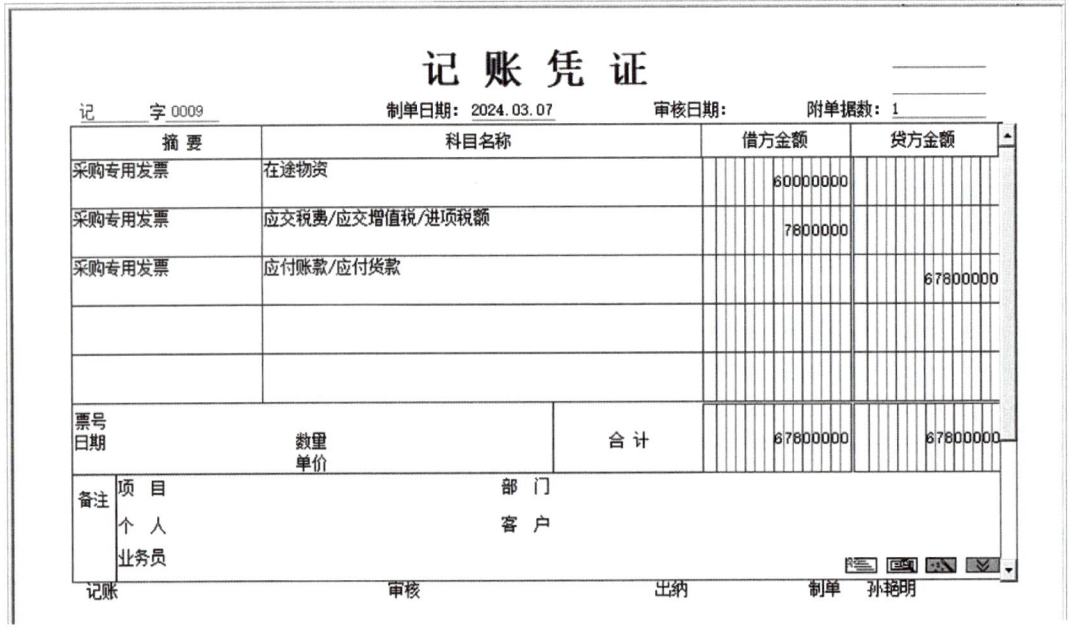

图 4-27 生成记账凭证

（4）单击"保存"按钮，记账凭证左上角出现"已生成"字样。

6. 预付冲应付

以"003 孙艳明"的身份登录企业应用平台。

（1）执行"业务工作"—"财务会计"—"应付款管理"—"转账"—"预付冲应付"命令，进入"预付冲应付"窗口。

（2）在"预付款"页签，输入供应商为"002 东莞安淮塑料制品公司"，单击"过滤"按钮，系统列出该客户的付款单信息，如图 4-28 所示。

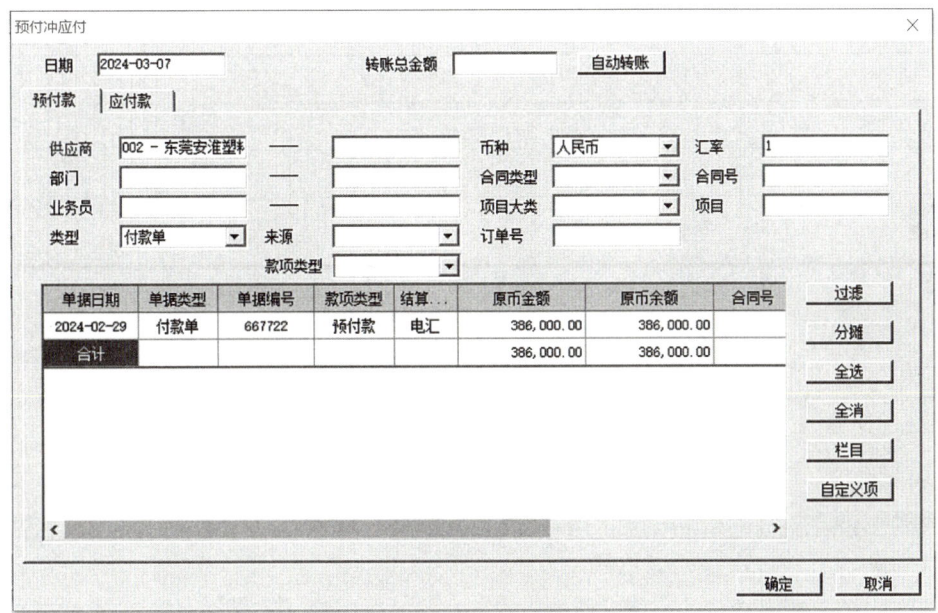

图 4-28 预付冲应付

（3）在"预付款"页签，输入转账金额为"386 000.00"。

（4）打开"应付款"页签，单击"过滤"按钮，在相应的单据上，输入转账金额为"386 000.00"。

（5）单击"确定"按钮，系统弹出"是否立即制单？"提示框。单击"是"按钮，生成记账凭证。

（6）单击"保存"按钮，记账凭证左上角出现"已生成"字样，如图 4-29 所示。

7. 支付余款

以"003 孙艳明"的身份登录企业应用平台。

（1）执行"业务工作"—"财务会计"—"应付款管理"—"付款单据处理"—"付款单据录入"命令，进入"收付款录入"窗口。

（2）单击"增加"按钮，输入单据编号为"778801"，供应商为"东莞安淮"，结算方式为"电汇"，金额为"292 000.00"，如图 4-30 所示。

（3）单击"保存"按钮，退出"付款单"窗口。

8. 审核付款单

以"001 张伟"的身份登录企业应用平台。

（1）执行"业务工作"—"财务会计"—"应付款管理"—"付款单据处理"—"付款单据审

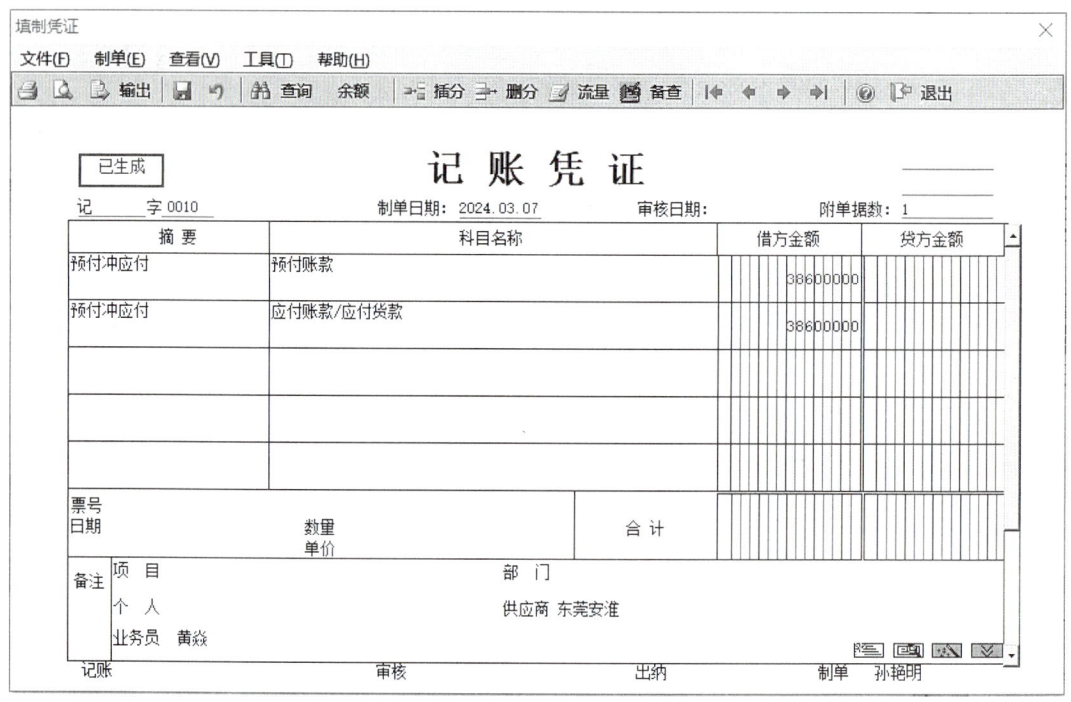

图 4-29 生成记账凭证

图 4-30 付款单

核"命令,进入"付款单查询条件"窗口。

(2) 在"付款单查询条件"窗口,单击"确定"按钮,进入"收付款单列表"窗口。

(3) 选择需要审核的单据,单击"审核"按钮,弹出"提示"提示框,单击"确定"按钮,完成审核付款单。

9. 制单处理

以“003 孙艳明”的身份登录企业应用平台。

(1) 执行“业务工作”—“财务会计”—“应付款管理”—“制单处理”命令，进入“制单查询”窗口。

(2) 勾选“收付款单制单”项目，单击“确定”按钮，进入“收付款单制单”窗口。

(3) 选择需要制单的信息，单击“制单”按钮，生成记账凭证。

(4) 单击“保存”按钮，进入“现金流量录入修改”窗口，输入项目编码为“04”，单击“确定”按钮。

(5) 单击“保存”按钮，凭证左上角出现“已生成”字样。

10. 单据记账并生成入库凭证

以“003 孙艳明”的身份登录企业应用平台。

(1) 执行“业务工作”—“供应链”—“存货核算”—“业务核算”—“正常单据记账”命令，进入“查询条件选择”窗口。

(2) 单击“确定”按钮，进入“正常单据记账列表”窗口，双击选择要记账的单据，如图 4-31 所示。

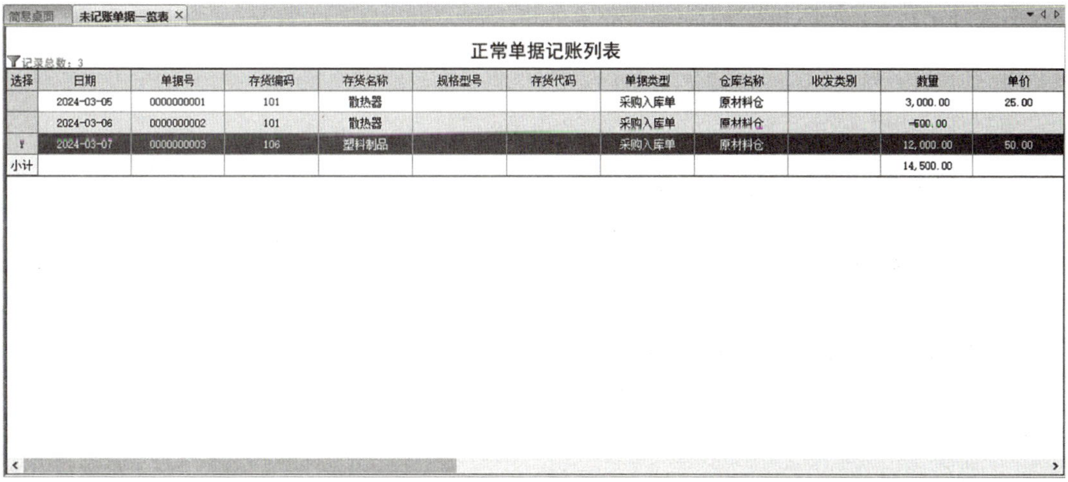

选择	日期	单据号	存货编码	存货名称	规格型号	存货代码	单据类型	仓库名称	收发类别	数量	单价
	2024-03-05	0000000001	101	散热器			采购入库单	原材料仓		3,000.00	25.00
	2024-03-06	0000000002	101	散热器			采购入库单	原材料仓		-500.00	
Y	2024-03-07	0000000003	106	塑料制品			采购入库单	原材料仓		12,000.00	50.00
小计										14,500.00	

图 4-31 正常单据记账列表

(3) 单击“记账”按钮，弹出“记账成功”提示框，单击“确定”按钮，退出“正常单据记账列表”窗口。

(4) 执行“存货核算”—“财务核算”—“生成凭证”命令，进入“生成凭证”窗口。

(5) 单击“选择”按钮，进入“查询条件”窗口，单击“确定”按钮，进入“未生成凭证单据一览表”窗口。

(6) 选择要制单的记录，单击“确定”按钮，进入“生成凭证”窗口。

(7) 补充对方科目为“在途物资(1402)”，单击“生成”按钮，进入“填制凭证”窗口。

(8) 单击“保存”按钮，凭证左上角出现“已生成”字样。

11. 核销处理

以"003 孙艳明"的身份登录企业应用平台。

（1）执行"业务工作"—"财务会计"—"应付款管理"—"核销处理"—"手工核销"命令，进入"核销条件"窗口。

（2）在"核销条件"窗口，输入供应商为"东莞安淮"，单击"确定"按钮，进入"单据核销"窗口。

（3）在"单据核销"窗口，输入本次结算为"292 000"，如图 4-32 所示。

图 4-32　单据核销

（4）单击"保存"按钮，完成单据核销。

12. 出纳签字

参照【业务1】，进行出纳签字操作。

13. 审核凭证

参照【业务1】，3月8日进行审核凭证操作。

【业务13】　3月8日，向交行申请借入3年期长期借款 1 500 000.00 元，借款已打入公司存款账户。

记账凭证分录：

借：银行存款——交行存款　　　　　　　　　　　　　　　　　　　　1 500 000.00
　　贷：长期借款　　　　　　　　　　　　　　　　　　　　　　　　　1 500 000.00

操作指导

1. 填制凭证

参照【业务1】，进行填制凭证操作。

2. 出纳签字

参照【业务1】，进行出纳签字操作。

3. 审核凭证

参照【业务1】，3月9日进行凭证审核操作。

示例 4.13
公司借入长期借款

【业务14】 3月8日,收到佛山生科散热科技有限公司开具的专用发票一张(发票号为20537216),立即以转账支票(转账支票号为ZZ9085)的形式支付货款。

记账凭证分录:

借:在途物资——散热器　　　　　　　　　　　　　　　　　　　62 500.00
　　　应交税额——应交增值税——进项税额　　　　　　　　　　 8 125.00
　　贷:银行存款——交行存款　　　　　　　　　　　　　　　　　70 625.00

借:原材料——散热器　　　　　　　　　　　　　　　　　　　　62 500.00
　　贷:在途物资——散热器　　　　　　　　　　　　　　　　　　62 500.00

操作指导

1. 收到采购发票

以"003 孙艳明"的身份登录企业应用平台。

(1) 执行"业务工作"—"供应链"—"采购管理"—"采购发票"—"专用采购发票"命令,进入"专用发票"窗口。

(2) 在"专用发票"窗口,单击"增加"按钮。

(3) 在"生单"下拉框中选择"入库单"页签,进入"查询条件选择—采购入库单列表"窗口,双击选择入库单号所在栏,单击"确定"按钮。

(4) 输入发票号为"20537216",修改数量为"2 500",单击"保存"按钮。

(5) 单击"现付"按钮,进入"采购现付"窗口。

(6) 输入结算方式为"201 转账支票",原币金额为"70 625.00",票据号为"ZZ9085",如图4-33所示。

示例4.14
支付货款

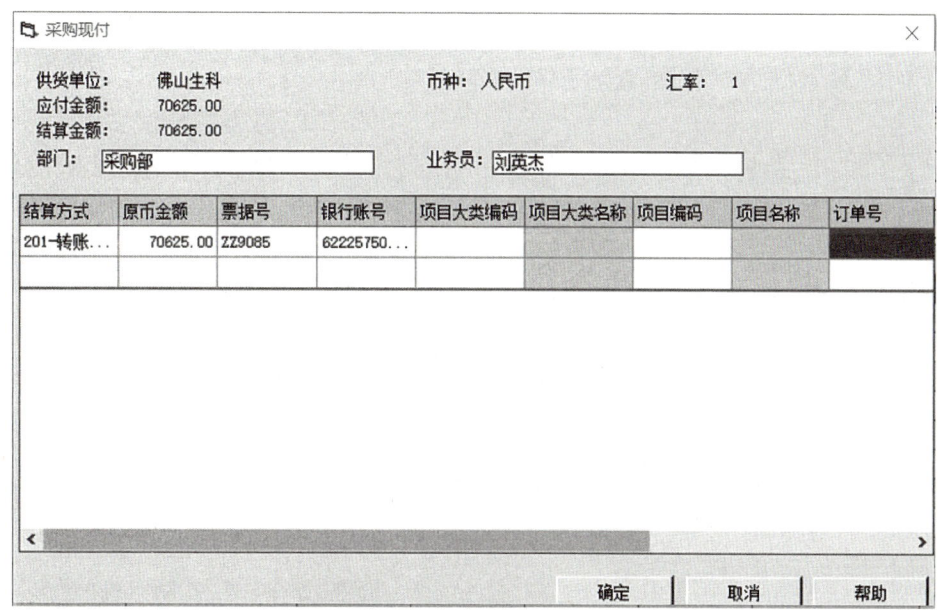

图4-33　采购现付

(7) 单击"确定"按钮,发票左上角显示"已现付"字样,如图 4-34 所示。

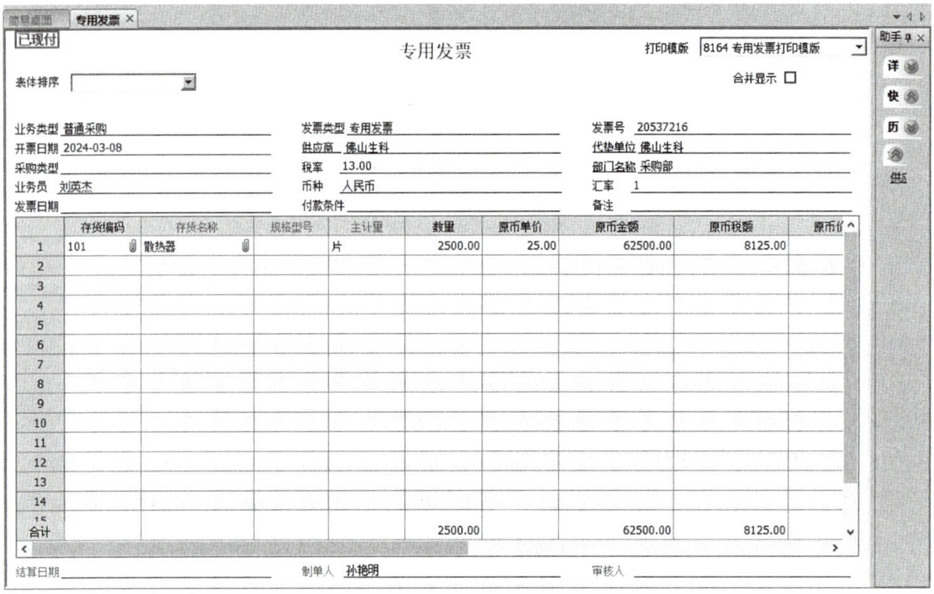

图 4-34 已现付的专用发票

2. 发票结算

参照【业务 12】,进行发票结算操作。

3. 审核发票并现结制单

1) 审核发票

以"001 张伟"的身份登录企业应用平台。

(1) 执行"业务工作"—"财务会计"—"总账"—"应付款管理"—"应付单据处理"—"应付单据审核"命令,进入"应付单查询条件"窗口。

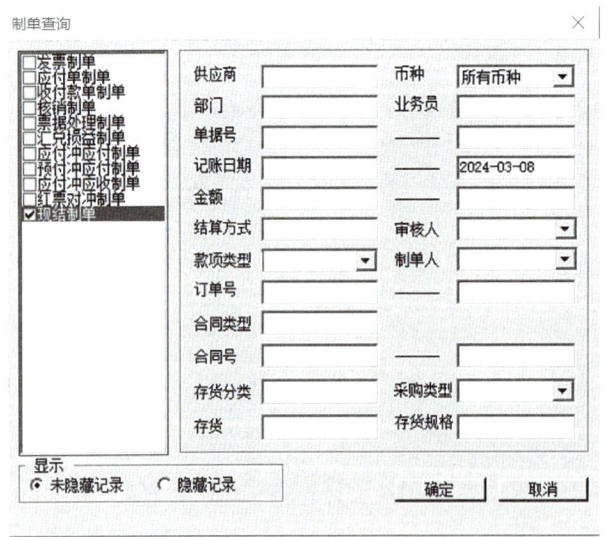

图 4-35 现结制单

(2) 勾选左下角的"包含已现结发票",单击"确定"按钮,进入"应付单据列表"窗口。

(3) 在"应付单据列表"窗口,双击选择需要审核的单据信息,单击"审核"按钮,弹出"审核提示"提示框。

2) 现结制单

以"003 孙艳明"的身份登录企业应用平台。

(1) 执行"业务工作"—"财务会计"—"总账"—"应付款管理"—"制单处理"命令,进入"制单查询"窗口。

(2) 在"制单查询"窗口中,勾选"现结制单"选项,如图 4-35 所示。

(3) 单击“确定”按钮，进入“应付制单”窗口。

(4) 选择需制单信息，单击“制单”按钮，进入“记账凭证”界面。

(5) 单击“保存”按钮，进入“现金流量录入”窗口。

(6) 在“现金流量录入”窗口，输入现金流量录入—项目编码为“04”，单击“确定”按钮。

(7) 单击“保存”按钮，凭证左上角出现“已生成”字样。

4. 存货核算记账并生成入库凭证

以“003 孙艳明”的身份登录企业应用平台。

(1) 执行“业务工作”—“供应链”—“存货核算”—“业务核算”—“正常单据记账”命令，进入“查询条件选择”窗口。

(2) 单击“确定”按钮，进入“正常单据记账列表”窗口，双击选择要记账的单据，单击“记账”按钮，弹出“记账成功”提示框，单击“确定”按钮，退出“正常单据记账列表”窗口。

(3) 执行“存货核算”—“财务核算”—“生成凭证”命令，进入“生成凭证”窗口。

(4) 单击“选择”按钮，进入“查询条件”窗口，单击“确定”按钮，进入“未生成凭证单据一览表”窗口。

(5) 选择要制单的记录，单击“确定”按钮，进入“生成凭证”窗口。

(6) 补充对方科目为“在途物资(1402)”，单击“合成”按钮，进入“记账凭证”窗口。

(7) 单击“保存”按钮，凭证左上角出现“已生成”字样，如图 4-36 所示。

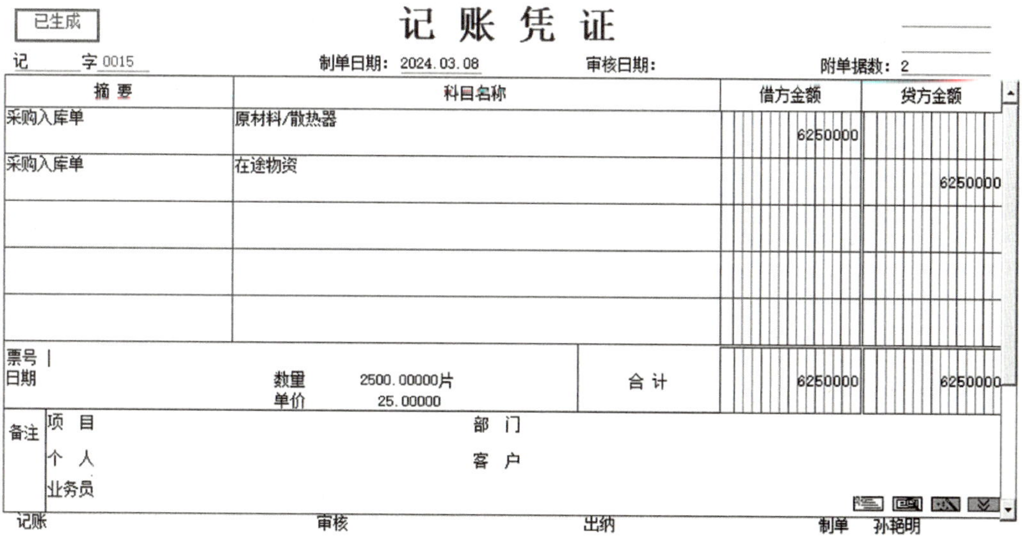

已生成

记账凭证

记 字 0015　　制单日期：2024.03.08　　审核日期：　　附单据数：2

摘要	科目名称	借方金额	贷方金额
采购入库单	原材料/散热器	6250000	
采购入库单	在途物资		6250000
票号 日期　数量 2500.00000片　单价 25.00000	合计	6250000	6250000

备注　项目　　部门
　　　个人　　客户
　　　业务员

记账　　审核　　出纳　　制单 孙艳明

图 4-36　生成记账凭证

5. 出纳签字

参照【业务 1】，进行出纳签字操作。

6. 审核记账凭证

参照【业务 1】，3 月 9 日进行审核凭证操作

【业务 15】 3 月 9 日，生产一车间林晓从原材料仓领用控制器 2 500 个，电机 1 400 个，用于生产吊扇。记材料明细账，生产领料凭证。

记账凭证分录：

借：生产成本——直接材料——吊扇　　　　　　　　　　　　162 000.00
　　贷：原材料——控制器　　　　　　　　　　　　　　　　　50 000.00
　　　　　　——电机　　　　　　　　　　　　　　　　　　112 000.00

操作指导

示例 4.15
生产领用材料

1. 填制与审核材料出库单

以"008 张新"的身份登录企业应用平台。

（1）执行"业务工作"—"供应链"—"库存管理"—"出库业务"—"材料出库单"命令，进入"材料出库单"窗口。

（2）单击"增加"按钮，输入仓库为"原材料仓"，出库类别为"领料出库"，部门为"生产一车间"，第一行输入材料编码为"102"，数量为"2 500"，第二行输入材料编码为"103"，数量为"1 400"，单击"保存"按钮。

（3）单击"审核"按钮，弹出"该单据审核成功！"提示框，如图 4-37 所示。

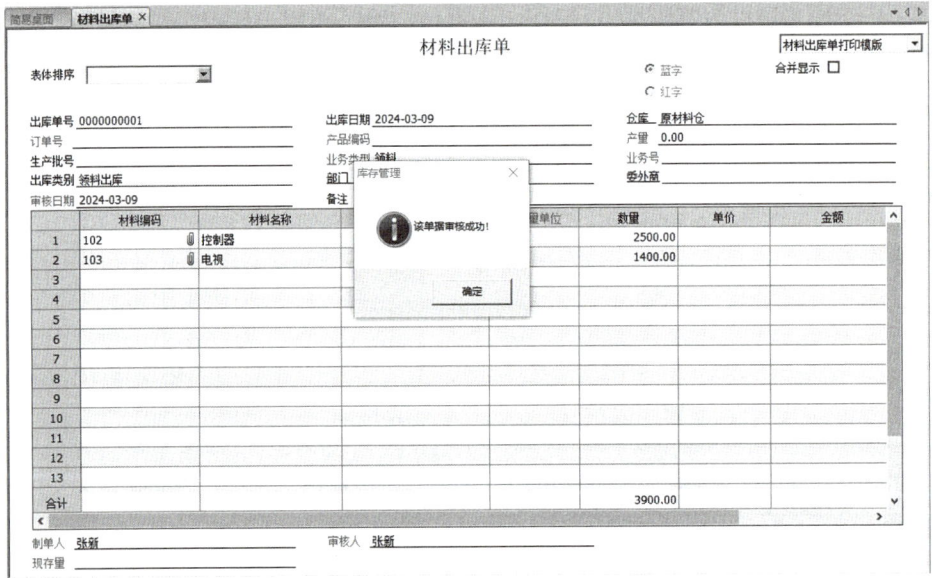

图 4-37　材料出库单

（4）单击"确定"按钮，退出"材料出库单"窗口。

2. 材料记账并生成凭证

以"003 孙艳明"的身份登录企业应用平台。

（1）执行"业务工作"—"供应链"—"存货核算"—"业务核算"—"正常单据记账"命令，进入"查询条件选择"窗口。

（2）单击"确定"按钮，进入"正常单据记账列表"窗口，双击选择要记账的单据，单击"记账"按钮，弹出"记账成功"提示框。

（3）单击"确定"按钮，退出"正常单据记账列表"窗口。

(4) 执行"存货核算"—"财务核算"—"生成凭证"命令,进入"生成凭证"窗口。

(5) 单击"选择"按钮,进入"查询条件"窗口,单击"确定"按钮,进入"未生成凭证单据一览表"窗口。

(6) 选择要制单的记录,单击"确定"按钮,进入"生成凭证"窗口。

(7) 单击"合成"按钮,进入"填制凭证"窗口,补充第一行辅助项为"吊扇",单击"确定"按钮。

(8) 单击"保存"按钮,凭证左上角出现"已生成"字样。

3. 审核凭证

参照【业务1】,3月10日进行审核凭证操作。

【业务16】 3月10日,开出交行转账支票(转账支票号为ZZ9086)一张,支付上月员工工资、工会经费及职工教育经费。

记账凭证分录:

借:应付职工薪酬——工资　　　　　　　　　　　　　　　　115 000.00
　　应付职工薪酬——工会经费　　　　　　　　　　　　　　 2 300.00
　　应付职工薪酬——职工教育经费　　　　　　　　　　　　 2 875.00
　贷:银行存款——交行存款　　　　　　　　　　　　　　　 120 175.00

操作指导

1. 填制记账凭证

参照【业务1】,进行填制记账凭证操作。

2. 出纳签字

参照【业务1】,进行出纳签字操作。

3. 审核凭证

参照【业务1】,3月11日进行凭证审核操作。

【业务17】 3月13日,生产二车间新招聘一名生产人员王凡(人员编号为703,工号为1132)。总经理办公室核定该人员基本工资为2 000.00元,奖励工资1 200.00元,代发工资银行为交通银行广州小北支行,代发工资银行账号为20230010028。此业务无记账凭证分录。

示例 4.16
支付员工薪酬及相关经费

操作指导

1. 新增人员

以"001 张伟"的身份登录企业应用平台。

(1) 执行"基础设置"—"基础档案"—"机构人员"—"人员档案"命令,进入"人员档案"窗口。

(2) 单击"增加"按钮,输入新增人员"王凡"的详细档案资料。

(3) 单击"确认"按钮,返回"人员档案"窗口,单击"退出"按钮。

以"003 孙艳明"的身份登录企业应用平台。

(1) 执行"业务工作"—"人力资源"—"薪资管理"—"工资类别"—"打开工资类别"命令,选择"正式员工"类别。

(2) 在"正式员工"类别下,执行"薪资管理"—"设置"—"人员档案"命令,进入"人员档案"窗口。

示例 4.17
招聘新员工

(3) 在"人员档案"窗口,单击"增加"按钮,进入"人员档案明细"窗口,输入人员姓名为"王凡",不勾选"核算计件工资"复选框,输入银行名称为"交通银行广州小北支行",银行账号为"20230010028"。

(4) 单击"确定"按钮,返回"人员档案"窗口。

2. 新增员工工资数据

以"003 孙艳明"的身份登录企业应用平台。

(1) 执行"业务工作"—"人力资源"—"薪资管理"—"设置"—"打开工资类别"命令,选择"正式员工"类别。

(2) 执行"薪资管理"—"业务处理"—"工资变动"命令,进入"工资变动"窗口。

(3) 选择新增人员"王凡"所在行,输入基本工资为"2 000.00","奖励工资"为"1 200.00"。

(4) 单击"计算"按钮,进行汇总操作。

【业务18】 3月15日,销售二部杨杰与中新商贸签订分期收款销售合同,销售落地扇80台,无税单价为450元/台,当天全部发货(发货单号为421457)。合同约定分2期付款,并开具相应的增值税专用发票(发票号为81123402),注明数量为60台,不含税单价为450元/台。财务部已收到出库单及发票,并结转收入及成本。

记账凭证分录:

借:应收账款——中新商贸	30 510.00
贷:主营业务收入——落地扇	27 000.00
应交税费——应交增值税——销项税额	3 510.00
借:发出商品	33 280.00
贷:库存商品——落地扇	33 280.00
借:主营业务成本——落地扇	24 960.00
贷:发出商品	24 960.00

操作指导

示例 4.18
分期收款销售

1. 填制并审核销售订单

以"006 许文"的身份登录企业应用平台。

(1) 执行"业务工作"—"供应链"—"销售管理"—"销售订货"—"销售订单"命令,进入"销售订单"窗口。

(2) 单击"增加"按钮,修改业务类型为"分期收款",输入销售类型为"正常销售",客户简称为"中新商贸",存货编码为"201",数量为"80",无税单价为"450.00",单击"保存"按钮,单击"审核"按钮。

2. 填制并审核销售发货单

以"006 许文"的身份登录企业应用平台。

(1) 执行"业务工作"—"供应链"—"销售管理"—"销售发货"—"发货单"命令,进入"发货单"窗口。

(2) 单击"增加"按钮,进入"查询条件选择—参照订单"窗口,单击"取消"按钮,修改发货单业务类型为"分期收款"。

（3）单击"订单"按钮，进入"查询条件选择—参照订单"窗口，单击"确定"按钮。

（4）双击需参照的记录，带入"发货单参照订单"之中，单击"确定"按钮。

（5）输入仓库名称为"产成品仓"，单击"保存"按钮，单击"审核"按钮。

3. 填制并审核出库单

以"008 张新"的身份注册登录企业应用平台。

（1）执行"业务工作"—"供应链"—"库存管理"—"出库业务"—"销售出库单"命令，进入"销售出库单"窗口。

（2）单击"生单"按钮，进入"查询条件选择—销售发货单列表"窗口，单击"确定"按钮，进入"销售生单"窗口。

（3）在"销售发货单生单表头"列表，双击选择发货单信息。

（4）单击"确定"按钮，生成销售出库单。在"销售出库单"窗口，输入出库单号为"401002"，单击"保存"按钮。

（5）单击"审核"按钮，弹出"该单据审核成功！"提示框。

4. 发出商品记账并生成凭证

以"003 孙艳明"的身份登录企业应用平台。

（1）执行"业务工作"—"供应链"—"存货核算"—"业务核算"—"发出商品记账"命令，进入"查询条件选择"窗口。

（2）单击"确定"按钮，进入"发出商品记账"窗口，双击发货单信息，单击"记账"按钮，弹出"记账成功"提示框，单击"确定"按钮。

（3）执行"业务工作"—"供应链"—"存货核算"—"财务核算"—"生成凭证"命令，进入"生成凭证"窗口，单击"选择"按钮，进入"查询条件"窗口。

（4）单击"确定"按钮，进入"选择单据"窗口，单击"确定"按钮。

（5）单击"生成"按钮，生成记账凭证，单击"保存"按钮，左上角出现"已生成"字样。

5. 填制并复核销售发票

以"003 孙艳明"的身份登录企业应用平台。

（1）执行"业务工作"—"供应链"—"销售管理"—"销售开票"—"销售专用发票"命令，进入"销售专用发票"窗口。

（2）单击"增加"按钮，进入"查询条件选择—发票参照发货单"窗口，单击"取消"按钮。

（3）在"销售专用发票"窗口中，修改业务类型为"分期收款"，单击"生单"按钮，进入"查询条件选择—发票参照发货单"窗口。

（4）单击"确定"按钮，双击选择要开票的发货单，单击"确定"按钮，将发货单的信息汇总反映在增值税专用发票上。

（5）输入发票号为"81123402"，修改数量为"60"，单击"保存"按钮。

（6）单击"复核"按钮，如图 4-38 所示。

6. 审核发票

以"001 张伟"的身份登录企业应用平台。

（1）执行"业务工作"—"财务会计"—"应收款管理"—"应收单据审核"命令，进入"应收单查询条件"窗口。

（2）单击"确定"按钮，进入"应收单据列表"窗口，选择需要审核的发票信息，单击"审

图 4-38 分期收款专用发票

核"按钮。

7. 确认销售收入

以"003 孙艳明"的身份登录企业应用平台。

(1) 执行"业务工作"—"财务会计"—"应收款管理"—"制单处理"命令,进入"制单查询"窗口。

(2) 单击"确认"按钮,进入"销售发票制单"窗口,单击"制单"按钮,生成记账凭证。

(3) 在"记账凭证"中,补充主营业务收入辅助项,项目名称输入"落地扇",单击"确定"按钮。

(4) 单击"保存"按钮,凭证左上角出现"已生成"字样。

8. 结转已售产品成本

以"003 孙艳明"的身份登录企业应用平台。

(1) 执行"业务工作"—"供应链"—"存货核算"—"业务核算"—"发出商品记账"命令,进入"查询条件选择"窗口。

(2) 单击"确定"按钮,进入"未记账单据一览表"窗口.选择要记账的单据,单击"记账"按钮。

(3) 执行"存货核算"—"财务核算"—"生成凭证"命令,进入"生成凭证"窗口。

(4) 单击"选择"按钮,进入"查询条件"窗口。

(5) 单击"确定"按钮,进入"未生成凭证单据一览表"窗口。

(6) 选择要制单的发票记录,单击"确定"按钮,进入"生成凭证"窗口。

(7) 单击"生成"按钮,进入"填制凭证"窗口。

(8) 补充第一行科目辅助项为"落地扇",单击"保存"按钮,凭证左上角出现"已生成"字样。

9. 审核凭证

参照【业务1】,3月16日进行凭证审核操作。

【业务19】 3月17日,仓库发现5日从东莞安淮塑料制品公司购入的塑料制品质量有问题,退回1 000箱,单价为50.00元,同时收到红字专用发票一张(发票号为74214523),财务部门根据采购入库单(采购入库单号为613672)和红字专用发票进行退货结算处理。此业务无记账凭证分录。

操作指导

1. 填制并审核红字采购入库单

参照【业务10】,进行红字采购入库单填制操作。

2. 填制红字采购专用发票并结算

以"003 孙艳明"的身份登录企业应用平台。

(1) 执行"业务工作"—"供应链"—"采购管理"—"采购发票"—"红字专用采购发票"命令,进入"专用发票(红字)"窗口。

(2) 单击"增加"按钮,单击"生单"下三角按钮展开列表,单击"入库单"页签,单击"确定"按钮。

示例4.19
结算后退货

(3) 双击选择单据,生成"红字专用采购发票",输入发票号为"74214523",原币单价为"50.00",单击"保存"按钮。

(4) 单击"结算"按钮,左上角出现"已结算"字样,如图4-39所示。

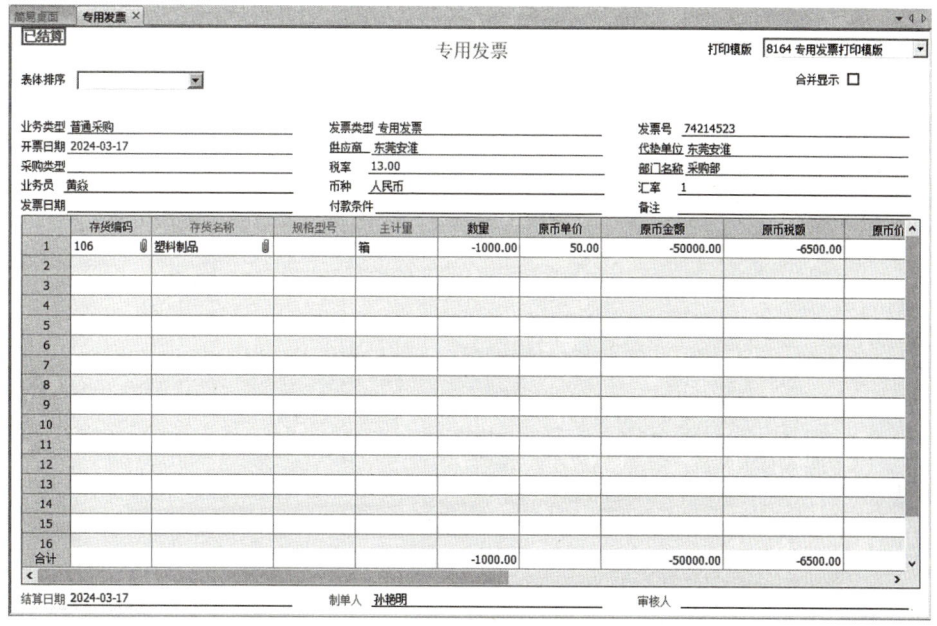

图4-39 已结算的红字专用发票

【**业务20**】 3月18日,韶关百福向销售二部业务员杨杰订购20台落地扇,每台不含税单价300.00元。由于公司库存不足,经协商,由公司从佛山三角家用电器制造有限公司订货后,直接发运给韶关百福,每台采购不含税单价250.00元。均已收到销售发票(销售发票号为81123403)与采购发票(采购发票号为44375554)。

记账凭证分录:

借:应收账款 6 780.00
  贷:主营业务收入——落地扇 6 000.00
    应交税费——应交增值税——销项税额 780.00

借:在途物资 5 000.00
  应交税费——应交增值税——进项税额 650.00
  贷:应付账款——应付货款 5 650.00

借:主营业务成本——落地扇 5 000.00
  贷:在途物资 5 000.00

操作指导

示例4.20
直运销售

1. 填制并审核直运销售订单

以"005 张强"的身份登录企业应用平台。

(1)执行"业务工作"—"供应链"—"销售管理"—"销售订货"—"销售订单"命令,进入"销售订单"窗口。

(2)单击"增加"按钮,选择业务类型为"直运销售",按业务内容填写其他内容,保存并审核,如图4-40所示。

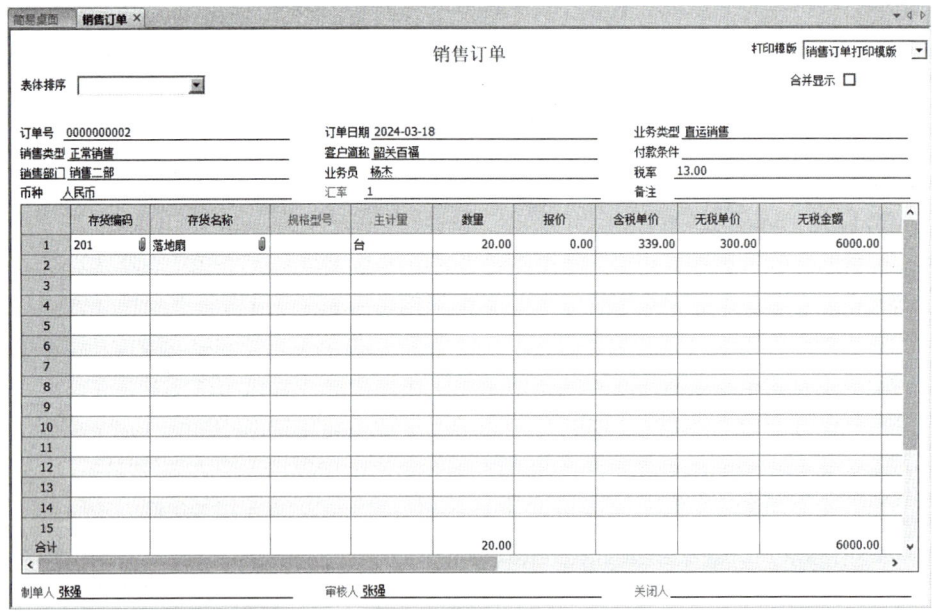

图4-40 直运销售订单

2. 直运销售发票填制并复核

以"003 孙艳明"的身份登录企业应用平台。

（1）执行"业务工作"—"供应链"—"销售管理"—"销售开票"—"销售专用发票"命令，进入"销售专用发票"窗口。

（2）修改业务类型为"直运销售"，单击"生单"按钮，进入"查询条件选择—发票参照发货单"窗口。

（3）单击"确定"按钮，双击选择要开票的发货单，单击"确定"按钮，将发货单的信息汇总反映在增值税专用发票上。

（4）输入发票号为"81123403"，单击"保存"按钮。

（5）单击"复核"按钮，如图 4-41 所示。

图 4-41 直运销售专用发票

3. 审核发票

参照【业务 18】，进行审核发票操作。

4. 确认销售收入

参照【业务 18】，进行确认销售收入操作。

5. 填制并审核直运采购订单

以"007 刘英杰"的身份登录企业应用平台。

（1）执行"业务工作"—"供应链"—"采购订货"—"采购订单"命令，进入"采购订单"窗口。

（2）单击"增加"按钮，修改业务类型为"直运采购"，单击"生单"按钮，选择"销售订单"页签，进入"查询条件选择—销售订单列表过滤"窗口，单击"确定"按钮。

（3）双击选择票据信息，代入采购订单中，输入供应商为"佛山三角"，单击"保存"按钮。

（4）单击"审核"按钮，如图 4-42 所示。

6. 填制并审核采购专用发票

以"003 孙艳明"的身份登录企业应用平台。

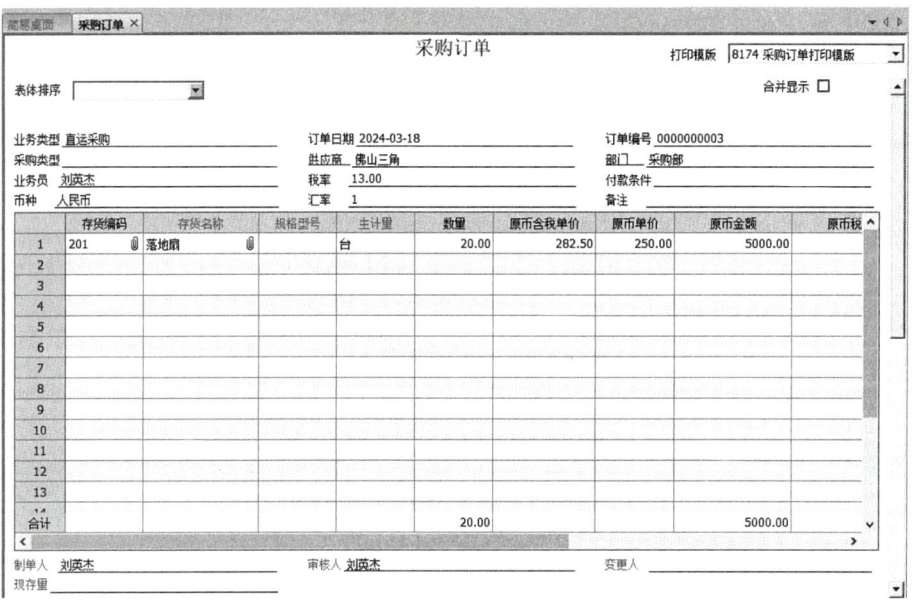

图 4-42 直运采购订单

(1) 执行"业务工作"—"供应链"—"采购管理"—"采购发票"—"专用采购发票"命令,进入"专用发票"窗口。

(2) 单击"增加"按钮,修改"业务类型"为直运采购,单击"生单"按钮,进入"查询条件选择—发票参照发货单"窗口。

(3) 双击选择要开票的采购订单,单击"确定"按钮,将采购订单的信息汇总在专用发票上。

(4) 输入发票号为"44375554",单击"保存"按钮,如图 4-43 所示。

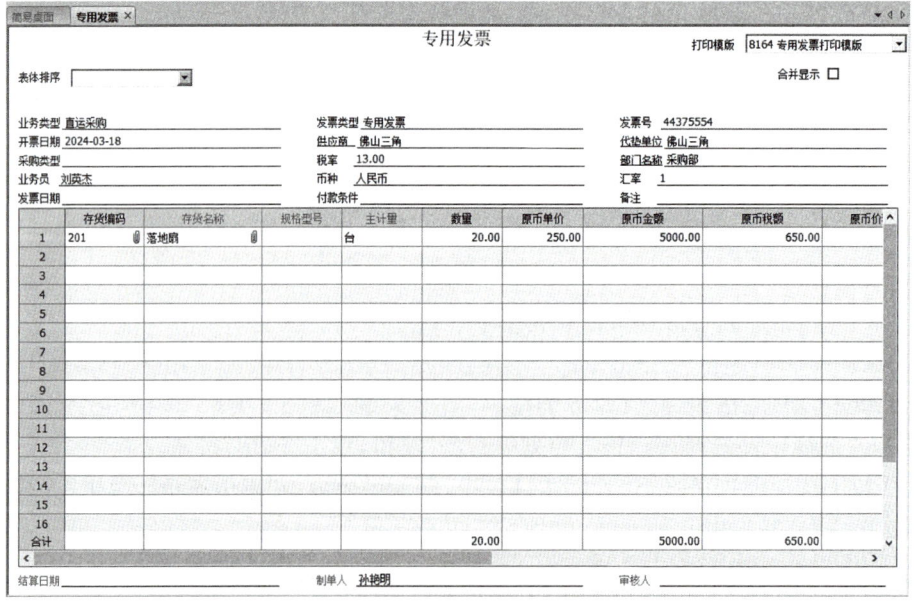

图 4-43 直运采购专用发票

（5）参照【业务12】，进行审核发票操作。

7. 直运采购成本结转
参照【业务12】，进行采购成本结转操作。

8. 直运采购记账
以"003 孙艳明"的身份登录企业应用平台。

（1）执行"业务工作"—"供应链"—"存货核算"—"业务核算"—"直运销售记账"命令，进入"直运采购发票核算查询条件"窗口，勾选"采购发票""销售发票"复选框，如图4-44所示。

（2）单击"确定"按钮，进入"未记账单据一览表"窗口。

（3）在"未记账单据一览表"窗口中，双击选择要记账的单据，单击"记账"按钮，完成记账操作。

（4）执行"业务工作"—"供应链"—"存货核算"—"财务核算"—"生成凭证"命令，进入"生成凭证"窗口，双击选择单据，生成记账凭证，输入存货科目为"1402"。

（5）单击"生成"按钮，进入"填制凭证"窗口，补充第一行科目辅助项为"落地扇"。

（6）单击"保存"按钮，凭证左上角出现"已生成"字样。

图4-44 直运采购发票核算查询条件

9. 审核凭证
参照【业务1】，3月19日进行凭证审核操作。

【业务21】 3月18日，2024年1月18日应支付的银行承兑汇票到期，已通过交行办理支付手续。

记账凭证分录：

借：应付票据——银行承兑汇票　　　　　　　　　　　　　10 000.00
　　贷：银行存款——交行存款　　　　　　　　　　　　　　　10 000.00

操作指导

1. 票据管理
以"003 孙艳明"的身份登录企业应用平台。

（1）执行"业务工作"—"财务会计"—"应付款管理"—"票据管理"命令，进入"查询条件选择"窗口。

（2）单击"确定"按钮，进入"票据管理"窗口，双击选择需处理的信息行，进入"商业汇票"窗口。

示例4.21 银行承兑汇票到期支付

（3）单击"结算"按钮，进入"票据结算"窗口，如图 4-45 所示。

（4）输入结算科目为"银行存款/交行存款（100201）"，单击"确定"按钮，弹出"是否立即制单"提示框。

（5）单击"是"按钮，进入"记账凭证"窗口。

（6）在"记账凭证"窗口，单击第二行科目，修改现金流量录入为"07"，单击"保存"按钮，凭证左上角出现"已生成"字样。

2. 出纳签字

参照【业务 1】，进行出纳签字操作。

3. 审核凭证

参照【业务 1】，3 月 19 日进行凭证审核操作。

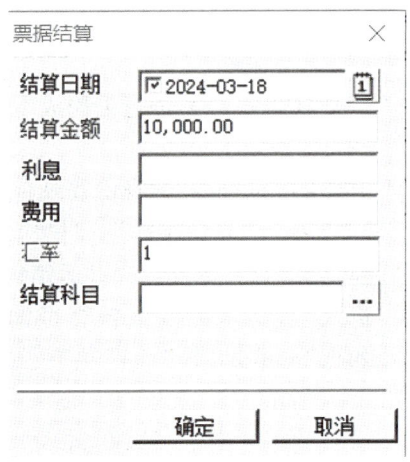

图 4-45　票据结算

【**业务 22**】　3 月 19 日，产成品库收到当月一车间加工的 400 台落地风扇做产出品入库（入库单号为 613672），产品成本为 154 000.00 元（385.00 元/台），财务部记账并生成凭证。

记账凭证分录：

借：库存商品——落地扇　　　　　　　　　　　　　　　　　　　154 000.00
　　贷：生产成本——直接材料——落地扇　　　　　　　　　　　　154 000.00

操作指导

示例 4.22 完工产品入库

1. 填制与审核产成品入库单

以"008 张新"的身份登录企业应用平台。

（1）执行"业务工作"—"供应链"—"库存管理"—"入库业务"—"产成品入库单"命令，进入"产成品入库单"窗口。

（2）单击"增加"按钮，输入入库单号为"613672"，选择仓库为"产成品仓"，入库类别为"产成品入库"，部门为"生产一车间"。

（3）选择产品编码为"201 落地扇"，输入数量为"400"，单价为"385.00"，单击"保存"按钮。

（4）单击"审核"按钮，对产成品入库单进行审核，如图 4-46 所示。

2. 入库单记账并生成凭证

以"003 孙艳明"的身份登录企业应用平台。

（1）执行"业务工作"—"供应链"—"存货核算"—"业务核算"—"正常单据记账"命令，进入"查询条件选择"窗口，单击"确定"按钮，进入"未记账单据一览表"窗口。

（2）选择产成品入库单进行记账处理，单击"记账"按钮，弹出"记账成功"提示框。

（3）执行"业务工作"—"供应链"—"存货核算"—"财务核算"—"生成凭证"命令，进入"生成凭证"窗口，选择"产成品入库单"生成凭证。

（4）单击"保存"按钮，凭证左上角出现"已生成"字样。

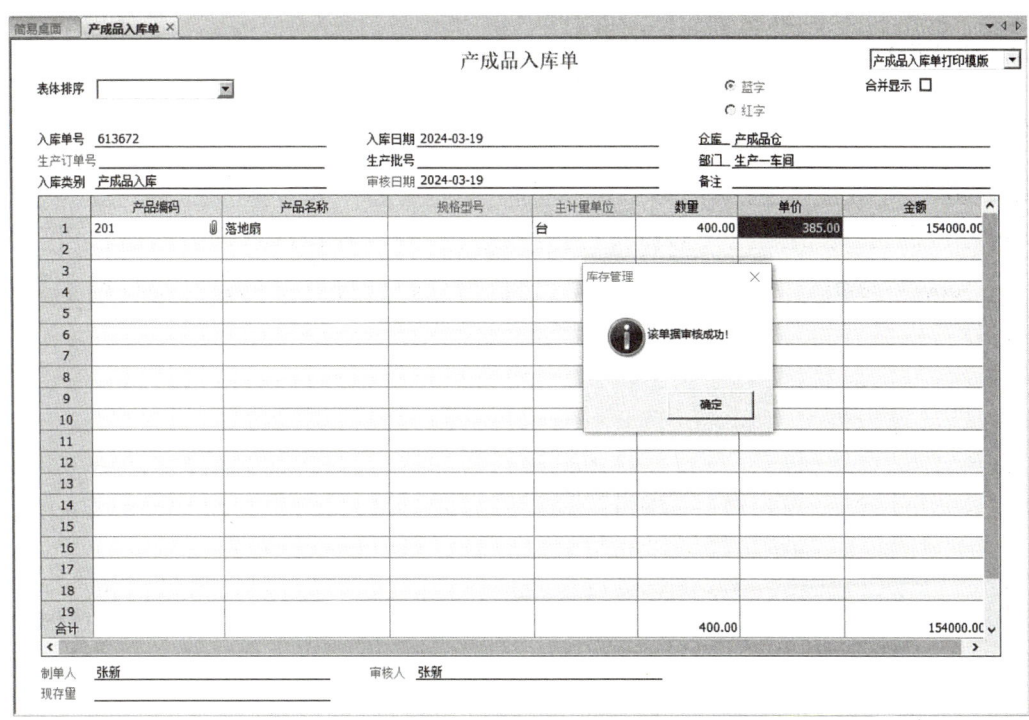

图 4-46　产成品入库单

3. 审核凭证

参照【业务 1】,3 月 20 日进行凭证审核操作。

【业务 23】　3 月 19 日,销售二部与中新商贸有限公司签订委托代销合同,委托中新商贸代销 40 台吊扇,无税单价为 380 元/台,吊扇已从产成品仓发出(发货单号为 882123,出库单号为 228799)。

记账凭证分录:

借:发出商品　　　　　　　　　　　　　　　　　　　　　　　　　15 200.00
　　贷:库存商品——吊扇　　　　　　　　　　　　　　　　　　　15 200.00

操作指导

1. 填制并审核委托代销发货单

以"006 许文"的身份登录企业应用平台。

(1) 执行"业务工作"—"供应链"—"销售管理"—"委托代销"—"委托代销发货单"命令,进入"委托代销发货单"窗口。

(2) 填制并审核委托代销发货单,审核完毕,如图 4-47 所示。

2. 填制委托代销出库单并审核

以"008 张新"的身份登录企业应用平台。

(1) 执行"业务工作"—"供应链"—"库存管理"—"出库业务"—"销售出库单"命令,进入"销售出库单"窗口。

示例 4.23
委托销售

图 4-47 委托代销发货单

（2）单击"生单"页签，通过发货单生成销售出库单，如图 4-48 所示。

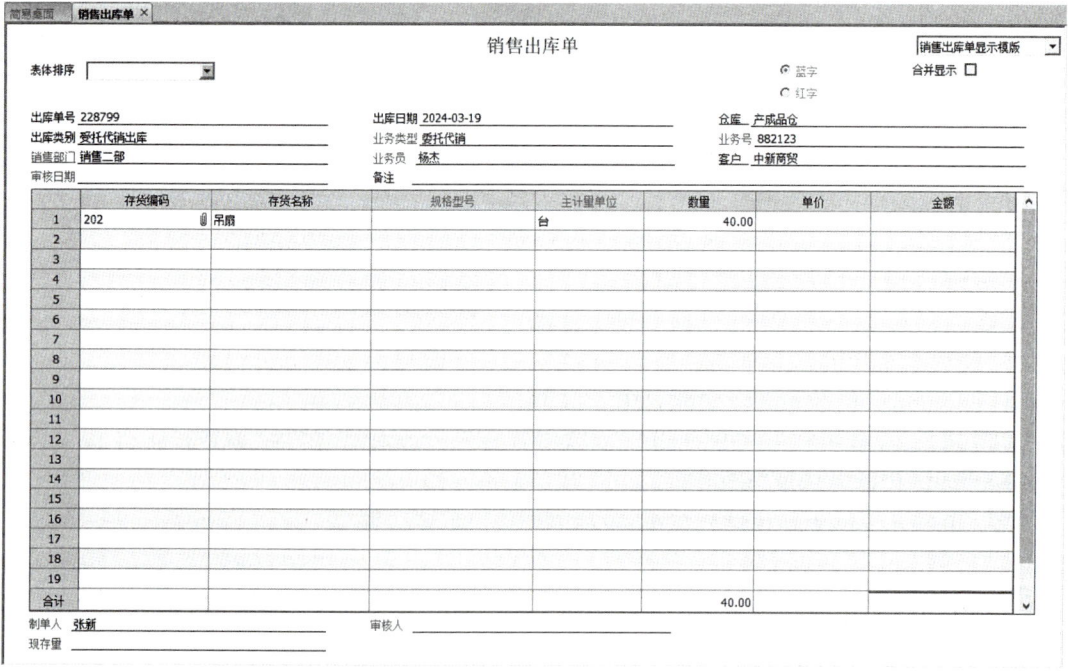

图 4-48 销售出库单

(3) 单击"保存"按钮,单击"审核"按钮,弹出"该单据审核成功!"提示框。
(4) 单击"确定"按钮,返回并退出"销售出库单"窗口。

3. 委托代销商品记账并生成凭证

以"003 孙艳明"的身份登录企业应用平台。

(1) 执行"业务工作"—"供应链"—"存货核算"—"业务核算"—"发出商品记账"命令,对委托代销发货单进行记账。

(2) 执行"业务工作"—"供应链"—"存货核算"—"财务核算"—"生成凭证"命令,对委托代销出库单生成凭证,如图 4-49 所示。

图 4-49 生成记账凭证

4. 审核凭证

参照【业务 1】,3 月 20 日进行凭证审核操作。

【业务 24】 3 月 20 日,产成品库收到当月二车间加工的 150 台无叶风扇做产出品入库(入库单号为 613673),产品成本为 42 750.00 元(285.00 元/台),财务部记账并生成凭证。

记账凭证分录:

借:库存商品——无叶风扇　　　　　　　　　　　　　　　　　42 750.00
　　贷:生产成本——直接材料——无叶风扇　　　　　　　　　　42 750.00

操作指导

1. 填制并审核产成品入库单

参照【业务 22】,完成产成品入库单填制与审核。

2. 入库单记账并生成凭证

参照【业务 22】,完成入库单记账并生成凭证。

3. 审核凭证

参照【业务 1】,3 月 21 日进行凭证审核操作。

示例 4.24 完工产品入库

【业务25】 3月20日，收到福耀日用品以电汇方式结算2月15日的商品货款（票据号为DH12221，收款单号为342345）。

记账凭证分录：

借：银行存款——交行存款　　　　　　　　　　　　　　　　141 250.00
　　贷：应收账款——福耀日用品　　　　　　　　　　　　　　141 250.00

操作指导

示例4.25 电汇结算货款

1. 应收单据录入

以"003孙艳明"的身份登录企业应用平台。

（1）执行"业务工作"—"财务会计"—"应收款管理"—"收款单据录入"命令，进入"收款单"窗口。

（2）单击"增加"按钮，输入客户为"福耀日用品"，结算方式为"电汇"，金额为"141 250.00"，单据编号为"342345"，如图4-50所示，单击"保存"按钮。

图4-50　录入收款单

2. 收款单据审核

参照【业务9】，进行收款单审核操作。

3. 制单处理

参照【业务9】，进行制单处理操作。

4. 审核凭证

参照【业务1】，3月21日进行审核凭证操作。

【**业务26**】 3月20日，用一张转账支票(转账支票号为ZZ9087)支付2024年2月28日向沈阳科成采购材料货款(付款单号为774322)。

记账凭证分录：

借：应付账款——应付货款 22 600.00
　　贷：银行存款——交行存款 22 600.00

操作指导

1. 填制付款单

以"003孙艳明"的身份登录企业应用平台。

(1) 执行"业务工作"—"财务会计"—"应付款管理"—"付款单据录入"命令，进入"付款单"窗口。

示例 4.26
支付货款

(2) 单击"增加"按钮，输入单据编号为"774322"，供应商为"沈阳科成"，结算方式为"转账支票"，金额为"22 600.00"，如图4-51所示，单击"保存"按钮。

图 4-51 付款单

2. 审核付款单

以"001张伟"的身份登录企业应用平台。

(1) 执行"业务工作"—"财务会计"—"应付款管理"—"付款单据审核"命令，进入"付款单查询条件"窗口。

(2)单击"确定"按钮,进入"收付款单列表"窗口。
(3)选择需要审核的单据,单击"审核"按钮,弹出"本次审核选中单据[1]张,本次审核成功单据[1]张,本次审核未成功单据[0]张"提示框,单击"确定"按钮。

3. 制单处理
参照【业务12】,进行制单处理操作。

4. 审核凭证
参照【业务1】,3月21日进行审核凭证操作。

【业务27】 3月21日,收到广州供电局开来的增值税专用发票(发票号为88212344)20 000度,单价为1.00元/度,增值税税率为13%。电费分配表,如表4-1所示。

表4-1 电费分配表

分配对象	分配标准(度)	分配率	分配金额(元)
总经办	500	1	500.00
财务部	800	1	800.00
采购部	500	1	500.00
销售一部	400	1	400.00
销售二部	400	1	400.00
仓储部	300	1	300.00
生产一车间	10 100	1	10 100.00
生产二车间	7 000	1	7 000.00

记账凭证分录:

借:管理费用——电费——总经办　　　　　　　　　　　　　　　　500.00
　　管理费用——电费——财务部　　　　　　　　　　　　　　　　800.00
　　管理费用——电费——采购部　　　　　　　　　　　　　　　　500.00
　　销售费用——电费——销售一部　　　　　　　　　　　　　　　400.00
　　销售费用——电费——销售二部　　　　　　　　　　　　　　　400.00
　　管理费用——电费——仓储部　　　　　　　　　　　　　　　　300.00
　　制造费用——电费——生产一车间　　　　　　　　　　　　10 100.00
　　制造费用——电费——生产二车间　　　　　　　　　　　　 7 000.00
　　应交税费——应交增值税——进项税额　　　　　　　　　　 2 600.00
　贷:应付账款——其他——供电公司　　　　　　　　　　　　22 600.00

操作指导

1. 采购开票
以"003孙艳明"的身份登录企业应用平台。
(1)执行"业务工作"—"供应链"—"采购管理"—"采购发票"—"专用采购发票"命令,进入"专用发票"窗口。
(2)单击"增加"按钮,输入发票号为"88212344",供应商为"供电局",存货编码为

"104",数量为"20 000",原币单价为"1.00"。

(3) 单击"保存"按钮。

2. 采购发票审核

以"001 张伟"的身份登录企业应用平台。

(1) 执行"业务工作"—"财务会计"—"应付款管理"—"应付单据处理"—"应付单据审核"命令,进入"应付单查询条件"窗口,勾选"未完全报销"复选框,如图 4-52 所示。

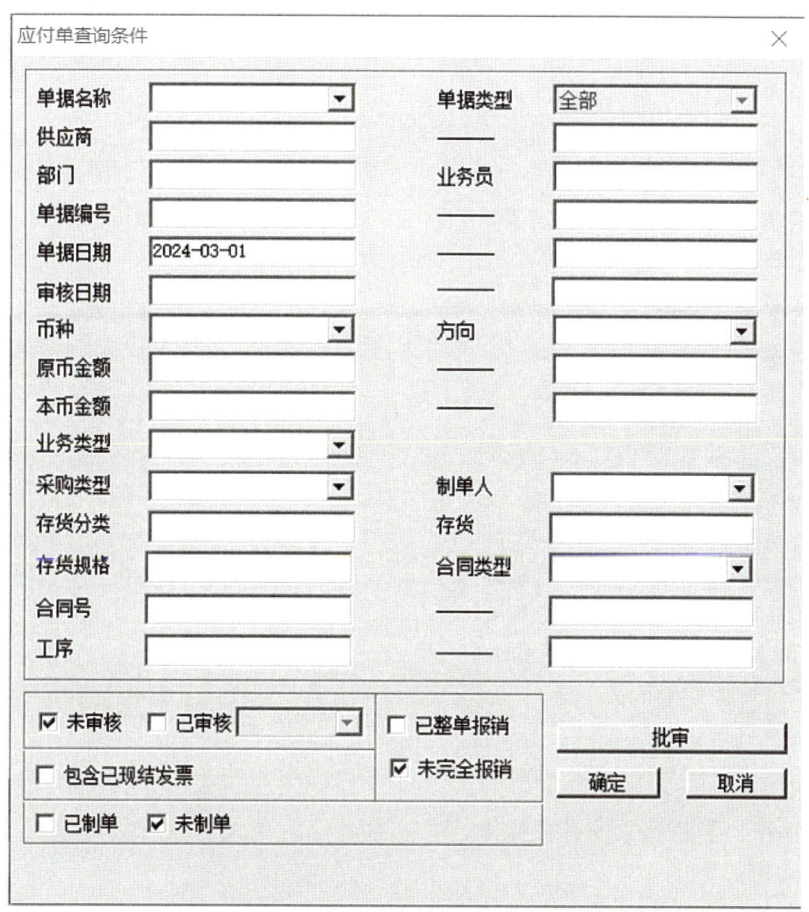

图 4-52 未完全报销应付单查询

(2) 单击"确定"按钮,进入"应付单据列表"窗口。

(3) 选择应审核单据,单击"审核"按钮,弹出"提示"提示框,单击"确定"按钮。

3. 制单处理

参照【业务 12】,进行制单处理操作。

4. 审核凭证

参照【业务 1】,3 月 22 日进行审核凭证操作。

【业务 28】 3 月 21 日,收到供水公司开来的增值税专用发票(发票号为 55421444)5 000 吨,单价为 3.00 元/吨,增值税税率为 9%。水费分配表,如表 4-2 所示。

表 4-2　水费分配表

分配对象	分配标准（度）	分配率	分配金额（元）
总经办	100	3	300.00
财务部	150	3	450.00
采购部	150	3	450.00
销售一部	150	3	450.00
销售二部	150	3	450.00
仓储部	300	3	900.00
生产一车间	2 800	3	8 400.00
生产二车间	1 200	3	3 600.00

记账凭证分录：

借：管理费用——水费——总经办　　　　　　　　　　　　　300.00
　　管理费用——水费——财务部　　　　　　　　　　　　　450.00
　　管理费用——水费——采购部　　　　　　　　　　　　　450.00
　　销售费用——水费——销售一部　　　　　　　　　　　　450.00
　　销售费用——水费——销售二部　　　　　　　　　　　　450.00
　　管理费用——水费——仓储部　　　　　　　　　　　　　900.00
　　制造费用——水费——生产一车间　　　　　　　　　　8 400.00
　　制造费用——水费——生产二车间　　　　　　　　　　3 600.00
　　应交税费——应交增值税——进项税额　　　　　　　　1 350.00
　　贷：应付账款——其他——供水公司　　　　　　　　　16 350.00

操作指导

示例 4.28
水费分配

1. 采购开票

参照【业务 27】，进行采购开票操作。

2. 采购发票审核

参照【业务 27】，进行采购发票审核操作。

3. 制单处理

参照【业务 27】，进行制单处理操作。

4. 审核凭证

参照【业务 1】，3 月 22 日进行审核凭证操作。

【业务 29】　3 月 22 日，采购部刘英杰与苏州华城机械厂签订采购散热器合同，购买散热器 26 000 片，单价为 20.50 元，要求到货日期为 3 月 27 日。此业务无记账凭证。

操作指导

示例 4.29
签订采购合同

参照【业务 2】，进行填制与审核采购订单操作。

【业务 30】　3 月 22 日，因业务需要，将期初的笔记本电脑调入财务部。此业务无记账凭证。

📢 操作指导

以"003 孙艳明"的身份登录企业应用平台,完成固定资产部门转移操作。

(1) 执行"业务工作"—"财务会计"—"固定资产"—"卡片"—"变动单"—"部门转移"菜单,进入"固定资产变动单"窗口。

(2) 单击"卡片编号"页签,进入"固定资产卡片档案"窗口,选择"00004 笔记本电脑"。

(3) 单击"变动后部门"页签,进入"本资产部门使用方式"窗口。

(4) 在"本资产部门使用方式"窗口,单击"确定"按钮,进入"部门基本参照"窗口,选择"财务部",单击"确定"按钮。

(5) 输入变动原因为"内部转移",如图 4-53 所示。

示例 4.30
固定资产内
部部门转移

固定资产变动单
— 部门转移 —

变动单编号	00001		变动日期	2024-03-22
卡片编号	00004	资产编号 011401001	开始使用日期	2023-02-01
资产名称		笔记本电脑	规格型号	
变动前部门		销售一部	变动后部门	财务部
存放地点			新存放地点	
变动原因				内部转移
			经手人	孙艳明

图 4-53 固定资产变动单

(6) 单击"保存"按钮,弹出"数据成功保存!部门已改变,请检查资产对应折旧科目是否正确!"提示框,单击"确定"按钮。

> 📢 **提示**
>
> 当月新增的资产不允许在录入当月作本类型变动单业务,如果需要作资产数据修改,应打开该资产卡片直接修改。

【**业务 31**】 3月23日,财务部用现金购入打印纸等办公用品500.00元。

记账凭证分录:

借:管理费用——办公费   500.00
   贷:库存现金   500.00

📢 操作指导

1. 填制记账凭证

参照【业务 1】,进行记账凭证填制操作。

示例 4.31
现金采购办
公用品

2. 出纳签字

参照【业务1】,进行出纳签字操作。

3. 审核凭证

参照【业务1】,3月24日进行凭证审核操作。

【业务32】 3月23日,向沈阳科成电气技术有限公司购入需要安装的线切割机设备1台,取得增值税专用发票一张,不含税价格为30 000.00元,增值税税率13%。

记账凭证分录:

借:在建工程 30 000.00
    应交税费——应交增值税(进项税额) 3 900.00
  贷:应付账款——应付货款——沈阳科成 33 900.00

操作指导

示例4.32
采购需安装
的固定资产

1. 填制记账凭证

参照【业务1】,进行填制记账凭证操作。

2. 审核凭证

参照【业务1】,3月24日进行凭证审核操作。

【业务33】 3月25日,收到中新商贸有限公司根据委托代销合同开具的代销清单(结算单号为240325),结算吊扇30台吊扇,售价为380.00元/台,开具销售专用发票给中新商贸有限公司,财务部门确认销售收入并结转已售产品成本。

记账凭证分录:

借:应收账款——中新商贸 12 882.00
  贷:主营业务收入——吊扇 11 400.00
    应交税费——应交增值税——销项税额 1 482.00

借:主营业务成本——吊扇 10 500.00
  贷:发出商品 10 500.00

操作指导

示例4.33
委托代销结算

1. 委托代销结算生成发票

以"003孙艳明"的身份登录企业应用平台。

(1) 执行"业务工作"—"销售管理"—"委托代销"—"委托代销结算单"命令,进入"委托代销结算单"窗口。

(2) 单击"增加"按钮,进入"查询条件选择—委托结算参照发货单"窗口,单击"确定"按钮,进入"参照生单"窗口,选择需要参照的委托代销发货单。

(3) 输入结算单号为"240325",结算数量为"30",无税单价为"380.00",单击"保存"按钮。

(4) 单击"审核"按钮,进入"请选择发票类型"窗口。

(5) 选择"专用发票",单击"确定"按钮,进入"请选择发票类型"窗口。选择"专用发票"选项,单击"确定"按钮后退出。

2. 复核发票

以"003 孙艳明"的身份登录企业应用平台。

(1) 执行"业务工作"—"销售管理"—"销售发票列表"命令,进入"销售专用发票列表"窗口。

(2) 选择末张发票,进入"销售专用发票"窗口,单击"复核"按钮后退出。

3. 审核发票

参照【业务 9】,进行审核发票操作。

4. 确认销售收入

参照【业务 9】,进行应收单据制单操作。

5. 结转已售产品成本

参照【业务 9】,进行结转已售产品成本操作。

6. 审核凭证

参照【业务 1】,3 月 26 日进行凭证审核操作。

【业务 34】 3 月 25 日,录入 2 月份正式员工工资数据,如表 4-3 所示。

表 4-3 正式员工工资数据

金额单位:元

人员编码	姓名	行政部门	人员类别	基本工资	奖励工资	缺勤天数(天)
101	张伟	总经办	管理人员	8 000.00	3 500.00	
102	曾丹	总经办	管理人员	6 500.00	2 000.00	
103	张云	总经办	管理人员	5 000.00	1 500.00	
201	许丽	财务部	管理人员	6 500.00	2 000.00	
202	孙艳明	财务部	管理人员	4 800.00	1 200.00	
203	王小刚	财务部	管理人员	3 500.00	1 200.00	2
301	刘英杰	采购部	采购人员	5 000.00	1 500.00	
302	黄焱	采购部	采购人员	3 600.00	1 300.00	
401	张强	销售一部	销售人员	5 000.00	1 500.00	
402	黄芳萍	销售一部	销售人员	3 000.00	1 200.00	
403	许文	销售二部	销售人员	5 000.00	1 500.00	2
404	杨杰	销售二部	销售人员	3 000.00	1 200.00	
501	张新	仓储部	管理人员	5 000.00	1 500.00	
601	李红	生产一车间	车间管理人员	3 000.00	1 400.00	4
602	李思熠	生产一车间	生产人员	2 000.00	1 200.00	

(续表)

人员编码	姓名	行政部门	人员类别	基本工资	奖励工资	缺勤天数(天)
603	凌恒	生产一车间	生产人员	2 000.00	1 200.00	
604	邓建飞	生产二车间	车间管理人员	3 000.00	1 400.00	
605	王静	生产二车间	生产人员	2 000.00	1 200.00	
606	杨杰	生产二车间	生产人员	2 000.00	1 200.00	
703	王凡	生产二车间	生产人员	2 000.00	1 200.00	

此业务无记账凭证分录。

操作指导

示例4.34 正式员工工资数据处理

以"003孙艳明"的身份登录企业应用平台,完成正式员工工资数据录入。

(1) 执行"业务工作"—"人力资源"—"薪资管理"—"工资类别"—"打开工资类别"命令,选择左侧"正式员工"信息。

(2) 执行"人力资源"—"薪资管理"—"业务处理"—"工资变动"命令,进入"工资变动"窗口。

(3) 将任务内容信息依次输入"工资变动"之中,输入完毕,如图4-54所示。

图 4-54 工资变动表

(4) 输入完毕后,执行"计算"—"汇总"命令后退出。

【业务35】 3月25日，生成正式员工工资分摊表，如表4-4所示。

表4-4 正式员工工资分摊表

行政部门	人员类别	计提类型名称	计提标准	借方科目	贷方科目
总经办、财务部、仓储部	管理人员	应付工资	100%	管理费用/职工薪酬 660201	应付职工薪酬/工资 221101
采购部	采购人员			管理费用/职工薪酬 660201	应付职工薪酬/工资 221101
销售一部、销售二部	销售人员			销售费用/职工薪酬 660101	应付职工薪酬/工资 221101
生产一车间、生产二车间	车间管理人员			制造费用/工资 510101	应付职工薪酬/工资 221101
生产一车间、生产二车间	生产人员			生产成本/直接人工 500102	应付职工薪酬/工资 221101
总经办、财务部、仓储部	管理人员	工会经费	2%	管理费用/工会经费 660204	应付职工薪酬/工会经费 221105
采购部	采购人员			管理费用/工会经费 660204	应付职工薪酬/工会经费 221105
销售一部、销售二部	销售人员			销售费用/工会经费 660104	应付职工薪酬/工会经费 221105
生产一车间、生产二车间	车间管理人员			制造费用/工会经费 510106	应付职工薪酬/工会经费 221105
生产一车间、生产二车间	生产人员			生产成本/直接人工 500102	应付职工薪酬/工会经费 221105
总经办、财务部、仓储部	管理人员	职工教育经费	1.5%	管理费用/职工教育经费 660209	应付职工薪酬/职工教育经费 221106
采购部	采购人员			管理费用/职工教育经费 660209	应付职工薪酬/职工教育经费 221106
销售一部、销售二部	销售人员			销售费用/职工教育经费 660110	应付职工薪酬/职工教育经费 221106
生产一车间、生产二车间	车间管理人员			制造费用/职工教育经费 510102	应付职工薪酬/职工教育经费 221106
生产一车间、生产二车间	生产人员			生产成本/直接人工 500102	应付职工薪酬/职工教育经费 221106

记账凭证分录：

借：管理费用——职工薪酬 26 800.00
　　管理费用——职工薪酬 19 500.00
　　管理费用——职工薪酬 11 600.00

	管理费用——职工薪酬	6 600.00
	销售费用——职工薪酬	11 300.00
	销售费用——职工薪酬	11 300.00
	制造费用——工资	4 500.00
	制造费用——工资	4 500.00
	生产成本——直接人工	6 600.00
	生产成本——直接人工	9 900.00
	贷：应付职工薪酬——工资	112 600.00
借：	管理费用——工会经费	536.00
	管理费用——工会经费	390.00
	管理费用——工会经费	232.00
	管理费用——工会经费	132.00
	销售费用——工会经费	226.00
	销售费用——工会经费	226.00
	制造费用——工会经费	90.00
	制造费用——工会经费	90.00
	生产成本——直接人工	132.00
	生产成本——直接人工	198.00
	贷：应付职工薪酬——工会经费	2 252.00
借：	管理费用——职工教育经费	402.00
	管理费用——职工教育经费	292.50
	管理费用——职工教育经费	174.00
	管理费用——职工教育经费	99.00
	销售费用——职工教育经费	169.50
	销售费用——职工教育经费	169.50
	制造费用——职工教育经费	67.50
	制造费用——职工教育经费	67.50
	生产成本——直接人工	99.00
	生产成本——直接人工	148.50
	贷：应付职工薪酬——职工教育经费	1 689.00

操作指导

示例 4.35 员工工资分摊

以"003 孙艳明"的身份登录企业应用平台。

1. 正式员工工资分摊

（1）在"正式员工"类别状态下，执行"业务工作"—"人力资源"—"薪资管理"—"业务处理"—"工资分摊"命令，进入"工资分摊"窗口。

（2）单击"分摊类型设置"按钮，进入"分摊类型设置"窗口。

（3）单击"增加"按钮，进入"分摊计提比例设置"窗口，输入计提类型名称为"工资"，分摊计提比例为"100%"，如图 4-55 所示。

（4）单击"下一步"按钮，进入"分摊构成设置"窗口，将表 4-4 信息依次输入该窗口中，如图 4-56 所示。

（5）单击“完成”按钮，返回“分摊类型设置”窗口。

（6）在“分摊类型设置”窗口，单击“增加”按钮，依次进行信息录入。输入完毕，返回“分摊类型设置”窗口，如图 4-57 所示。

（7）单击“返回”按钮，选择左侧“计提费用类型”“选择核算部门”栏，单击“确定”按钮，进入“应付工资一览表”窗口。

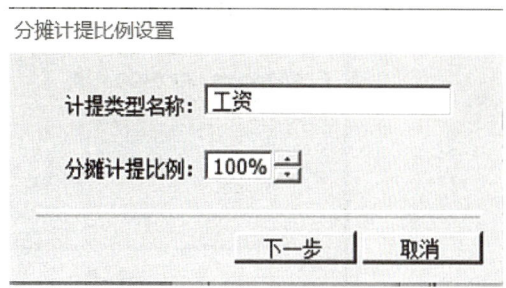

图 4-55　分摊计提比例设置

分摊构成设置

部门名称	人员类别	工资项目	借方科目	借方项目大类	借方项目	贷方科目	贷方项目大类
总经办,财务部,…	管理人员	应发合计	660201			221101	
采购部	管理人员	应发合计	660201			221101	
销售一部,销售…	销售人员	应发合计	660101			221101	
生产一车间,生…	车间管理人员	应发合计	510101			221101	
生产一车间,生…	生产人员	应发合计	500102			221101	

上一步　完成　取消

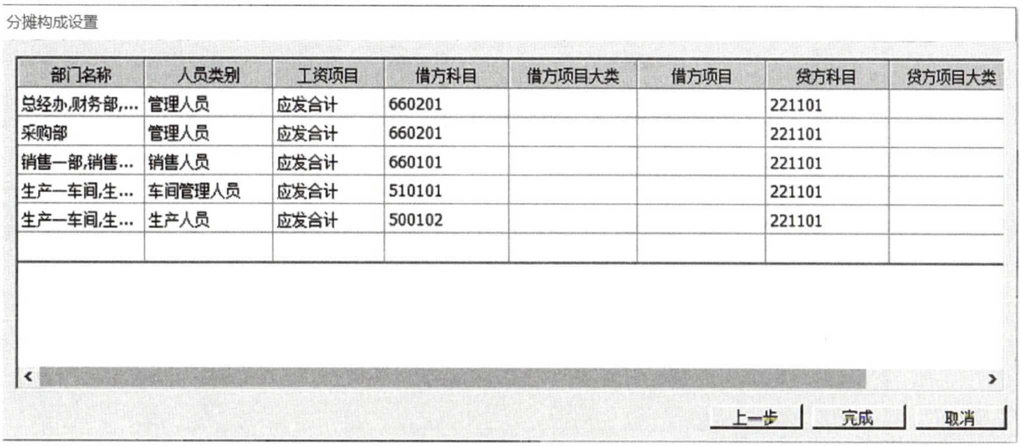

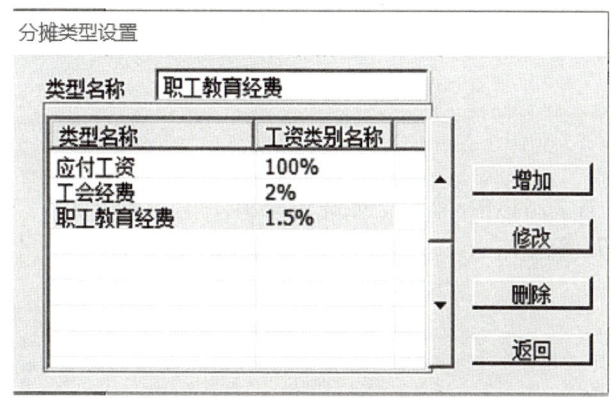

图 4-56　工资分摊设置

图 4-57　分摊类型设置

（8）依次输入“工资分摊”栏中“借方科目”“贷方科目”内容，如图 4-58 所示。

（9）单击“制单”按钮，系统自动生成一张记账凭证，补充凭证相关信息，单击“保存”图标，凭证左上角出现“已生成”字样，退出“记账凭证”窗口。

（10）返回“应付工资一览表”窗口，单击“类型”下拉框，参照上述步骤，依次完成“工会经费”“职工教育经费”分摊，并生成记账凭证。

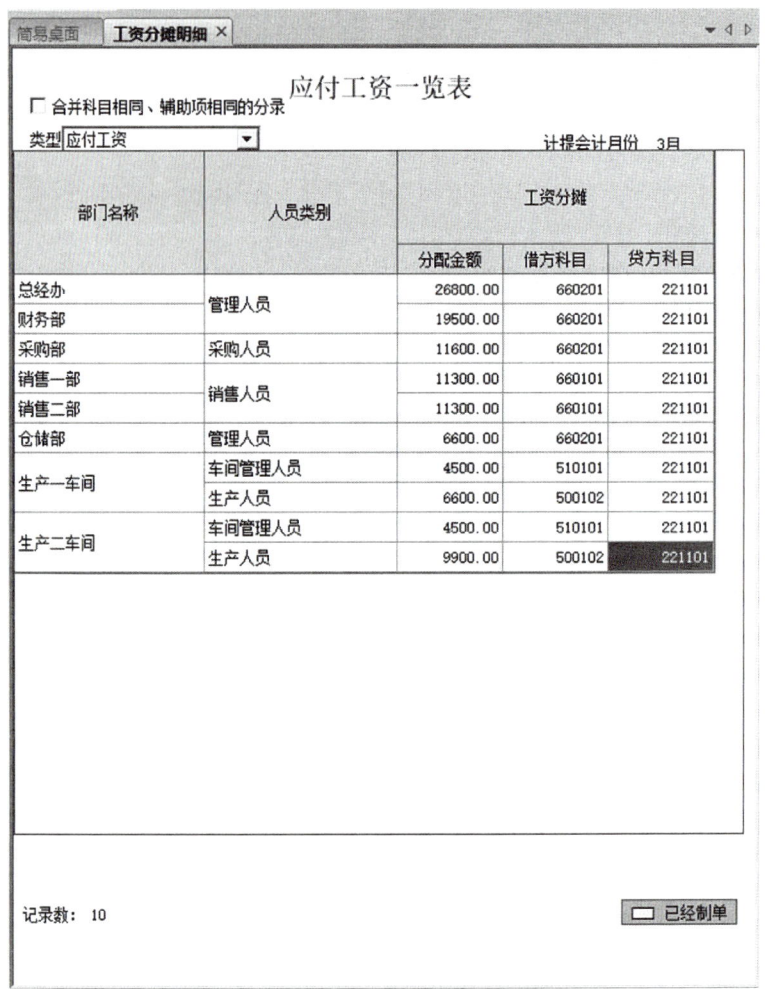

图 4-58　应付工资一览表

2. 审核凭证

参照【业务 1】,3 月 26 日进行审核记账凭证操作。

【业务 36】　3 月 25 日,开出转账支票支付电费(支票号为 ZZ9088;付款单号为 774323)。

记账凭证分录:

借:应付账款——电费　　　　　　　　　　　　　　　　　　　　　　　　　22 600.00
　　贷:银行存款——交行存款　　　　　　　　　　　　　　　　　　　　　　22 600.00

操作指导

示例 4.36
支付电费

1. 付款单据录入并审核

参照【业务 12】,进行付款单据录入与审核操作。

2. 核销处理

参照【业务 12】,进行核销处理操作。

3. 制单处理

参照【业务 12】,进行记账凭证生成操作。

4. 出纳签字

参照【业务 1】,进行出纳签字操作。

5. 审核凭证

参照【业务 1】,3 月 26 日进行审核凭证操作。

【业务 37】 3 月 25 日,开出转账支票支付水费(支票号为 ZZ9089;付款单号为 774324)。

记账凭证分录:

借:应付账款——水费　　　　　　　　　　　　　　　　　　　　　16 350.00
　　贷:银行存款——交行存款　　　　　　　　　　　　　　　　　　　16 350.00

操作指导

1. 付款单据录入并审核

参照【业务 12】,进行付款单据录入与审核操作。

2. 核销处理

参照【业务 12】,进行核销处理操作。

3. 生成凭证

参照【业务 12】,进行记账凭证生成操作。

示例 4.37
支付水费

4. 出纳签字

参照【业务 12】,进行出纳签字操作。

5. 审核凭证

参照【业务 1】,3 月 26 日进行审核凭证操作。

【业务 38】 3 月 27 日,向苏州华城机械厂采购的散热器已验收入产成品仓(到货单号为 992023)。此业务无记账凭证分录。

操作指导

1. 填制并审核采购到货单

参照【业务 8】,进行采购到货单填制与审核操作。

2. 填制并审核采购入库单

参照【业务 8】,进行采购入库单填制与审核操作。

示例 4.38
采购材料入库

【业务 39】 3 月 28 日,委托中新商贸有限公司销售的吊扇退回 4 台,已验收入库(到货单号为 992024),财务部门开具红字专用发票给中新商贸有限公司(结算单据号为 240326)。

记账凭证分录:

借:应收账款　　　　　　　　　　　　　　　　　　　　　　　　　1 717.60
　　贷:主营业务收入——吊扇　　　　　　　　　　　　　　　　　　　1 520.00
　　　　应交税费——应交增值税——销项税额　　　　　　　　　　　　 197.60

借:主营业务成本——吊扇　　　　　　　　　　　　　　　　　　　　1 400.00
　　贷:发出商品　　　　　　　　　　　　　　　　　　　　　　　　　1 400.00

209

示例 4.39 委托代销产品退货

操作指导

1. 退货结算

以"003 孙艳明"的身份登录企业应用平台。

（1）执行"业务工作"—"供应链"—"销售管理"—"委托代销"—"委托代销结算退回"命令，进入"委托代销结算退回"窗口。

（2）单击"增加"按钮，进入"查询条件选择—委托结算参照发货单"窗口，单击"确定"按钮，进入"参照生单"窗口。

（3）选择需要参照的单据，单击"确定"按钮，进入"委托代销退回"窗口，修改退货数量为"－4"，单击"保存"按钮，如图 4-59 所示。

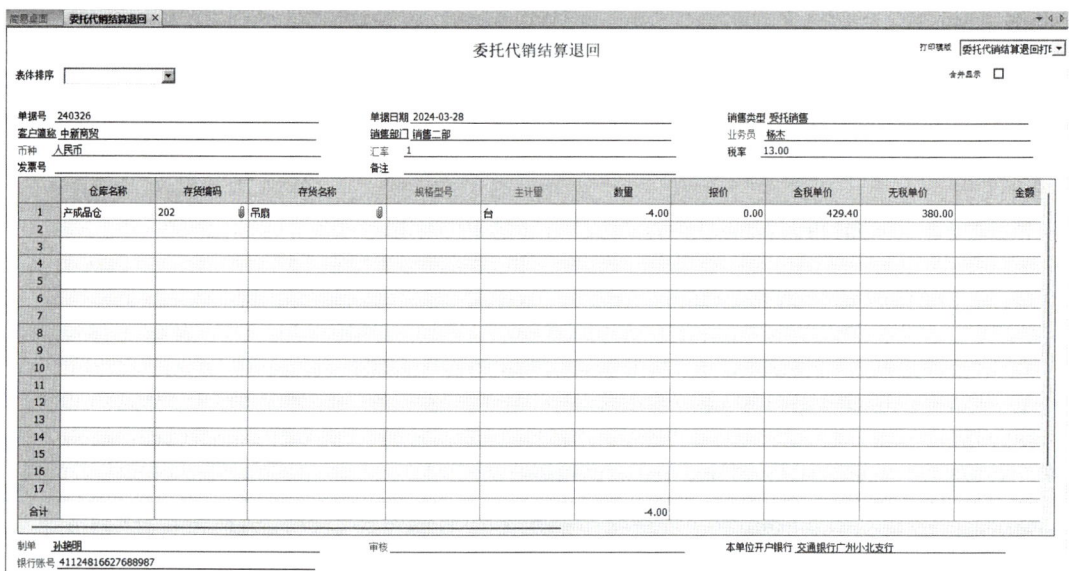

图 4-59 委托代销结算退回

（4）单击"审核"按钮，进入"请选择系统生成的发票类型"窗口，选择"专用发票"，单击"确定"按钮后退出。

2. 复核红字销售专用发票

以"003 孙艳明"的身份登录企业应用平台。

（1）执行"业务工作"—"供应链"—"销售管理"—"销售开票"—"销售发票列表"命令，进入"销售发票列表"窗口。

（2）选择最末张红字销售发票，单击"批复"按钮，弹出"批量复核完毕"提示框。

（3）单击"确定"按钮，如图 4-60 所示。

3. 审核红字销售专用发票

参照【业务 19】，进行审核红字销售专用发票操作。

4. 制单处理

参照【业务 19】，进行制单处理操作。

图 4-60 审核红字销售专用发票

5. 退货入库产品成本记账

参照【业务 34】，进行产品成本记账操作。

6. 审核凭证

参照【业务 1】，3 月 29 日进行审核凭证操作。

【业务 40】 3 月 28 日，3 月 23 日购入的线切割机设备安装完成，达到预定可使用状态，交付生产二车间使用。开具交行转账支票（转账支票号为 ZZ9091）支付安装费 2 000.00 元，取得增值税专用发票一张，增值税税率为 13%。该线切割机设备预计使用年限为 10 年，净残值率为 1.5%。

记账凭证分录：

借：在建工程　　　　　　　　　　　　　　　　　　　　　　2 000.00
　　应交税费——应交增值税——进项税额　　　　　　　　　 260.00
　　贷：银行存款——交行存款　　　　　　　　　　　　　　　　 2 260.00

借：固定资产　　　　　　　　　　　　　　　　　　　　　　32 000.00
　　贷：在建工程　　　　　　　　　　　　　　　　　　　　　　32 000.00

操作指导

1. 填制记账凭证

参照【业务 1】，进行填制记账凭证操作。

2. 出纳签字

参照【业务 1】，进行出纳签字操作。

3. 审核凭证

参照【业务 1】，3 月 29 日进行审核凭证操作。

示例 4.40 需安装的固定资产安装完毕

4. 增加固定资产卡片

参照【业务 11】,进行固定资产卡片增加操作。

【业务 41】 3月31日,本月27日到货的散热器发票尚未收到,暂估该批货物单价为 24.50 元,财务部门进行期末暂估记账处理。

记账凭证分录:

  借:原材料——散热器   637 000.00

    贷:应付账款——暂估应付款   637 000.00

操作指导

1. 暂估入库成本并记账生成凭证

示例 4.41 材料成本暂估

以"003 孙艳明"的身份登录企业应用平台。

(1) 执行"业务工作"—"供应链"—"存货核算"—"业务核算"—"暂估成本录入"命令,进入"查询条件选择"窗口。

(2) 单击"确定"按钮,进入"暂估成本录入"窗口,输入单价为"24.50",如图 4-61 所示。

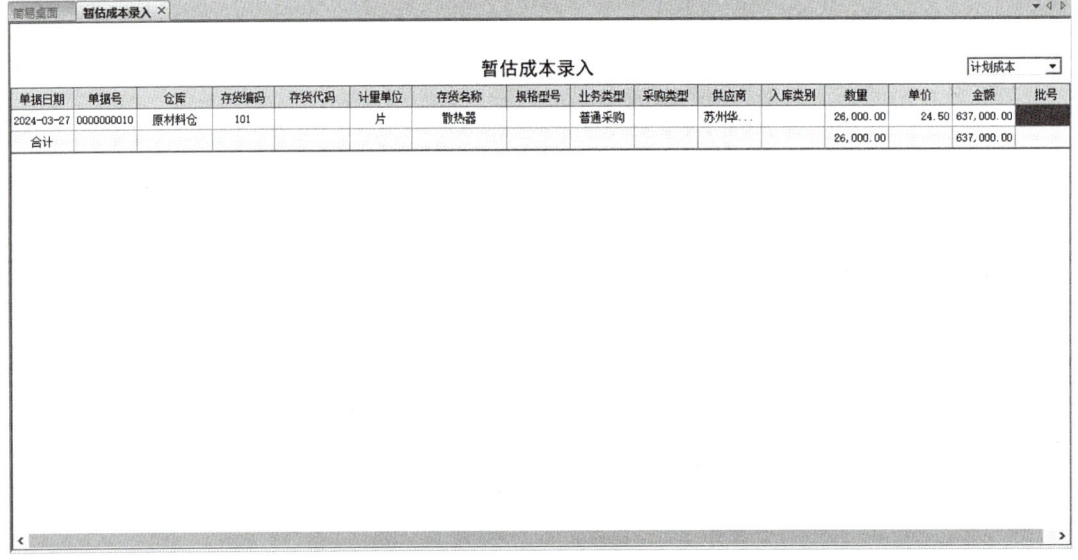

图 4-61 暂估成本录入

(3) 单击"保存"按钮,系统弹出"保存成功!"提示框,单击"确定"按钮返回。

(4) 执行"业务工作"—"供应链"—"存货核算"—"业务核算"—"正常单据记账"命令,进入"查询条件选择"窗口。

(5) 单击"确定"按钮,进入"正常单据记账"窗口,选择要记账的单据,单击"记账"按钮,完成记账后退出。

(6) 执行"业务工作"—"供应链"—"存货核算"—"财务核算"—"生成凭证"命令,进入"生成凭证"窗口。

(7) 单击"选择"按钮,进入"查询条件"窗口,选择"采购入库单(暂估记账)"选项,单击

"确定"按钮,进入"选择单据"窗口。

(8) 选择要记账的单据,单击"确定"按钮,进入"生成凭证"窗口,如图 4-62 所示。

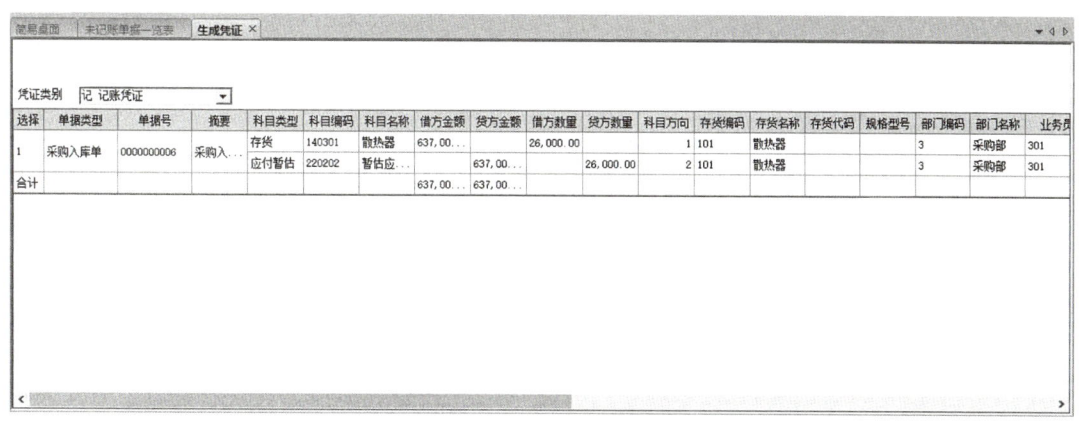

图 4-62 记账生成凭证

(9) 单击"生成"按钮,生成记账凭证,单击"保存"按钮后退出。

2. 审核凭证

参照【业务 1】,3 月 31 日进行审核凭证操作。

【业务 42】 3 月 31 日,录入本月临时员工工资数据,如表 4-5 所示。

表 4-5 临时员工工资数据

人员编码	姓名	行政部门	人员类别	组装工时(小时)	检验工时(小时)
701	王立	生产一车间	生产人员	200	
702	周新	生产二车间	生产人员		220

此业务无记账凭证分录。

操作指导

1. 计件工资统计

以"003 孙艳明"的身份登录企业应用平台。

(1) 执行"业务工作"—"人力资源"—"个人计件"—"计件工资录入"命令,进入"计件工资录入"窗口。

(2) 选择"工资类别"为临时员工,"部门"为生产车间,单击"批增"按钮,进入"计件数据录入"窗口。

(3) 输入人员姓名为"王立",计件日期为"2024-03-31",单击"增行"按钮,工序为"组装",输入数量为"200",单击"计算"按钮。

(4) 单击"确定"按钮,返回"计件工资录入"界面,单击"审核"按钮后退出。

(5) 另一名生产人员信息,参照上述步骤操作,此处不再赘述,如图 4-63 所示。

示例 4.42 临时员工工资数据处理

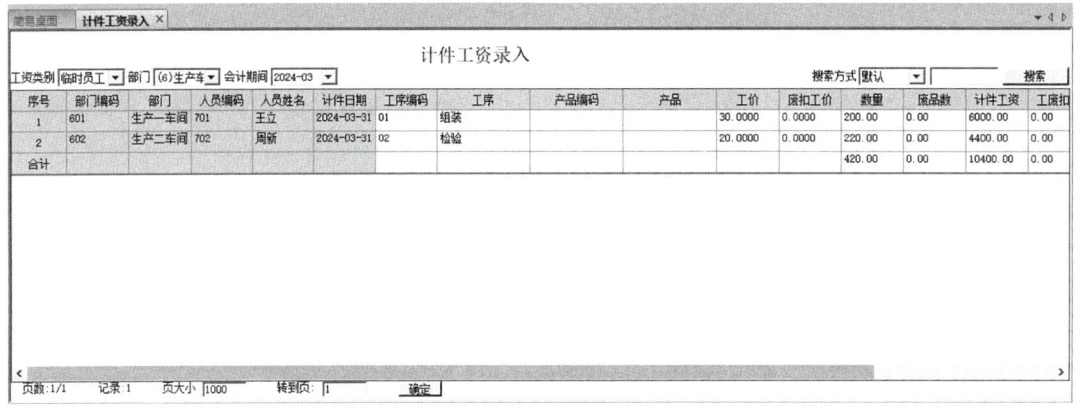

图 4-63　计件工资录入

2. 计件工资汇总处理

以"003 孙艳明"的身份登录企业应用平台。

（1）执行"业务工作"—"人力资源"—"计件工资汇总"命令，进入"计件工资汇总"窗口。

（2）选择工资类别为"临时员工"，部门为"生产车间"，单击"汇总"按钮，如图 4-64 所示。

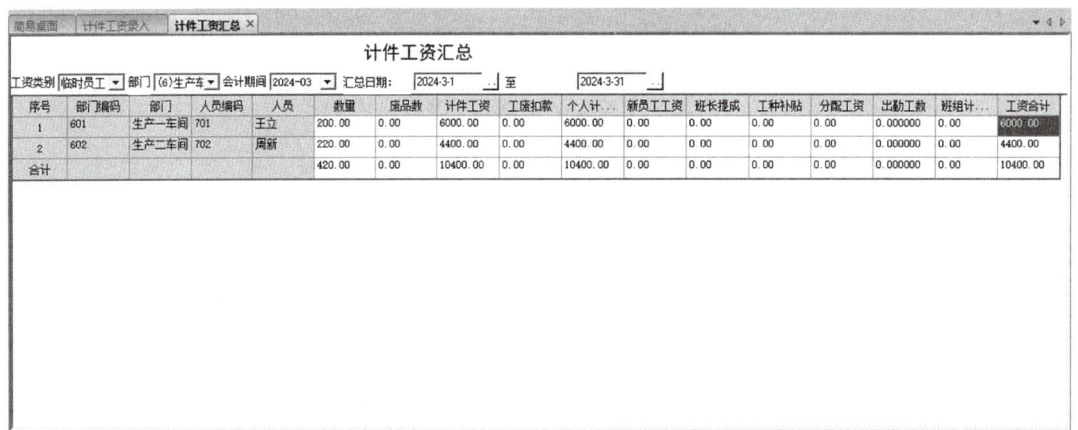

图 4-64　计件工资汇总

3. 工资变动

以"003 孙艳明"的身份登录企业应用平台。

（1）执行"业务工作"—"人力资源"—"薪资管理"—"工资类别"—"打开工资类别"菜单，进入"临时员工"类别。

（2）在"临时员工"类别状态下，执行"业务处理"—"工资变动"命令，进入"工资变动"窗口。单击"计算"按钮，如图 4-65 所示。

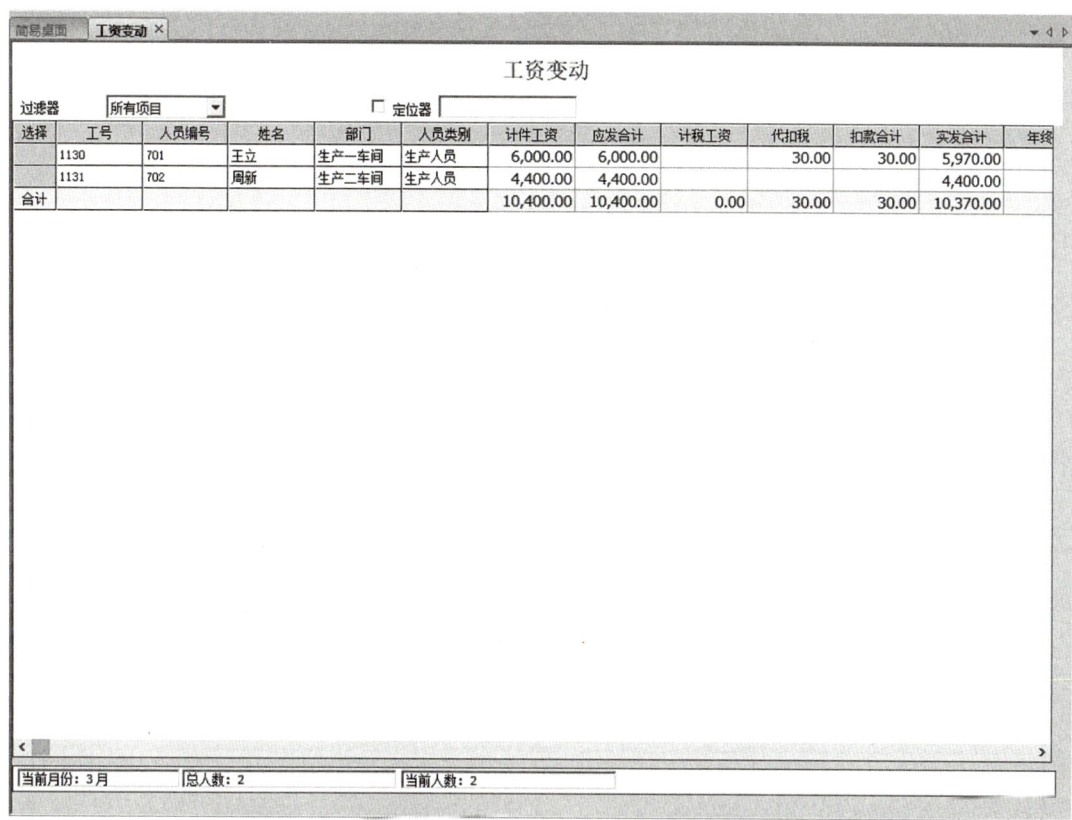

图 4-65 临时员工工资变动

【业务43】 3月31日,生成临时员工工资分摊表,如表4-6所示。

表 4-6 临时员工工资分摊表

行政部门	人员类别	计提类型名称	计提标准	借方科目	贷方科目
生产一车间、生产二车间	合同工	应付工资	100%	生产成本/直接人工 500102	应付职工薪酬/工资 221101

记账凭证分录:

  借:生产成本——直接人工   6 000.00
    生产成本——直接人工   4 400.00
   贷:应付职工薪酬——工资   10 400.00

操作指导

1. 临时员工工资分摊

参照【业务36】,进行临时员工工资分摊。

2. 审核凭证

参照【业务1】,3月31日进行审核凭证操作。

示例 4.43
临时员工工资分摊

【业务44】 3月31日,对各项资产进行检查,发现2022年2月1日购入的电机绕线机的可回收金额为4 000.00元,低于其账面价值,计提固定资产减值准备。

记账凭证分录:

借:资产减值损失　　　　　　　　　　　　　　　　　　　　　　　　1 250.40
　　贷:固定资产减值准备　　　　　　　　　　　　　　　　　　　　　　1 250.40

操作指导

1. 计提减值准备并生成记账凭证

以"003孙艳明"的身份登录企业应用平台。

示例4.44
计提固定资产减值准备

(1) 执行"业务工作"—"财务会计"—"固定资产"—"卡片"—"变动单"—"计提减值准备"命令,进入"固定资产变动单"窗口。

(2) 选择卡片编号为"00005",输入减值准备金额为"1 250.40",变动原因为"可回收金额低于账面价值",如图4-66所示。

图4-66　固定资产变动单

(3) 单击"保存"按钮,自动生成记账凭证。

(4) 补充凭证类别,输入借方科目名称为"资产减值损失(6701)",单击"保存"按钮,系统自动生成记账凭证,输入借方科目为"资产减值损失(6701)"。

(5) 单击"保存"按钮,凭证左上角出现"已生成"字样。

2. 审核凭证

参照【业务1】,3月31日进行审核凭证操作

【业务45】 3月31日,计提本月坏账准备。

记账凭证分录:

借:信用减值损失　　　　　　　　　　　　　　　　　　　　　　　　　480.56
　　贷:坏账准备　　　　　　　　　　　　　　　　　　　　　　　　　　480.56

操作指导

以"003 孙艳明"的身份登录企业应用平台。

1. 完成计提坏账准备

（1）执行"业务工作"—"财务会计"—"应收款管理"—"坏账处理"—"计提坏账准备"命令，进入"应收账款百分比法"窗口，如图 4-67 所示。

（2）单击"确定"按钮，弹出"是否立即制单"提示框。

（3）单击"是"按钮，进入"记账凭证"窗口，单击"保存"按钮后退出。

2. 审核凭证

参照【业务 1】，3 月 31 日进行审核凭证操作。

示例 4.45
计提坏账准备

图 4-67 应收账款百分比法计提坏账准备

【业务 46】 3 月 31 日，计提本月固定资产折旧。

记账凭证分录：

借：管理费用——折旧费——总经办	2 339.20
管理费用——折旧费——财务部	479.22
管理费用——折旧费——仓储部	177.02
制造费用——折旧费——生产一车间	678.24
制造费用——折旧费——生产二车间	1 059.50
贷：累计折旧	4 733.18

操作指导

1. 计提本月折旧

以"003 孙艳明"的身份登录企业应用平台。

（1）执行"业务工作"—"财务会计"—"固定资产"—"处理"—"计提本月折旧"命令，弹出"是否要查看折旧清单?"提示框，单击"否"按钮。

（2）系统弹出"本操作将计提本月折旧，并花费一定时间，是否要继续?"提示框，单击"是"按钮，进入"折旧分配表"窗口，如图 4-68 所示。

（3）单击"凭证"按钮，进入"填制凭证"窗口，根据资产部门进行对应科目，单击"保存"按钮后退出。

2. 审核凭证

参照【业务 1】，3 月 31 日进行审核凭证操作。

示例 4.46
计提固定资产折旧

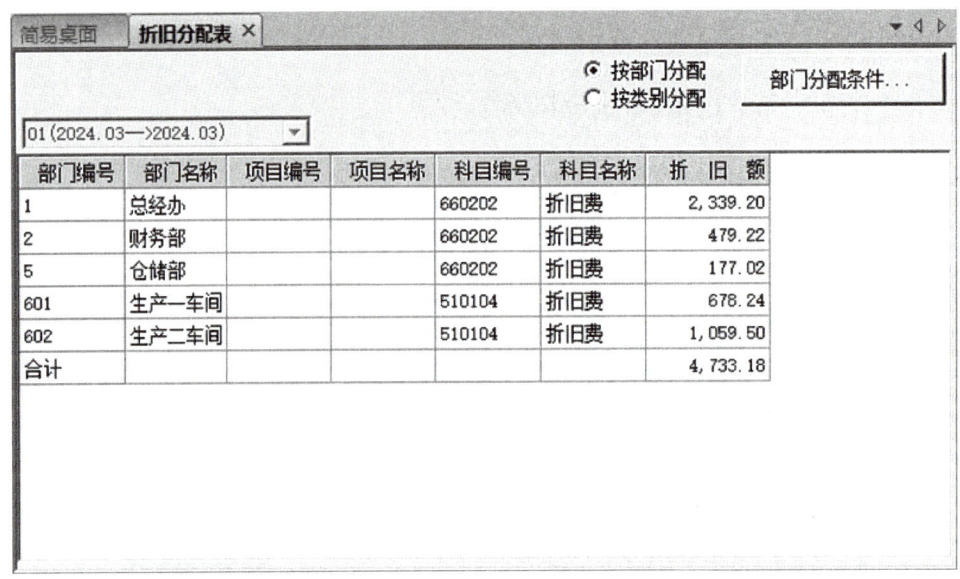

图 4-68　折旧分配表

 思政小故事

RPA 助力企业数字化转型浪潮

2017年,德勤推出的财务机器人横空出世,在财务领域掀起了一场革命。机器人流程自动化(RPA)的核心功能是将重复且机械的工作交由计算机自动完成。具体而言,RPA是一种专门处理重复性任务和模拟手工操作的程序,能够实现数据检索与记录、图像识别与处理、数据流的自动接收与输出、数据加工与分析以及信息监控与产出。它协助财务人员高效、高质地完成费用报销、采购到付款、订单至收款、固定资产核算、存货到成本、总账到报表、资金结算等常见财务流程。

相较于传统会计,RPA具备全天候工作的能力,显著提升工作效率,降低人力成本;其操作正确率接近100%,极大地保障了工作质量。此外,工作内容和时间可根据需求灵活调整,及时响应业务变化。更重要的是,RPA的应用释放了大量基础交易处理人员,使其能够转型从事高附加值的财务工作,从而有力支撑业务发展。

毫不夸张地说,RPA作为一种超级强大的数字化劳动力,完美模拟了人类的眼睛和手,替代人工操作电脑。一个原本需要点击283次鼠标、耗时4小时的流程,如今只需点击一次鼠标,5分钟即可完成,效率提升高达几十倍,彻底将财务工作者从繁琐耗时的重复工作中解放出来。

 思政思考

依托RPA技术的数字化转型,"加快数字化发展,建设数字中国"的意义何在?

 **思政分析**

思政案例考查点：勇于创新，不断探索；培养工匠精神；协同合作与共享发展。

RPA作为企业数字化转型的重要技术工具，从最初替代基础操作提升效率、节省人力，到近年来与AI等交叉学科技术的融合，被誉为"数字员工"。RPA技术在企业中的应用也为创新提供了新思路和新方法。企业应鼓励员工积极探索RPA与业务流程的深度融合，不断挖掘新的应用场景和优化方案，以创新推动持续发展。

RPA打破了企业内部不同部门、不同系统之间的壁垒，实现了信息的互联互通和业务流程的无缝对接。这要求企业树立协同合作的理念，加强部门间的沟通与协作，形成合力。尽管RPA能自动化处理大量重复性任务，但要确保其高效稳定运行，仍需专业技术人员精心设计、维护和优化。企业应积极参与产业联盟和合作平台建设，共享数字化技术和经验，共同探索新的商业模式和发展机遇，实现互利共赢。这要求相关从业者具备精益求精的工匠精神，严格把关每一个流程和脚本，确保其准确无误、高效执行。同时，也要培养员工在数字化环境下的专业素养和技能水平，为企业的数字化转型提供坚实的人才支撑。

工作领域五
企业期末处理

学习目标

知识目标
- 掌握用友 U8V10.1 软件中业务及财务各系统期末处理的相关内容
- 理解各系统期末处理在整个软件系统中的作用和重要性
- 熟悉财务报表编制的原理及流程

技能目标
- 能够使用用友 U8V10.1 软件进行采购管理系统的期末处理
- 能够使用用友 U8V10.1 软件进行销售管理系统的期末处理
- 能够使用用友 U8V10.1 软件进行库存管理系统的期末处理
- 能够使用用友 U8V10.1 软件进行存货核算系统的期末处理
- 能够使用用友 U8V10.1 软件进行薪资管理系统的期末处理
- 能够使用用友 U8V10.1 软件进行固定资产管理系统的期末处理
- 能够使用用友 U8V10.1 软件进行应收、应付款管理系统的期末处理
- 能够使用用友 U8V10.1 软件进行总账管理系统的期末处理
- 能够使用用友 U8V10.1 软件生成并编制财务报表

素养目标
- 通过学习用友 U8V10.1 软件财务端及业务端各系统的期末处理，掌握科学的学习方法，具备一定的综合能力及执行能力
- 培养学生爱岗敬业精神、良好的职业素养及团队协作能力
- 培养学生严谨细致、严肃认真的工作作风

工作任务一　企业期末业务处理

工作任务概述

1. 熟悉并掌握采购管理系统的期末处理

2. 熟悉并掌握销售管理系统的期末处理
3. 熟悉并掌握库存管理系统的期末处理
4. 熟悉并掌握存货核算系统的期末处理

任务准备

期末需要对各个管理系统所产生的当月数据进行封存,并在有关账表之中记录。但各个系统的期末处理必须按照一定的处理顺序进行操作:

(1) 采购管理系统期末处理完毕后,才能进行库存管理、存货管理、应付款管理的期末处理。

(2) 采购管理、销售管理期末处理完毕后,才能进行库存管理的期末处理。

(3) 库存管理期末处理完毕后,才能进行存货核算、应收、应付款管理的期末处理。

(4) 应收款管理、应付款管理、薪资管理、固定资产管理期末处理完毕后,才能进行总账系统期末处理。

一、采购管理系统的期末处理

采购管理系统的期末处理仅需进行该系统的月末结账即可,也就是将当月的单据数据封存结账后,不允许对该会计期的采购单据进行增加、修改和删除处理。

> 提示
>
> 若采购期初记账未完成,则采购管理系统不允许月末结账。若上月未结账,则本月单据可以正常处理,但本月不允许月末结账。月末结账后,已结账月份的采购发票不允许修改或删除。采购管理系统月末结账后,才能进行库存管理、存货核算、应付款管理系统的月末处理。

采购管理系统的期末处理流程,如图 5-1 所示。

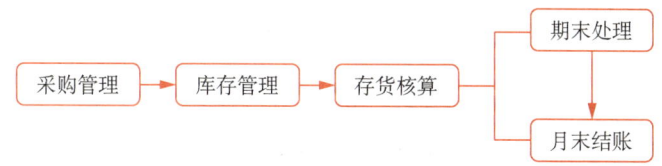

图 5-1 采购管理系统期末处理流程

二、销售管理系统的期末处理

销售管理系统的期末处理仅需进行该系统的月末结账即可,即当月的单据数据封存结账后,不允许对该会计期的销售单据进行增加、修改和删除处理。

销售管理系统的期末处理流程,如图 5-2 所示。

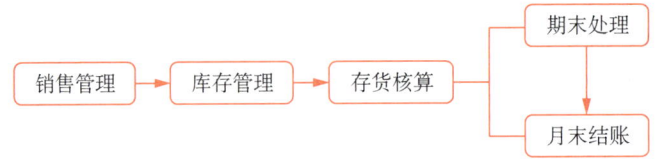

图 5-2　销售管理系统期末处理流程

三、库存管理系统的期末处理

库存管理系统的期末处理包括库存与存货对账和月末结账两部分。

1. 库存与存货对账

为保证库存系统数据与存货核算系统数据的一致性,月末需要进行对账。库存系统中的存货入库、出库和结存数量应与存货核算系统记录的数据进行核对。

2. 月末结账

当库存管理系统期末处理完成后,就可以进行月末结账。如果是集成应用模式,采购管理及销售管理系统尚未结账的情况下,库存管理系统不能结账。

库存管理系统的期末处理流程,如图 5-3 所示。

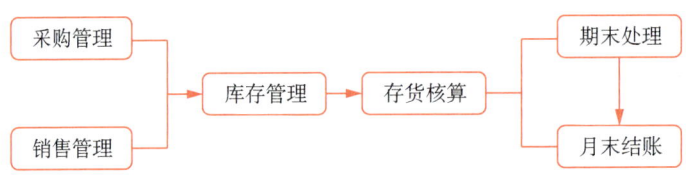

图 5-3　库存管理系统期末处理流程

四、存货核算系统的期末处理

存货核算系统的期末处理包括期末处理、月末结账和与总账系统对账三部分。

1. 期末处理

当存货核算系统日常业务全部完成后,就可以进行期末处理,系统将自动计算出全月平均单价及当期出库成本,自动计算出差异率(差价率)及当期的分摊差异(差价),并对已完成日常业务的仓库或者部门标记已处理标记。

2. 月末结账

当存货核算系统期末处理完成后,就可以进行月末结账。如果是集成应用模式,则在采购管理、销售管理、库存管理全部结账后,存货核算系统才能结账。

> **提示**
> 各子系统中的单据处理完毕后,封存当月的数据单据,并进行月末结账后,如若发现错误必须修改,可取消结账。

3. 与总账系统对账

为保证业务数据与财务数据的一致性,月末需要进行对账。存货核算系统记录的存货明细账数据应与总账管理系统的存货科目和差异科目的结存金额和数量进行核对。

存货核算系统的期末处理流程,如图5-4所示。

图5-4 存货核算系统期末处理流程

子任务5-1 采购管理系统的期末处理

 任务内容

1. 进行采购管理系统的期末结账处理
2. 进行采购管理系统的取消结账处理

 **任务操作**

以"001张伟"的身份登录企业应用平台,完成采购管理系统的期末处理操作。

1. 采购管理系统的期末结账处理

(1) 执行"业务工作"—"供应链"—"采购管理"—"月末结账"命令,进入"结账"窗口。

(2) 选择会计月份"3月"所在行,单击"结账"按钮,弹出"是否关闭订单?"提示框,单击"否"按钮,"是否结账"一栏显示"是"字样,如图5-5所示。

示例5.1 采购管理系统的期末处理

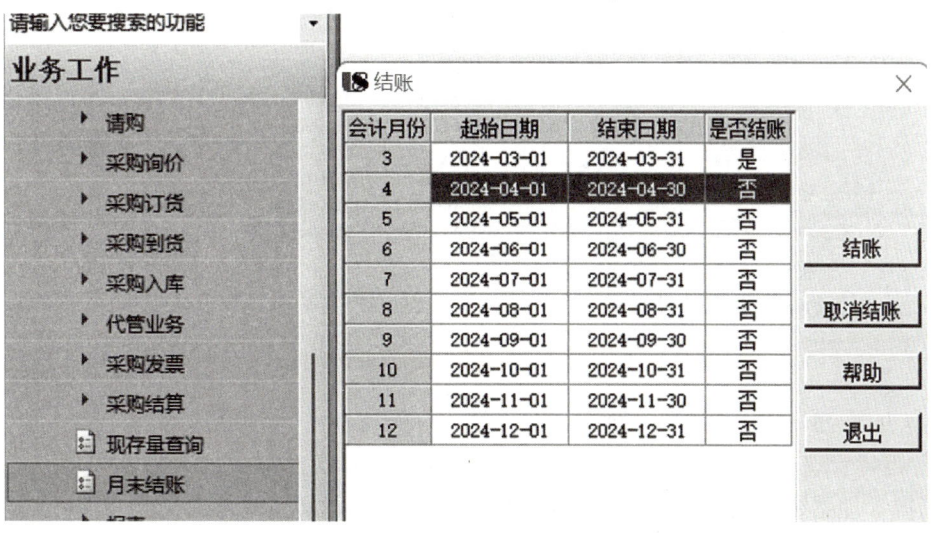

图5-5 采购管理结账界面

(3) 单击"退出"按钮,采购管理系统月末结账结束。

2. 采购管理系统的取消结账处理

(1) 在"企业应用平台"界面,执行"业务工作"—"供应链"—"采购管理"—"月末结账"命令,进入"结账"窗口。

(2) 单击"取消结账"按钮,"是否结账"一栏显示"否"字样。

(3) 单击"退出"按钮。

子任务 5-2　销售管理系统的期末处理

任务内容

1. 进行销售管理系统的期末结账处理
2. 进行销售管理系统的取消结账处理

任务操作

以"001 张伟"的身份登录企业应用平台,完成销售管理系统的期末处理操作。

1. 销售管理系统的期末结账处理

(1) 执行"业务工作"—"供应链"—"销售管理"—"月末结账"命令,进入"结账"窗口。

(2) 选择会计月份"3 月"所在行,单击"结账"按钮,弹出"是否关闭订单?"提示框,单击"否"按钮,系统开始结账。

(3) 结账完成后,"是否结账"一栏显示"是"字样,如图 5-6 所示。

示例 5.2
销售管理系统的期末结账处理

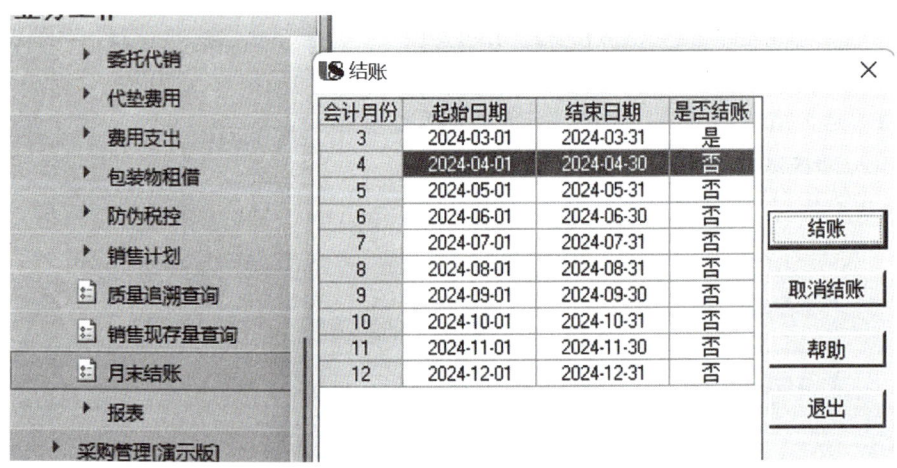

图 5-6　销售管理结账界面

(4) 单击"退出"按钮或单击窗口右上角的"关闭"按钮。

2. 销售管理系统的取消结账处理

销售管理系统的取消结账处理与采购管理系统取消期末结账处理操作步骤一致。若应收款管理系统或库存管理系统或存货核算系统显示已结账,则销售管理系统不能取消结账。

提示

若上月未结账，则本月单据可以正常处理，但本月不允许月末结账。采购管理、销售系统这两个系统结账后，才能进行库存管理、存货管理、应付款管理、应收款管理等系统的月末结账。

子任务 5-3 库存管理系统的期末处理

任务内容

1. 进行库存管理系统的期末对账处理
2. 进行库存管理系统的月末结账处理
3. 进行库存管理系统的取消结账处理

任务操作

以"001 张伟"的身份登录企业应用平台，完成库存管理系统的期末处理操作。

1. 库存管理系统的期末对账处理

（1）执行"业务工作"—"供应链"—"库存管理"—"对账"命令，选择"库存与存货对账"选项，双击进入"库存存货对账"窗口。

（2）选择对账月份为"3"，单击"确定"按钮，查看对账结果。

2. 库存管理系统的月末结账处理

（1）执行"业务工作"—"供应链"—"库存管理"—"月末结账"命令，进入"结账"窗口。

（2）单击"结账"按钮，弹出"库存启用月份结账后将不能修改期初数据，是否继续结账？"提示框，如图 5-7 所示。

示例 5.3 库存管理系统的期末处理

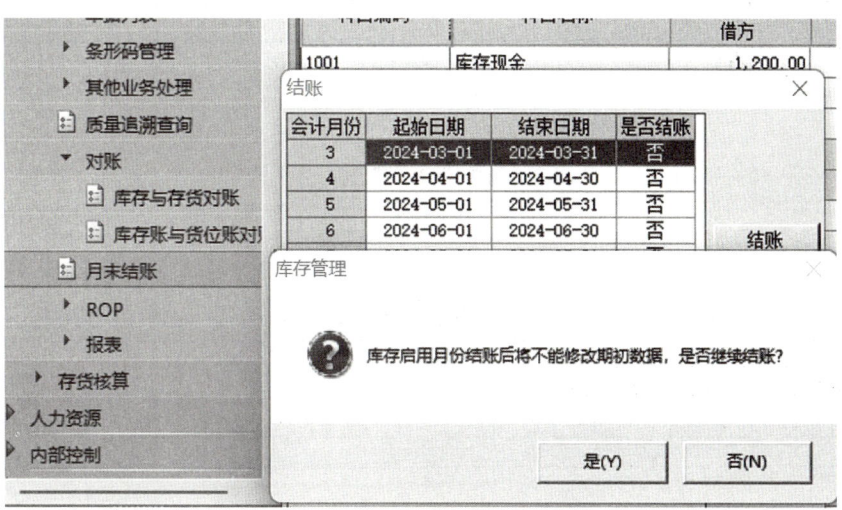

图 5-7 库存管理结账提示框

(3)单击"是"按钮,完成结账后,"是否结账"一栏显示"是"字样。
(4)单击"退出"按钮退出。

3. 销售管理系统的取消结账处理

销售管理系统的取消结账处理与采购管理系统取消期末结账操作步骤一致,此处不再赘述。

子任务 5-4　存货核算系统的期末处理

任务内容

1. 进行存货核算系统的期末处理
2. 进行存货核算系统的月末结账处理
3. 进行存货核算系统与总账系统对账处理

任务操作

以"001张伟"的身份登录企业应用平台,完成存货核算系统的期末处理操作。

1. 存货核算系统的期末处理

(1)执行"业务工作"—"供应链"—"存货核算"—"业务核算"—"期末处理"命令,进入"期末处理"窗口。

示例5.4 存货核算系统的期末处理

(2)勾选左侧需要进行期末处理的仓库,执行"处理"—"确定"命令,系统自动算存货成本,弹出"期末处理完毕!"提示框,如图5-8所示。
(3)单击"确定"按钮。

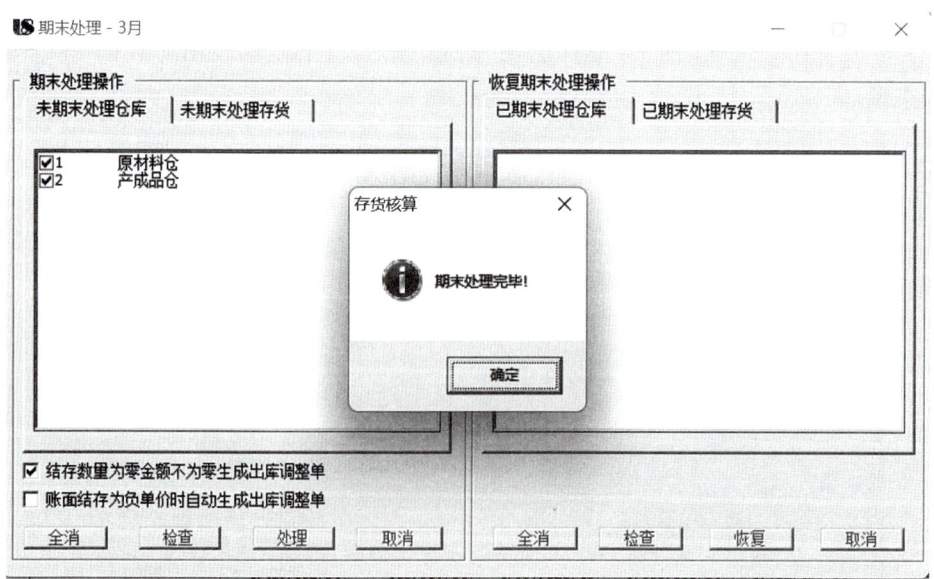

图5-8　存货核算期末处理界面

> **提示**
> 如果存货成本按全月平均法或计划价、售价方式核算,则当月业务全部完成后,要进行期末处理。
> 存货核算期末处理需要在采购管理、销售管理、库存管理系统结账后进行。
> 期末处理之前应检查需要记账的单据是否已全部记账。

2. 存货核算系统的月末结账处理

(1) 执行"业务工作"—"供应链"—"存货核算"—"业务核算"—"月末结账"命令,进入"月末结账"窗口。

(2) 单击"结账"按钮,弹出"月末结账完成"提示框,如图 5-9 所示。

(3) 单击"确定"按钮。

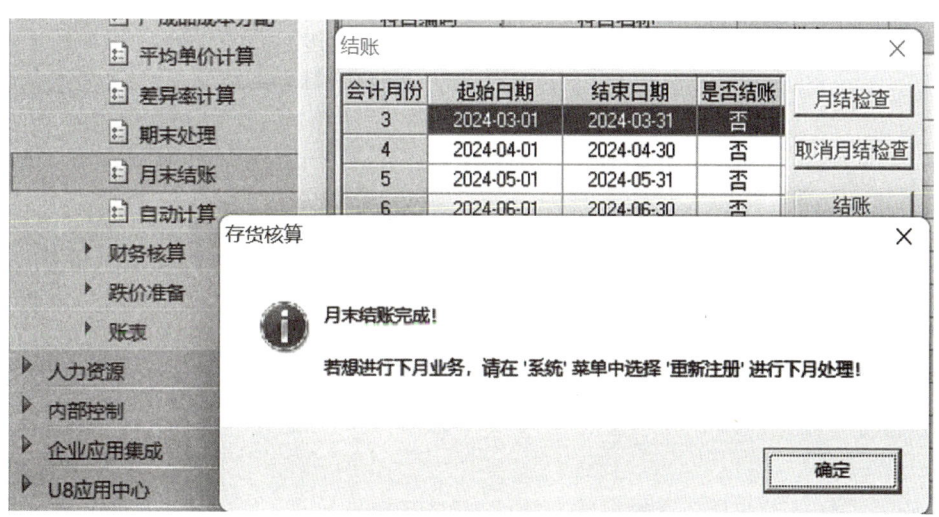

图 5-9 存货核算月末结账界面

3. 存货核算系统与总账系统对账处理

(1) 执行"业务工作"—"供应链"—"存货核算"—"财务核算"—"与总账对账"命令,进入"与总账对账"窗口,查看存货系统期初结存、发生金额与期末结存与总账系统数据。

(2) 单击"退出"按钮。

工作任务二 企业期末财务处理

工作任务概述

1. 熟悉并掌握薪资管理系统的期末处理
2. 熟悉并掌握固定资产管理系统的期末处理

3. 熟悉并掌握应收款、应付款管理系统的期末处理
4. 熟悉并掌握总账管理系统的期末处理

任务准备

一、薪资管理系统的期末处理

薪资管理系统的期末处理包括月末结转、年末结转以及工资表的查询与输出等工作。

1. 月末结转

月末结转是指将当月数据经过系统处理后顺利结转至下月。每月工资数据处理完毕后，即可启动月末结转程序。由于月末处理功能仅限账套主管操作，必须以主管身份登录系统。

月末结转仅在会计年度的1月至11月期间进行，且仅当月工资数据处理完毕后方可执行。若需处理多个工资类别，应逐一打开各工资类别，分别进行月末结转。若本月工资数据尚未汇总，系统将拒绝执行月末结转。完成期末处理后，当月数据将锁定，不再允许变动。

2. 年末结转

年末结转是指将全年工资数据经过系统处理后结转至下一年度。执行年末结转后，新年度账目将自动生成。只有在处理完所有工资类别的工资数据，或关闭多工资类别的所有工资类别后，方可在系统管理中选择"年度账"菜单，进行上年数据结转。其他操作流程与月末处理相似。年末处理功能同样仅限主管人员操作。

3. 工资表的查询与输出

工资数据处理结果均以工资表形式呈现，薪资管理系统提供了工资表和工资分析表两种报表形式。

1）工资表

工资表主要用于本月工资的发放与统计，涵盖工资发放表、工资汇总表等。

2）工资分析表

工资分析表基于工资数据，按部门、人员等分类方式对工资数据进行深入分析和比较。

在进行月末处理后，若发现仍有业务或其他事项需在已处理月份进行账务调整，账套主管可使用下月日期登录系统，借助反结账功能取消已结账标记。

> **提示**
>
> 以下情况禁止进行反结账操作：
>
> 总账系统已结账。
>
> 汇总工资类别的会计月份与反结账的会计月相同，且包含反结账的工资类别。
>
> 本月工资分摊、计提凭证已传输至总账系统，若总账系统已审核并记账，需先进行红字冲销，方可反结账。
>
> 如果总账系统未进行任何操作，只需删除相关凭证即可。若凭证已由出纳或主管签字，需先删除该凭证，方能执行反结账。

二、固定资产管理系统的期末处理

固定资产管理系统的期末处理工作涵盖了对账、月末结账等关键环节。

1. 对账

在执行月末结账过程中,需将固定资产管理系统的资产价值与总账管理系统中固定资产科目的数值进行对账,并生成对账结果。

提示

只有在总账记账完成后,固定资产管理系统方可启动对账流程。对账平衡后,方可启动月末结账。若初始设置中激活与账务系统对账功能,则对账操作不受时间限制,可随时进行。

2. 月末结账

当固定资产管理系统内的所有业务处理完毕后,即可启动月末结账程序。月末结账按月进行一次,结账后的当期数据将不可修改。若发现需修正的错误,可通过系统内置的恢复月末结账前状态功能进行反结账操作,随后进行相应修改。但需注意,取消结账操作仅当月总账未结账时方可执行。

提示

若初始设置中勾选"在对账不平情况下允许固定资产月末结账"选项,则系统将允许直接进行月末结账。

三、应收款、应付款管理系统的期末处理

下面介绍应收款管理系统的月末处理,应付款管理的月末处理可参照此执行。应收款管理系统的期末处理工作涵盖汇兑损益处理、月末结账、统计分析与查询等内容。

1. 汇兑损益处理

若应收款涉及外币核算,需计算外币单据的汇兑损益,并完成相应的账务处理。

2. 月末结账

在应收账款管理系统的所有单据处理完毕后,方可进行月末结账。结账后数据不可修改,若发现错误需修改,可取消月末结账,但此操作仅限于当月总账未结账时进行。

3. 统计分析与查询

此部分内容与应收款管理中的账表管理内容一致,此处不再赘述。

提示

应收款管理与应付款管理系统结账完毕后,总账管理系统方可结账。
若应收款管理系统与销售管理系统联合使用,应在销售管理系统结账后,再进行应收款管理系统的结账处理。

> 若应付款管理系统与采购管理系统联合使用，应在采购管理系统结账后，再进行应付款管理系统的结账处理。
>
> 若当月总账管理系统已结账，则应收款管理系统无法取消结账。

四、总账管理系统的期末处理

在用友 U8V10.1 软件其他子系统完成结账后，方可进行总账管理系统的期末处理。总账管理系统的期末处理涵盖以下内容：编制银行余额调节表、结转损益、计算当期利润，以及填制资产负债表、利润表和现金流量表等账表。

1. 银行对账

银行对账是企业在每月月末由出纳人员将企业的银行存款日记账与开户银行发来的银行存款对账单进行逐笔核对的过程。这一过程包括勾对已达账项，找出未达账项，并为编制银行存款余额调节表提供依据。用友 U8V10.1 软件中的银行对账功能主要包括以下内容：输入银行对账期初数据、输入银行对账单、银行对账以及银行存款余额调节表的编制等。

1）输入银行对账期初数据

通常，许多企业在启用总账管理系统时，初期并不启用银行对账模块。例如，某企业在 2023 年 1 月启动总账管理系统，但直到 5 月才启用银行对账功能。在这种情况下，银行对账应设定一个启用日期（该日期应为使用银行对账功能前最后一次手工对账的截止日期），在此日期，需录入最后一次对账时企业方与银行方的调整前余额，以及启用日期之前的单位日记账和银行对账单中的未达项。

2）输入银行对账单

若要实现计算机自动对账，必须在每月月末对账前，将银行开出的对账单录入计算机。本功能专为日常录入银行对账单而设计。在选定特定账户（银行科目）后，可录入该账户下的银行对账信息，以便与企业银行存款日记账进行核对。

3）银行对账

银行对账采用自动对账与手工对账相结合的方式。自动对账即由计算机根据对账依据，将银行日记账中的未达账项与银行对账单进行自动核对和勾销。对账依据通常是"结算方式＋结算号＋方向＋金额"或"方向＋金额"。对于已核对的银行业务，系统将自动在银行存款日记账和银行对账单双方标记两清标志，并将其视为已达账项；否则，将其视为未达账项。由于自动对账的前提是银行存款日记账和银行对账单双方的对账依据完全相同，为确保自动对账的准确性和彻底性，必须保证对账数据的规范性和合理性。

手工对账是对自动对账的有效补充。在采用自动对账后，可能仍存在一些特殊已达账项未能被识别，而被误判为未达账项。为确保对账的全面性和准确性，可在"银行对账"窗口中，双击"两清"栏进行手工对账调整和勾销。手工对账的标记为"Y"，与自动对账的标记"O"有所区别。

 提示

以下四种情况中,只有第一种情况能自动核销已对账的记录,后三种情况均需通过手工对账来强制核销。

(1) 对账单文件中的一条记录和银行日记账未达账项文件中的一条记录完全相同。

(2) 对账单文件中的一条记录和银行日记账未达账项文件中的多条记录完全相同。

(3) 对账单文件中的多条记录和银行日记账未达账项文件中的一条记录完全相同。

(4) 对账单文件中的多条记录和银行日记账未达账项文件中的多条记录完全相同。

4) 银行存款余额调节表的编制

在对银行账目进行两清勾对后,系统将自动整理并汇总未达账和已达账,生成"银行存款余额调节表",以验证对账的准确性。该余额调节表反映的是对账截止日期的余额情况;若未设定对账截止日期,则显示最新余额调节表。

 提示

若银行存款余额调节表显示账面余额不平,需检查"银行期初录入"中的相关项目是否平衡,"银行对账单"录入是否准确,"银行对账"中的勾对是否正确以及对账是否平衡。如发现错误,应及时进行调整。

5) 对账结果查询

对账结果查询功能主要用于查询单位日记账与银行对账单的对账结果。它作为余额调节表的有力补充,能够帮助用户更深入地了解对账后,对账单上已勾对的明细情况,包括已达账项和未达账项,从而进一步核实对账结果。在确认无误的情况下,用户可通过核销银行账功能来核销已达账项。需要注意的是,当银行对账出现不平衡时,核销功能将无法使用。此外,核销操作不会影响银行日记账的查询,且支持进行反核销操作。

2. 转账定义设置

转账定义设置涵盖自定义转账、对应结转、汇兑损益结转及期间损益结转等多种类型。

1) 自定义转账设置

自定义转账主要包括以下几类:费用分配结转,如工资分配;费用分摊结转,如制造费用;税金计算结转,如增值税等;提取各项费用的结转,如提取福利费;以及各项辅助核算的结转。

2) 对应结转设置

对应结转设置支持两个科目之间的一对一结转,并提供科目的一对多结转功能。对应结转的科目可以是上级科目,但其下级科目的科目结构必须一致(即相同明细科目),若涉及辅助核算,则两个科目的辅助账类也必须一一对应。

提示

对应结转设置功能仅结转期末余额,若需结转发生额,请在自定义结转中设置。

3）汇兑损益结转设置

汇兑损益结转设置用于期末自动计算外币账户的汇兑损益,并在转账生成中自动生成汇兑损益转账凭证。汇兑损益能够处理外汇存款账户、外币现金账户以及外币结算的各项债权、债务,但不包括所有者权益类账户、成本类账户和损益类账户。

为保证汇兑损益计算准确,填制某月汇兑损益凭证时,账户必须先将本月的所有未记账凭证记账。

> **提示**
> 汇兑损益入账科目不能是辅助账科目或有外币核算的科目。若已启用供应链管理系统,则计算汇兑损益的外币科目不能是具有客户或供应商往来核算的科目。

4）期间损益结转设置

期间损益结转设置在一个会计期间结束时,将损益类科目的余额结转到本年利润科目中,以便及时反映企业的盈亏情况。期间损益结转主要针对管理费用、销售费用、财务费用、销售收入和营业外收支等科目的结转。

在损益科目结转中,将列出所有损益科目。若希望某损益科目参与期间损益结转,则应在该科目所在行的本年利润科目栏填写本年利润科目代码;若为空,则不结转此损益科目的余额。

3. 转账生成

完成转账定义后,每月月末只需执行"转账生成"命令,计算机即可快速生成转账凭证,并将其自动追加到未记账凭证中。然而,只有经过审核和记账,结转工作才算真正完成。

由于转账凭证中的公式主要取自账簿,在进行月末转账前,必须将所有未记账凭证全部记账,否则生成的转账凭证数据可能不准确。特别是对于一组相关转账分录,必须按顺序集中进行转账生成、审核和记账。

若企业启用了供应链管理系统、应收款管理系统或应付款管理系统,则在总账管理系统中无法按客户或供应商进行结转。

企业可根据实际需求选择生成结转方式、结转月份及需结转的转账凭证。系统在进行结转计算后会显示将要生成的凭证,确认无误后,将生成的凭证追加到未记账凭证中。结转月份为当前会计月,且每月仅结转一次。生成结转凭证时,需注意操作日期,通常在月末进行。

若转账科目涉及辅助核算但未定义具体转账辅助项,可选择"按所有辅助项结转"或"按所有发生的辅助项结转"。

> **提示**
> 在生成转账之前,请确保转账月份与当前会计月份一致。在执行转账生成操作前,务必先将相关经济业务的记账凭证完成登记入账。每月仅生成一次转账凭证。若使用应收款管理系统、应付款管理系统,请注意在总账系统中无法按客户或供应商进行结转。生成的转账凭证仍需经过审核才能进行记账。必须以账套主管的角色对所生成的自动转账凭证进行审核和记账,若忽略此步骤,后续期间的损益结转数据将出现不完整的情况。

4. 总账账簿管理

总账账簿管理主要涵盖基本账簿管理与辅助核算账簿管理两大方面。基本账簿管理涉及总账、余额表、序时账、三栏账、多栏账等的查询、输出及打印功能。辅助核算账簿管理则包括个人往来、部门核算、项目核算账簿的总账和明细账查询与输出，以及部门收支分析和项目统计表的查询与输出。

> **提示**
>
> 当供应商往来和客户往来通过总账系统进行核算时，其核算账簿的管理在总账系统中完成；若非如此，则需在应收款、应付款管理系统中进行相应管理。

5. 对账

对账是指对账簿数据进行核对，以检查记账是否准确、账簿是否平衡。其主要通过核对总账与明细账、总账与辅助账的数据，完成账账核对。为保障账证相符、账账相符，应定期使用本功能进行对账，至少每月一次，通常可在月末结账前进行。

若企业已使用供应链管理系统、应收款管理系统、应付款管理系统，则在总账管理系统中无法对往来客户账、往来供应商账进行对账。

当对账过程中发现错误或记账有误时，系统支持恢复记账前状态，以便进行检查和修改，直至对账结果正确无误。

6. 结账

每月月底，企业需对总账进行结账处理。总账结账属于成批数据处理过程，结账前必须进行数据备份，结账后禁止再录入本月凭证，并终止各账户的记账工作。需计算本月各账户的发生额合计及期末余额，并将余额结转至下月月初。每月仅进行一次结账，旨在限制当月日常处理并初始化下月账簿，整个过程由计算机自动完成。然而，在总账系统结账前，需进行以下检查：

（1）确认本月所有业务是否已全部记账，存在未记账凭证则无法结账。

（2）月末结转必须全部生成并完成记账，则本月不能结账。

（3）检查上月是否已结账，若上月未结账，则本月无法结账。

（4）核对总账与明细账、主体账与辅助账、总账管理系统与其他子系统的数据一致性，若存在不一致，则不能结账。

（5）确认损益类账户是否已全部结转完毕，若未完成，则本月不能结账。

（6）若与其他子系统联合使用，需核对其他子系统是否已结账；若未结账，则本月无法结账。

> **提示**
>
> 若结账后发现存在错误，可进行"反结账"操作以修正错误，随后重新进行结账。结账权限仅限于具备相应权限的人员，通常由账套主管负责操作。取消记账同样只能由账套主管执行。当本月尚有未记账凭证时，本月结账将无法进行。结账须按月连续进行，若上月未完成结账，则本月亦无法结账；若总账与明细账核对不一致，结账操作将无法执行。

子任务 5-5　薪资管理系统的期末处理

任务内容

进行薪资管理系统的期末清零项目处理

任务操作

以"001 张伟"的身份登录企业应用平台进行任务操作。

（1）执行"业务工作"—"人力资源"—"薪资管理"—"工资类别"命令，进入"正式员工"工资类别状态。

（2）执行"业务处理"—"月末处理"命令，进入"月末处理"窗口，单击"确定"按钮，弹出"月末处理之后，本月工资将不许变动！继续月末处理吗？"提示框。单击"是"按钮，弹出"是否选择清零项？"提示框；单击"是"按钮，进入"选择清零项目"窗口。

（3）在"选择清零项目"窗口，选择"奖励工资""请假天数"和"请假扣款"项目，单击">"按钮，将所选项目移动到右侧的列表框中，如图 5-10 所示，单击"确定"按钮。

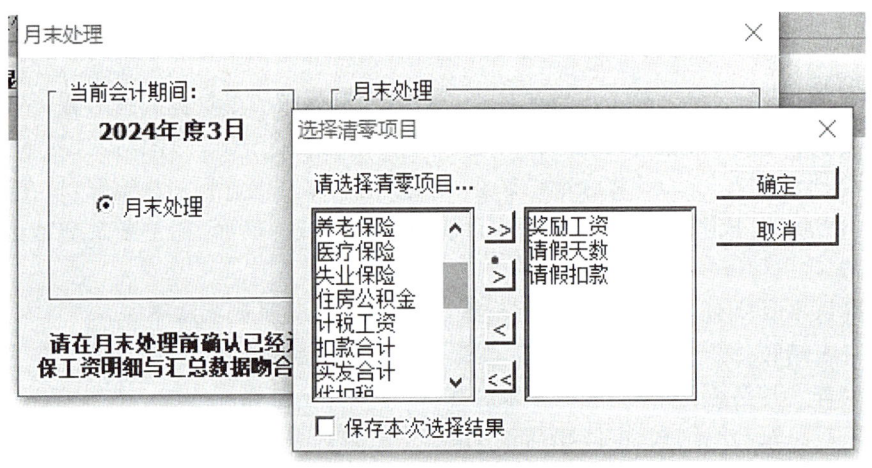

图 5-10　薪资管理月末处理界面

（4）弹出"月末处理完毕"提示框，单击"确定"按钮。

（5）重复上述步骤，完成其他工资类别的月末处理。

子任务 5-6　固定资产管理系统的期末处理

任务内容

1. 进行固定资产管理系统的期末对账处理

2. 进行固定资产管理系统的期末结账处理

任务操作

以"001 张伟"的身份登录企业应用平台进行任务操作。

1. 固定资产管理系统的期末对账处理

（1）执行"业务工作"—"固定资产"—"处理"—"对账"命令，弹出"与账务对账结果"提示框，如图5-11所示。

（2）单击"确定"按钮。

2. 固定资产管理系统的期末结账处理

（1）执行"业务工作"—"固定资产"—"处理"—"月末结账"命令，进入"月末结账"窗口。

（2）单击"开始结账"按钮，弹出"与账务对账结果"提示框。

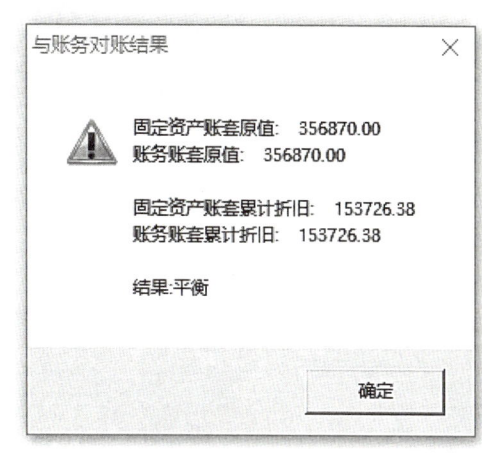

图 5-11 与账务对账结果

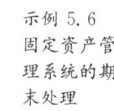

示例 5.6 固定资产管理系统的期末处理

（3）单击"确定"按钮，弹出"月末结账成功完成！"提示框。

（4）单击"确定"按钮，弹出"如果要进行下一会计期间的业务，请使用'系统→重新注册'菜单重新登录！"提示框，单击"确定"按钮退出。

子任务 5-7　应收款、应付款管理系统的期末处理

任务内容

1. 进行应收款管理系统的期末结账处理
2. 进行应收款管理系统的取消结账处理

任务操作

以"001 张伟"的身份登录企业应用平台进行任务操作。

1. 应收款管理系统的期末结账处理

（1）执行"业务工作"—"应收款管理"—"期末处理"—"月末结账"命令，进入"月末处理"窗口。

（2）双击3月的"结账标志"栏，单击"下一步"按钮，在处理结果显示都为"是"的情况下，单击"完成"按钮，弹出"3月份结账成功"提示框，如图5-12所示。

（3）单击"确定"按钮，系统将在"结账标志"栏中显示"已结账"字样。

（4）应付款管理的结账参照以上步骤操作。

2. 应收款管理系统的取消结账处理

（1）执行"业务工作"—"应收款管理"—"期末处理"—"取消月结"命令，进入"取消结账"窗口。

示例 5.7 应收款管理系统的期末处理

235

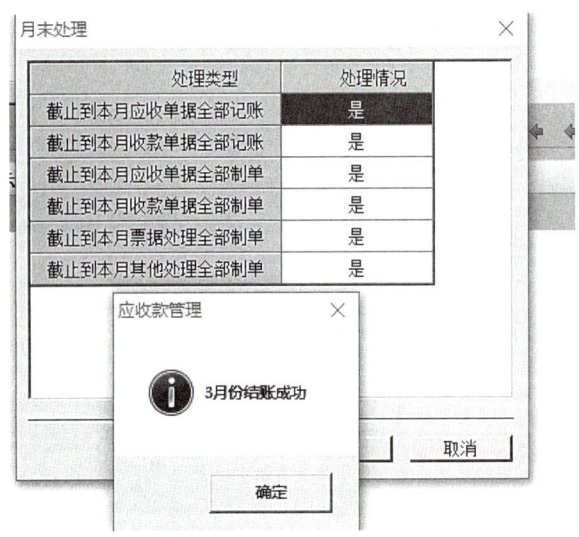

图 5-12　月末处理

(2) 选择已结账月份"3 月",单击"确定"按钮,弹出"取消结账成功!"提示框。

(3) 单击"确定"按钮,当月"已结账"字样便会取消。

(4) 应付款管理的取消结账参照以上步骤操作。

子任务 5-8　出纳管理与银行对账

 任务内容

1. 录入银行对账期初数据

单位日记账的"调整前余额"为 385 532.64 元;银行对账单的"调整前余额"为 385 532.64 元。

2. 录入 3 月份银行对账单信息

3 月份银行对账单,如表 5-1 所示。

表 5-1　3 月份银行对账单

单位:元

日期	结算方式	票号	借方金额	贷方金额
2024-03-01	202	XJ8071		10 000.00
2024-03-02	201	ZZ9081		3 950.00
2024-03-03	201	ZZ9083		1 638.50
2024-03-06	201	ZZ9084		6 780.00
2024-03-07	4			292 000.00
2024-03-08	5		1 500 000.00	
2024-03-08	201	ZZ9085		70 625.00

（续表）

日期	结算方式	票号	借方金额	贷方金额
2024-03-10	201	ZZ9086		120 175.00
2024-03-18	302	223344		10 000.00
2024-03-20	4		141 250.00	
2024-03-20	201	ZZ9087		22 600.00
2024-03-25	201	ZZ9088		22 600.00
2024-03-25	201	ZZ9089		16 350.00
2024-03-28	201	ZZ9090		2 260.00

3. 进行银行对账。

  任务操作

以"004 王小刚"的身份登录企业应用平台，进行银行对账任务操作。

1. 银行对账期初数据录入

（1）执行"总账"—"出纳"—"银行对账"—"银行对账期初录入"命令，进入"银行科目选择"窗口。

（2）选择科目为"交行存款（100201）"，单击"确定"按钮，进入"银行对账期初"窗口。

（3）输入单位日记账的调整前余额为"385 532.64"；输入银行对账单的调整前余额为"385 532.64"，如图 5-13 所示。

（4）单击"退出"按钮退出。

示例 5.8
银行对账期初数据录入

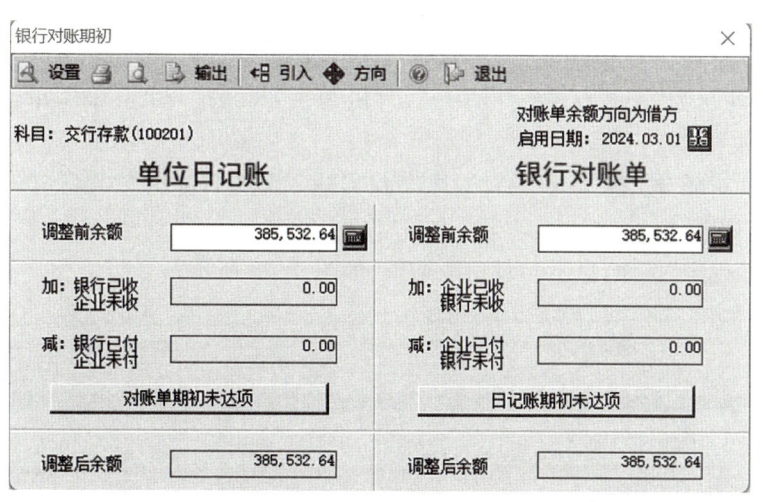

图 5-13　录入银行对账期初

2. 银行存款对账单录入

（1）执行"总账"—"出纳"—"银行对账"—"银行对账单"命令，进入"银行科目选择"窗口。

（2）选择科目为"交行存款（100201）"，月份为"2024.03—2024.03"，单击"确定"按钮，

示例 5.9
银行存款对账单录入

进入“银行对账单”窗口。

(3) 单击“增加”按钮，根据表 5-1 内容输入银行对账单数据，如图 5-14 所示。

(4) 单击“保存”按钮。

简易桌面　银行对账单 ×

银行对账单

科目：交行存款(100201)

日期	结算方式	票号	借方金额	贷方金额	余额
2024.03.01	202	XJ8071		1,000.00	384,532.64
2024.03.02	201	ZZ9081		3,950.00	380,582.64
2024.03.03	201	ZZ9083		1,638.50	378,944.14
2024.03.06	201	ZZ9084		6,780.00	372,164.14
2024.03.07	4			292,000.00	80,164.14
2024.03.08	5		1,500,000.00		1,580,164.14
2024.03.08	201	ZZ9085		70,625.00	1,509,539.14
2024.03.10	201	ZZ9086		120,175.00	1,389,364.14
2024.03.18	302	223344		10,000.00	1,379,364.14
2024.03.20	4		141,250.00		1,520,614.14
2024.03.20	201	ZZ9087		22,600.00	1,498,014.14
2024.03.25	201	ZZ9088		22,600.00	1,475,414.14
2024.03.25	201	ZZ9089		16,350.00	1,459,064.14
2024.03.28	201	ZZ9090		2,260.00	1,456,804.14

图 5-14　银行对账单

3. 银行对账

示例 5.10
银行对账

银行对账方式分为自动对账与手工对账。

1) 自动对账

(1) 执行“总账”—“出纳”—“银行对账”命令，进入“银行科目选择”窗口。

(2) 选择科目为“交行存款(100201)”，月份为“2024.03—2024.03”，单击“确定”按钮，进入“银行对账”窗口。

(3) 单击“对账”按钮，进入“自动对账”窗口，输入截止日期为“2024-03-31”，默认系统提供的其他对账条件。

(4) 单击“确定”按钮，显示自动对账结果，如图 5-15 所示。

科目：100201(交行存款)

单位日记账

票据日期	结算方式	票号	方向	金额	两清	凭证号数	摘　要
2024.03.01	202	XJ8071	贷	10,000.00	○	记-0001	提取现金
2024.03.02	201	ZZ9081	贷	3,950.00	○	记-0002	缴纳上月税费
2024.03.03	201	ZZ9083	贷	1,638.50	○	记-0005	报销业务招待费
			贷	6,780.00		记-0008	直接购入资产.
2024.03.07	4		贷	292,000.00	○	记-0011	付款单
2024.03.08	5		借	1,500,000.00	○	记-0013	借入长期借款
2024.03.08	201	ZZ9085	贷	70,625.00	○	记-0014	现结
2024.03.10	201	ZZ9086	贷	120,175.00	○	记-0017	支付上月工资
2024.03.18		223344	贷	10,000.00		记-0024	票据结算
2024.03.20	4	DH12221	借	141,250.00		记-0028	收款单
2024.03.20	201		贷	22,600.00		记-0029	付款单
2024.03.25	201		贷	22,600.00		记-0039	付款单
2024.03.25	201	ZZ9089	贷	16,350.00	○	记-0040	付款单
2024.03.28	201	ZZ9090	贷	2,260.00	○	记-0042	支付线切割机安

银行对账单

日期	结算方式	票号	方向	金额	两清	对账序号
2024.03.01	202	XJ8071	贷	10,000.00	○	2024122400003
2024.03.02	201	ZZ9081	贷	3,950.00	○	2024122400004
2024.03.03	201	ZZ9083	贷	1,638.50	○	2024122400005
2024.03.06	201	ZZ9084	贷	6,780.00		
2024.03.07	4		贷	292,000.00	○	2024122400002
2024.03.08	5		借	1,500,000.00	○	2024122400001
2024.03.08	201	ZZ9085	贷	70,625.00	○	2024122400006
2024.03.10	201	ZZ9086	贷	120,175.00	○	2024122400007
2024.03.18	302	223344	贷	10,000.00		
2024.03.20	4		借	141,250.00		
2024.03.20	201	ZZ9087	贷	22,600.00		
2024.03.25	201	ZZ9088	贷	22,600.00		
2024.03.25	201	ZZ9089	贷	16,350.00	○	2024122400008
2024.03.28	201	ZZ9090	贷	2,260.00	○	2024122400009

图 5-15　自动对账界面

2）手工对账

（1）在"银行对账"窗口中，对于应勾选而未勾选的账项，可分别双击"两清"栏进行手工调整。手工对账的标志为"√"，以区别于自动对账标志，如图5-16所示。

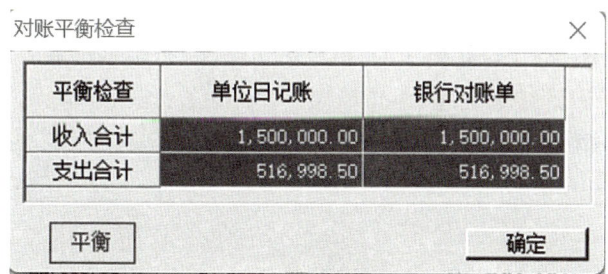

图5-16 手工对账界面

（2）对账完毕，单击"检查"按钮，进行对账平衡检查，如图5-17所示。
（3）单击"确定"按钮。

图5-17 银行对账结果

> **提示**
> 在自动对账不能完全一致的情况下，可采用手工对账。

子任务5-9 总账系统的期末处理

任务内容

1. 进行自定义转账设置

（1）按短期借款期初余额的6%计提短期借款利息：

借：财务费用/利息（660301）　　　　　　　　　　　　　　　JG()
　　贷：应付利息（2231）　　　　　　　　　　　　　　　QC(2001,月)*0.06/12

(2) 计提 3 月份未交增值税：

借：应交税费——应交增值税——转出未交增值税　　FS(22210102,月,贷)—FS(22210101,月,借)
　　贷：应交税费——未交增值税　　　　　　　　　　　　　　　　　　　　　　　　　JG( )

2. 进行制造费用对应结转设置

借：生产成本——制造费用
　　贷：制造费用——工资
　　　　制造费用——职工教育经费
　　　　制造费用——折旧费
　　　　制造费用——水电费
　　　　制造费用——工会经费

3. 进行期间损益结转
将所有损益类科目余额转至"本年利润"科目。

4. 进行转账生成
将所有损益类科目余额转至"本年利润"科目。

5. 进行总账系统期末对账处理
执行总账期末对账，可以对各科目余额类别进行试算平衡。

6. 进行总账系统结账处理
执行总账期末结账，符合对账要求的，可以进行结账，否则不结账。

7. 进行总账系统取消结账处理
对本月进行取消结账操作。

任务操作

以"003 孙艳明"的身份登录企业应用平台。

1. 自定义转账设置

1) 按短期借款期初余额的 6% 计提短期借款利息

示例 5.11
自定义转账设置

(1) 执行"总账"—"期末"—"转账定义"—"自定义转账"命令，进入"自定义转账设置"窗口。

(2) 单击"增加"按钮，进入"转账目录"窗口，输入转账序号为"0001"，转账说明为"计提短期借款利息"。

(3) 单击"确定"按钮，继续定义转账凭证分录信息。

(4) 单击"增行"按钮，选择科目编码为"660301"，方向为"借"，选择金额公式为"JG( )"。

(5) 单击"增行"按钮，选择科目编码为"2231"，方向为"贷"。

(6) 双击"金额公式"栏，选择"参照"按钮，进入"公式向导"窗口。

(7) 选择"期初余额"函数，单击"下一步"按钮，选择科目为"2001"，其他系统默认，单击"完成"按钮，将金额公式代回"自定义转账设置"窗口。将光标移至末尾，输入"*0.06/12"，按 Enter 键确认。

(8) 返回"自定义转账设置"窗口，如图 5-18 所示。

（9）单击"保存"按钮。

图 5-18 计提短期借款利息自定义转账设置

2）计提3月份未交增值税

（1）执行"总账"—"期末"—"转账定义"—"自定义转账"命令，进入"自定义转账设置"窗口。

（2）单击"增加"按钮，进入"转账目录"窗口，输入转账序号为"0002"，转账说明为"转出未交增值税"。

（3）单击"确定"按钮，继续定义转账凭证分录信息。

（4）单击"增行"按钮，选择科目编码为"22210104"，方向为"借"。

（5）双击"金额公式"栏，点击"参照"按钮，进入"公式向导"窗口。

（6）选择"贷方发生额"函数，单击"下一步"按钮，继续公式定义。

（7）选择科目为"22210102"，其他默认，勾选左下角"继续输入公式"，弹出"运算符"窗口，勾选"—（减）"项目。

（8）单击"下一步"按钮，返回"公式向导"窗口，选择"借方发生额"函数，单击"下一步"按钮，继续公式定义。

（9）选择科目为"22210101"，其他默认，单击"完成"按钮。

（10）单击"增行"按钮，输入科目编码为"222102"，金额公式为"JG()"，如图 5-19 所示。

（11）单击"保存"按钮。

2. 期末对应结转设置

（1）执行"总账"—"期末"—"转账定义"—"对应结转"命令，进入"对应结转设置"窗口。

（2）单击"增加"按钮，输入编号为"0002"，摘要为"制造费用结转"。

（3）单击"增行"按钮，选择转出科目为"510101"，转入科目编码为"500103"，结转系数为"1.00"，如图 5-20 所示。

（4）单击"保存"按钮后退出。

示例5.12
期末对应结转设置

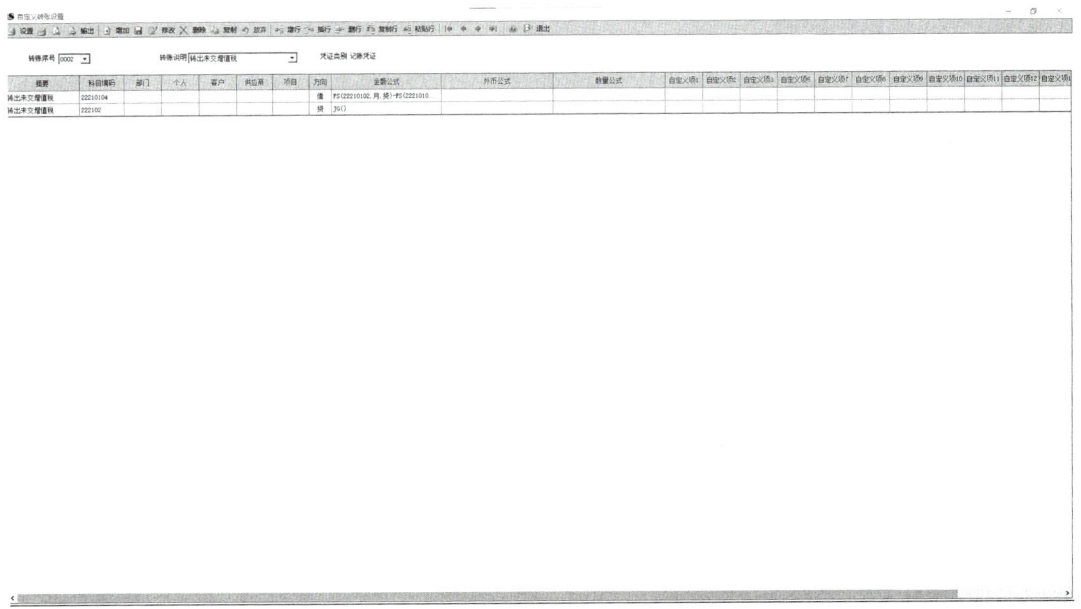

图 5-19 结转未交增值税自定义转账设置

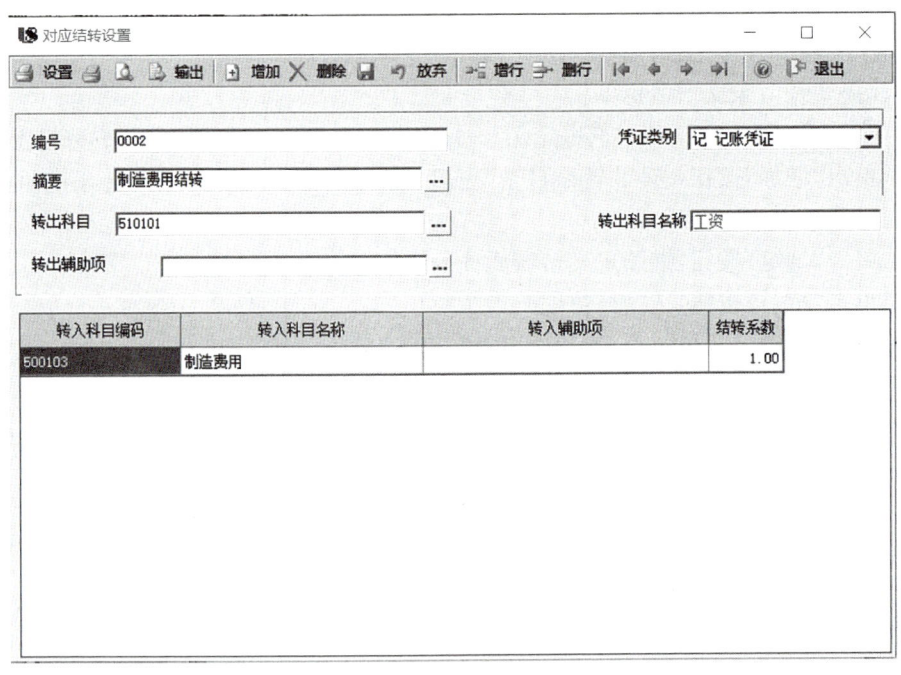

图 5-20 对应结转设置

根据制造费用明细科目,依次增加对应结转,分别输入转出科目为"510102 制造费用/职工教育经费""510104 制造费用/折旧费""510105 制造费用/水电费""510106 制造费用/工会经费"。

3. 期末期间损益结转设置

(1) 执行"总账"—"期末"—"转账定义"—"期间损益"命令,进入"期间损益结转设置"窗口。

示例 5.13 期末期间损益结转设置

（2）选择本年利润科目为"4103"，如图 5-21 所示。
（3）单击"确定"按钮后退出。

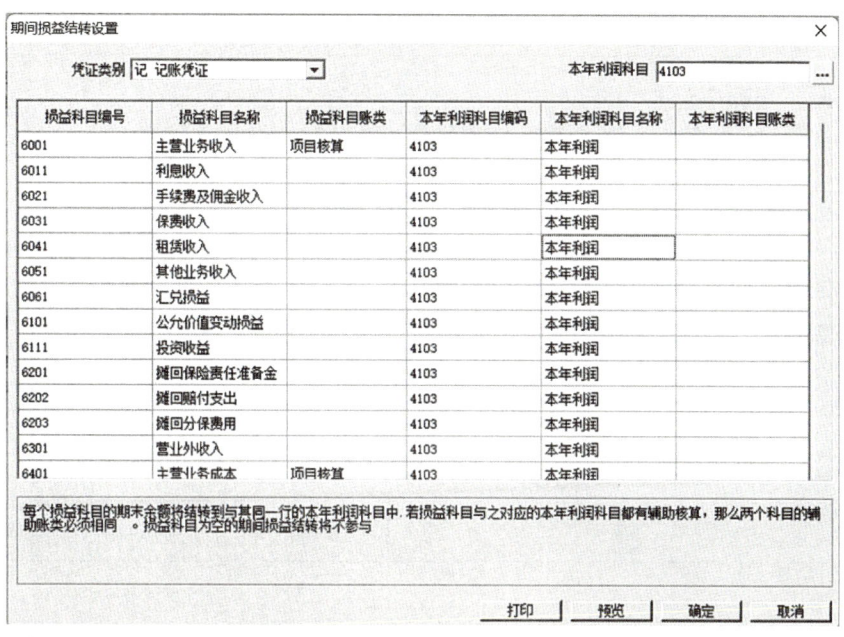

图 5-21　期间损益结转设置

4. 总账管理系统转账生成

1) 自定义转账生成

（1）执行"总账"—"期末"—"转账生成"命令，进入"转账生成"窗口。
（2）选择"自定义转账"项目，执行"全选"—"确定"命令，生成记账凭证。
（3）单击"保存"按钮，凭证左上角显示"已生成"字样，如图 5-22 所示。

示例 5.14
自定义转账
生成

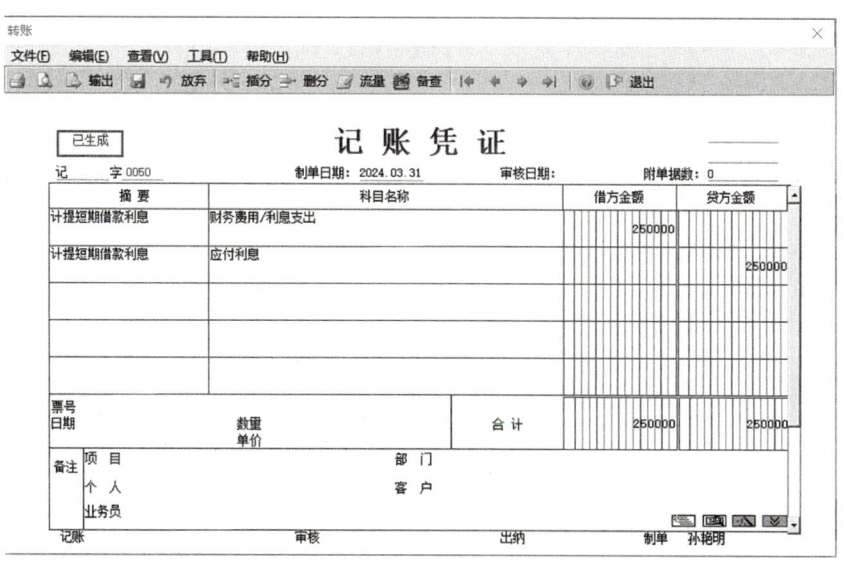

图 5-22　生成短期借款利息凭证

243

(4) 单击"记账凭证"窗口中"➡"图标,找到生成的第二张凭证,补充第二行科目为"应交税费/未交增值税",贷方金额为"－84 284.10"。

(5) 单击"保存"按钮,凭证左上角显示"已生成"字样,如图5-23所示。

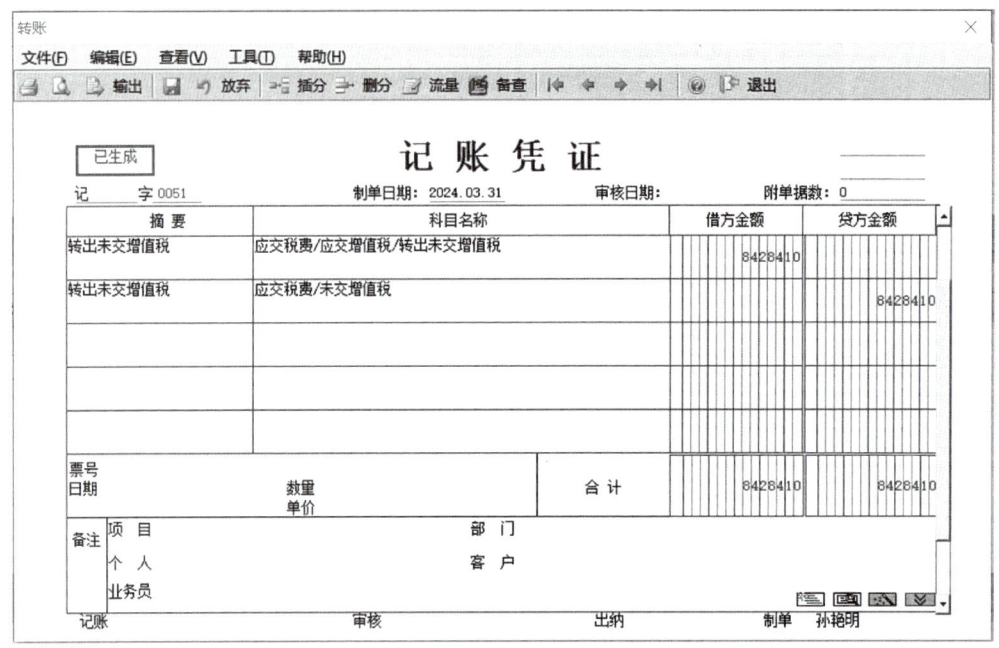

图 5-23　生成未交增值税凭证

(6) 后续必须以"002 许丽"的身份审核生成的自动转账凭证、以"001 张伟"的身份进行记账。此操作若不进行,则期间损益结转的数据将不完整。

> **提示**
>
> 转账生成之前,注意转账月份为当前会计月份。
>
> 进行转账生成之前,先将相关经济业务的记账凭证登记入账。
>
> 转账凭证每月只生成一次。
>
> 生成的转账凭证,仍需审核才能记账。

示例 5.15
对应结转转账生成

2) 对应结转转账生成

(1) 执行"总账"—"期末"—"转账生成"命令,进入"转账生成"窗口。

(2) 选择"对应结转"项目,执行"全选"—"确定"命令,生成记账凭证。

(3) 单击"保存"按钮,凭证左上角显示"已生成"字样,如图5-24所示。

(4) 单击"记账凭证"窗口中"➡"图标,依次保存系统自动生成的记账凭证。

(5) 后续必须以"002 许丽"的身份审核生成的自动转账凭证、以"001 张伟"的身份进行记账。此操作若不进行,则期间损益结转的数据将不完整。

示例 5.16
期间损益结转转账生成

3) 期间损益结转生成

以"003 孙艳明"的身份生成期间损益自动转账凭证。

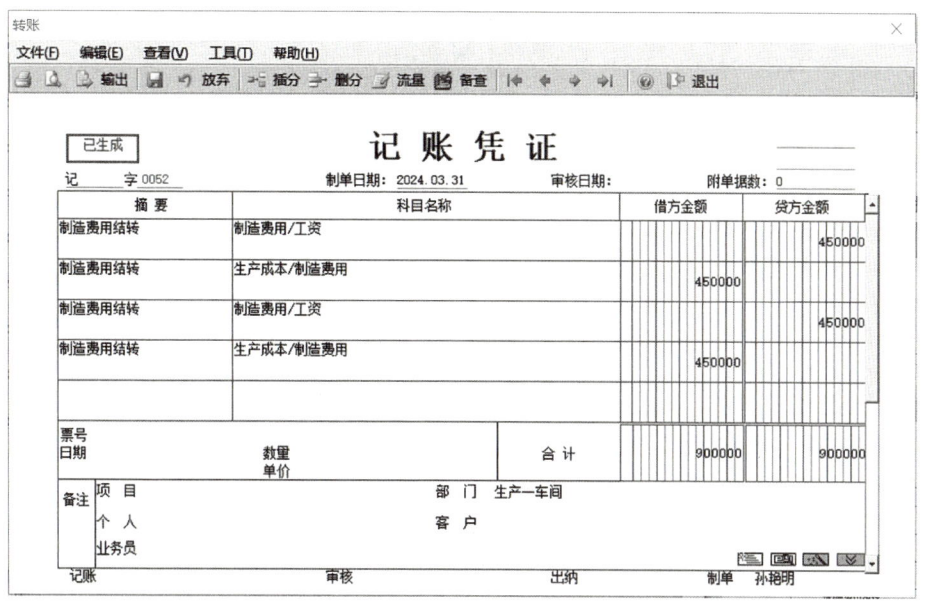

图 5-24 对应结转转账生成凭证

（1）执行"总账"—"期末"—"转账生成"命令，进入"转账生成"窗口。
（2）选中"期间损益结转"项目，执行"全选"—"确定"命令，系统自动生成记账凭证。
（3）单击"保存"按钮，凭证左上角显示"已生成"字样，如图 5-25 所示。

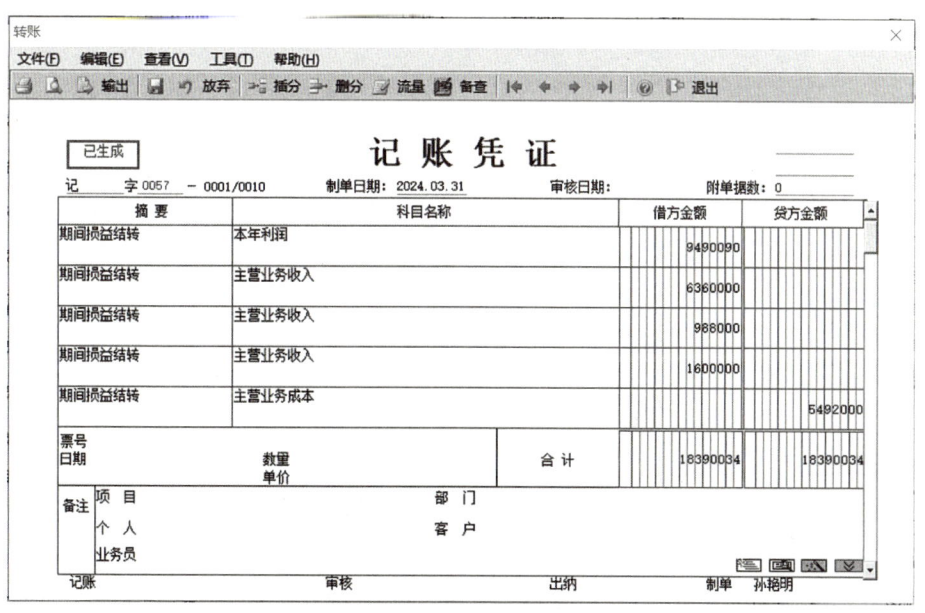

图 5-25 期间损益结转生成凭证

（4）以"002 许丽"的身份进行凭证审核，以"001 张伟"的身份进行记账。

5. 对账

以"001 张伟"的身份登录企业应用平台。

示例 5.17
对账与月末结账

(1)执行"总账"—"期末"—"对账"命令,进入"对账"窗口。
(2)选中需对账的月份"2024.03",单击"选择"按钮。
(3)单击"对账"按钮,开始自动对账,并显示对账结果。
(4)单击"试算"按钮,对各科目类别余额进行试算平衡。
(5)单击"确定"按钮。

6. 月末结账

以"001 张伟"的身份登录企业应用平台。

(1)执行"总账"—"期末"—"结账"命令,进入"结账"窗口。
(2)选中需结账的月份"2024.03",单击"下一步"按钮。
(3)单击"对账"按钮,系统对要结账的月份进行账账核对。
(4)单击"下一步"按钮,显示"2024 年 03 月工作报告"提示框,如图 5-26 所示。

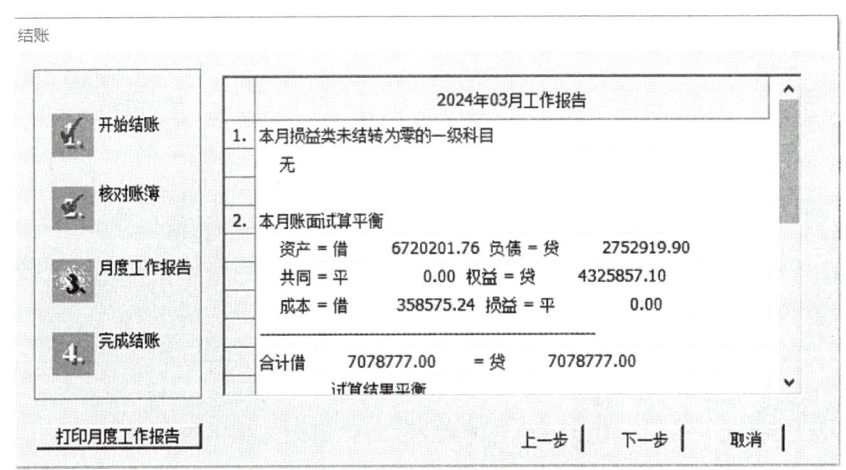

图 5-26 总账系统结账月度工作报告

(5)执行"下一步"—"结账"命令,若符合结账要求,系统将进行结账,否则不予结账。

> **提示**
> 本月有未记账凭证时,本月不能结账。
> 结账必须按月连续进行,上月未结账,本月不能结账。
> 总账与明细账对账不符的,不能结账。
> 月度工作报告中分五个方面列出与结账相关的事项,如果无法结账,可以从月度工作报告中查找未能结账的原因。
> 如果与其他系统联合使用时,其他子系统未全部结账,则本月不能结账。

7. 取消结账

(1)执行"总账"—"期末"—"结账"命令,进入"结账"窗口,如图 5-27 所示。
(2)选择要取消结账的月份"2024.03",按"Ctrl+Shift+F6"组合键,激活"取消结账"功能。

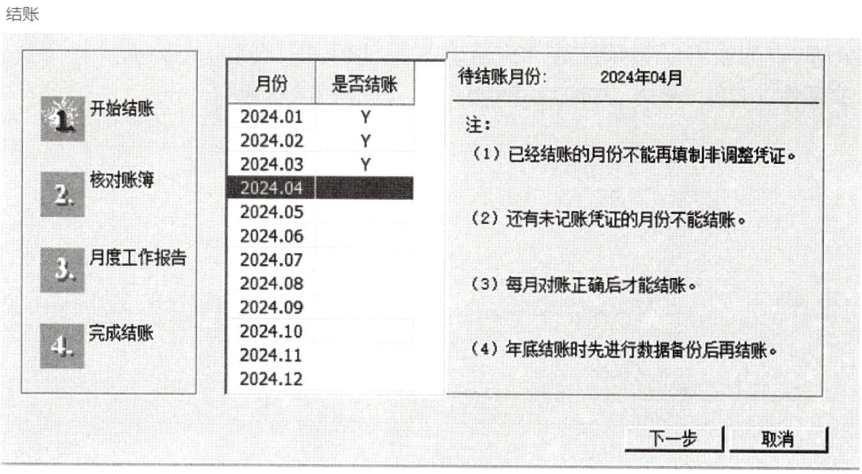

图 5-27 "结账"窗口

（3）输入口令为"1"，单击"确定"按钮，取消结账标志，恢复到未结账前状态。

工作任务三　编制财务报表

工作任务概述

1. 熟悉报表编制的原理及流程
2. 掌握报表格式定义、公式定义的操作方法，能够自定义报表
3. 掌握利用报表模板生成财务报表的操作方法

任务准备

一、报表管理系统常见的基本认知

1. 文件管理功能

文件管理功能主要包括创建新报表、打开已有报表、保存、删除、备份报表文件，以及进行不同文件格式的报表数据转换等操作。

2. 格式设计功能

报表格式设计是报表制作过程中的关键环节，包括报表的布局、样式和数据展示方式等多个方面。通过合理的格式设计，报表将更加易于阅读和理解。

3. 公式设置功能

用户可根据财务需求自定义报表的展示方式，通过设置公式实现数据处理、条件判断、字符串操作等，以满足各种复杂的报表制作需求。

4. 报表系统操作流程

UFO 报表管理系统的基本操作流程分为两类：一是定义报表模式，需手动设置报表的

格式、内容、公式和数据来源，以确立报表的整体框架，并将其保存为模板，供后续调用使用；二是日常处理，在期末各子系统结账并完成数据采集后，即可对报表数据进行生成、处理、分析及输出等操作。UFO 报表管理系统的操作流程如图 5-28 所示。

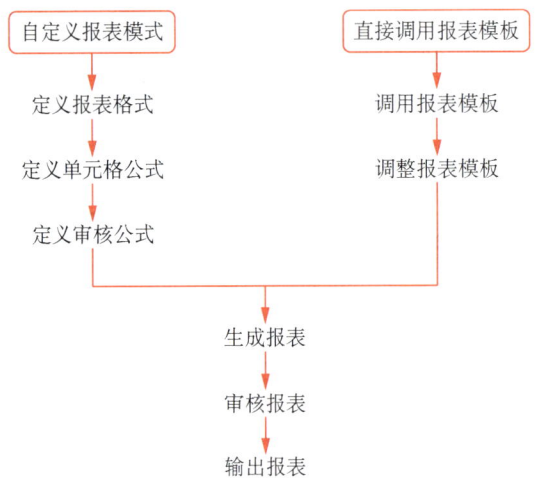

图 5-28　UFO 报表管理系统的操作流程

二、报表管理系统的基本概念

1. 格式状态和数据状态

UFO 报表管理系统的处理分为报表格式及公式定义和报表数据处理两个部分，这两个部分的操作需要在两种不同的状态下进行，即格式状态和数据状态。这两种状态分别用于不同的目的和处理。

（1）格式状态：在这一状态下，用户可以进行有关格式设计的操作，如设置表尺寸、行高列宽、单元属性、单元风格、组合单元、关键字，以及定义单元公式（计算公式）、审核公式及舍位平衡公式。在格式状态下，只能看到报表的格式，而报表数据全部隐藏，也无法进行数据的录入、计算等操作。

（2）数据状态：与格式状态相对，数据状态允许用户管理报表的数据，包括输入数据、增加或删除表页、审核、舍位平衡、制作图形、汇总、合并报表等。在这一状态下，用户可以看到报表的全部内容，包括格式和数据。然而，在数据状态下不能修改报表的格式。

2. 单元

单元是组成报表的最小单位，单元名称由所在行、列标识。行号用数字 1～9 999 标识，列标用字母 A～IU 表示。UFO 报表管理系统中的单元类型包括数值单元、字符单元与表样单元三种。

数值单元用于存放报表的数据，在数据状态下输入。数字可以直接输入或由单元公式运算生成。建立一个新表时，所有单元的类型默认为数值型。

字符单元可存储字符型数据，在数据状态下输入。其内容可以是汉字、字母及键盘可输入的符号组成的一串字符。字符单元的内容也可由单元公式生成。

表样单元可存储报表的格式，是定义一个没有数据的空表所需的所有文字和名称。一旦单元被定义为表样，那么在其中输入的内容对所有表页都有效。表样单元在格式状态下进行输入和修改，在数据状态下不允许修改。

3. 关键字

关键字是游离于单元之外的特殊数据单元，可以唯一标识一个表页，用于在大量表页中快速选择表页。UFO报表管理系统提供了六种关键字：

（1）单位名称：该报表表页编制单位的名称。

（2）单位编号：该报表表页编制单位的编号。

（3）年：该报表表页反映的年度。

（4）季：该报表表页反映的季度。

（5）月：该报表表页反映的月份。

（6）日：该报表表页反映的日期。

此外，UFO报表管理系统还增加了一个自定义关键字。

三、自定义报表

1. 报表格式的定义

报表的格式设计需在格式状态下进行，所设计的格式对整个报表均有效，具体操作如下：

（1）设置表尺寸：定义报表的大小，即设定报表的行数和列数。

（2）录入表内文字：包括表头、表体和表尾（关键字值除外）。在格式状态下定义的单元内容自动默认为表样型，定义为表样型的单元在数据状态下不允许修改和删除。

（3）确定关键字在表页上的位置，如单位名称、年、月等。

（4）定义行高和列宽。

（5）定义组合单元：将多个单元作为一个单元使用。

（6）设置单元风格：包括设置单元的字型、字体、字号、颜色、图案、折行显示等。

（7）设置单元属性：将需输入数字的单元定义为数值单元，将需输入字符的单元定义为字符单元。

（8）绘制表格线。

（9）设置可变区：确定可变区在表页上的位置和大小。

2. 报表公式定义

UFO报表管理系统提供三类公式：单元公式、审核公式和舍位平衡公式。所有公式均在格式状态下进行定义。

1）单元公式

单元公式用于定义报表数据之间的运算关系，既可实现从本页取数，也能从其他子系统获取数据。在报表单元中键入"＝"，即可直接定义计算公式，因此得名单元公式。

根据取数数据来源的不同，单元公式分为四种：表内取数公式、总账取数公式、本表页取数公式和其他表页取数公式。

（1）表内取数公式。表内取数公式的数据来源均为本页，主要由数据单元和统计函数构成。表页取数函数如表5-2所示。

表 5-2　表页取数函数

函数类型	函数名称
数据求和函数	PTOTAL()
平均值函数	PAVG()
计数函数	PCOUNT()
最大值函数	PMAX()
最小值函数	PMIN()

（2）总账取数公式。总账取数公式的数据全部源自账套，通过取数操作，能够实现总账与报表系统的高效对接。总账取数函数如表 5-3 所示。

表 5-3　总账取数函数

函数类型	金额式	数量式	外币式
期初余额函数	QC()	SQC()	WQC()
期末余额函数	QM()	SQM()	WQM()
发生额函数	FS()	SFS()	WFS()
累计发生额函数	LFS()	SLFS()	WLFS()
条件发生额函数	TFS()	STFS()	WTFS()
对方科目发生额函数	DFS()	SDFS()	WDFS()
净额函数	JE()	SJE()	WJE()
汇率函数	HL()		

（3）本表页取数公式。本表页取数公式的基本表达式为：

SELECT(⟨区域⟩,[⟨页码筛选条件⟩])

（4）其他表页取数公式。其他表页取数公式的数据为报表间取数公式，基本表达式为：

⟨目标区域⟩="⟨其他表表名⟩"[rep]—＞⟨数据来源区域⟩[@⟨页号⟩]

2）审核公式

审核公式主要用于验证报表内部或报表之间的勾稽关系是否准确，常应用于检验"借方等于贷方""小计数等于各小项之和"等情况。

3）舍位平衡公式

舍位平衡公式通常应用于对外报送报表数据的过程中，当需要对报表数据进行进位或小数取整时，通过调整数据以确保原数据的平衡不被破坏。

四、利用报表模板生成报表

会计报表涵盖对外报表和内部报表两大类，其中资产负债表、利润表和现金流量表是三项核心的对外财务报告。这些报表的格式均遵循国家会计制度的统一规定。用友 U8V10.1 软件为简化用户在报表格式设计上的工作量，预先配备了多种报表模板供用户选择使用。此外,对于企业常用报表模板中未涵盖的报表,用户在设定其格式和公式后,可将其定义为新的报表模板,以便后续直接调用。灵活运用这些报表模板,无疑将大幅提升报表处理的效率。若现有报表模板与企业实际需求存在偏差,用户亦可充分利用报表格式和公式设置功能,对原模板进行修改,从而生成更符合需求的新报表模板。

子任务 5-10　自定义报表

任务内容

1. 制作一张销售明细表

销售明细表,如表 5-4 所示。

表 5-4　销售明细表

年　　月　　　　　　　　　　　　　　　　单位:元

项目	落地扇	吊扇	无叶风扇	合计
销售收入				
销售成本				

要求:

(1) 标题"销售明细表"设置为黑体,16 号,水平居中,行高 8 mm。
(2) 在 C2 单元设置关键字"年"和"月""日",在 E2 单元中输入"单位:元"。
(3) 表体中的文字设置为水平居中。
(4) 定义销售收入、销售成本的单元公式:
① 落地扇销售收入公式:取 6001 科目,项目编码为 01,贷方为月发生额。
② 吊扇销售收入公式:取 6001 科目,项目编码为 02,贷方为月发生额。
③ 无叶风扇销售收入公式:取 6001 科目,项目编码为 03,贷方为月发生额。
④ 落地扇销售成本公式:取 6401 科目,项目编码为 01,借方为月发生额。
⑤ 吊扇销售成本公式:取 6401 科目,项目编码为 02,借方为月发生额。
⑥ 无叶风扇销售成本公式:取 6401 科目,项目编码为 03,借方为月发生额。
2. 完成销售明细表计算

任务操作

以"002 许丽"的身份登录企业应用平台,进行报表管理操作。
1. 自定义销售明细表
1) 新建报表
(1) 执行"财务会计"—"UFO 报表"命令,进入"UFO 报表系统"平台。
(2) 在"UFO 报表系统"平台,执行"文件"—"新建"命令,建立一张空白报表,报表名默认为"report1"。
(3) 查看空白报表底部左下角的"格式/数据"按钮,使当前状态为"格式"状态。

示例 5.18
自定义销售
明细表

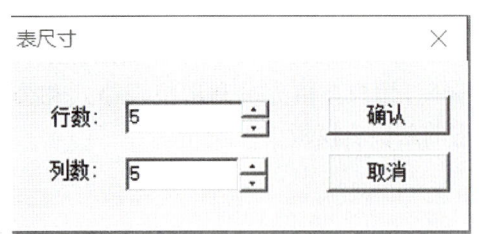

图 5-29 表尺寸

2) 设置报表尺寸

(1) 执行"格式"—"表尺寸"命令,进入"表尺寸"窗口。

(2) 输入行数为"5",列数为"5",如图 5-29 所示,单击"确认"按钮。

3) 定义组合单元

(1) 选择需合并的单元区域"A1:E1",执行"格式"—"组合单元"命令,进入"组合单元"窗口。

(2) 选择组合方式为"整体组合"或"按行组合",将单元区域合并成一个单元格,如图 5-30 所示。

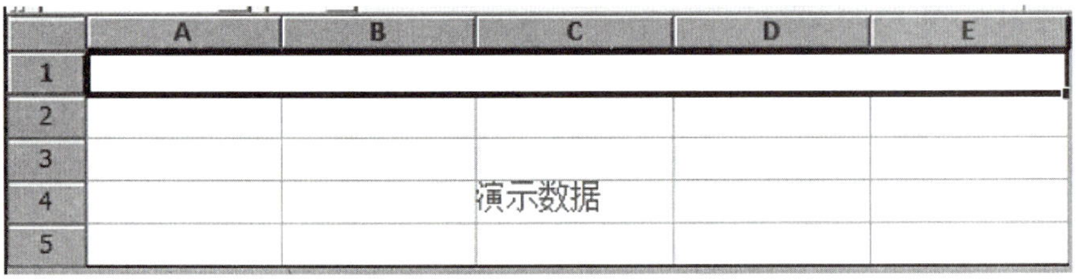

图 5-30 组合单元

4) 区域画线

(1) 选中报表需要画线的单元区域"A3:E5",执行"格式"—"区域画线"命令,进入"区域画线"窗口。

(2) 勾选"网线"选项,单击"确认"按钮,将所选区域画上表格线。

5) 输入报表项目

(1) 选中"A1"组合单元,输入"销售明细表"字样。

(2) 选中"E2"单元格,输入"单位:元"

其他单元格参照表 5-4 进行输入,如图 5-31 所示。

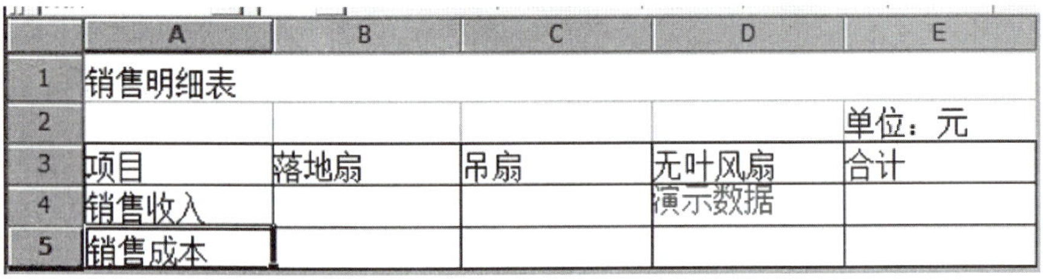

图 5-31 输入表体文字内容

6) 设置关键字

(1) 选中需要输入关键字的单元"C2",执行"数据"—"关键字"—"设置"命令,进入"设置关键字"窗口。

(2) 勾选"年"选项,单击"确定"按钮。

(3) 同上操作,在"C2"单元格中设置"月"关键字。

7）调整关键字位置

（1）执行“数据”—“关键字”—“偏移”命令，进入“定义关键字偏移”窗口。

（2）在需要调整位置的关键字后面输入偏移量，如年为“－50”。

（3）单击“确定”按钮，如图 5-32 所示。

	A	B	C	D	E
1	销售明细表				
2		演示数据	xxxx 年　xx 月		单位：元
3	项目	落地扇	吊扇	无叶风扇	合计
4	销售收入				
5	销售成本				

图 5-32　调整关键字

提示

关键字的位置可以用偏移量来表示，负数值表示向左移，正数值表示向右移，可以通过输入正或负的数值来调整。

8）定义报表行高和列宽

（1）选中需要调整的单元所在行“A1”，执行“格式”—“行高”命令，进入“行高”窗口。

（2）输入行高为“8”，单击“确认”按钮。

9）设置单元风格

（1）选中标题所在组合单元“A1”，执行“格式”—“单元属性”命令，进入“单元格属性”窗口。

（2）打开“字体图案”选项卡，设置字体为“黑体”，字号为“16”。

（3）打开“对齐”选项卡，选择对齐方式为“水平居中”，单击“确定”按钮。

（4）表体文字水平居中参照上述步骤，此处不再赘述，操作结果如图 5-33 所示。

	A	B	C	D	E
1	销售明细表				
2	演示数据		xxxx 年　xx 月		单位：元
3	项目	落地扇	吊扇	无叶风扇	合计
4	销售收入				
5	销售成本				

图 5-33　设置单元属性

10）定义报表公式

（1）单击“B4”单元格，打开“fx”图标，进入“定义公式”窗口。

（2）单击“函数向导”按钮，在“函数分类”下拉框中单击“用友账务函数”项目，在右侧的“函数名”列表框中选择“发生(FS)”函数，单击“下一步”按钮，进入“账务函数”窗口。

（3）单击“参照”按钮，选择科目为“6001”，项目编码为“01”，修改方向为“贷”，其余各项均采用系统默认值，如图 5-34 所示。

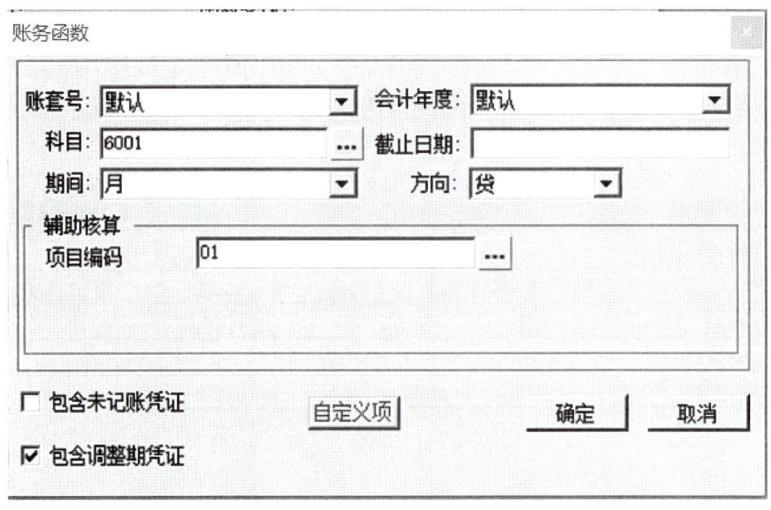

图 5-34　用账务函数从总账系统取数

（4）单击"确定"按钮,返回"定义公式"窗口,如图 5-35 所示。

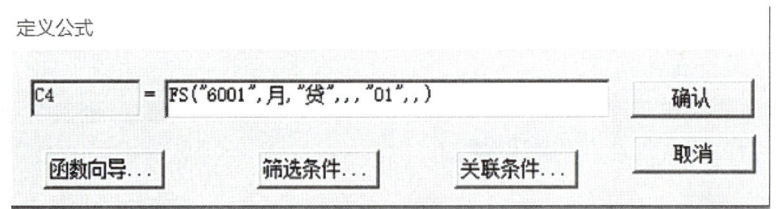

图 5-35　定义公式

（5）根据任务内容,参照上述步骤,依次完成 C4、D4、B5、C5、D5 单元格的公式定义。

（6）单击"E4"单元格,打开"fx"图标,进入"定义公式"窗口。

（7）单击"函数向导"按钮,在"函数分类"下拉框中单击"统计函数"项目,在右侧的"函数名"列表框中选择"PTOTAL"函数,单击"下一步"按钮,进入"固定区统计函数"窗口。

（8）在"固定区区域"文本框中输入"B4:D4",如图 5-36 所示。

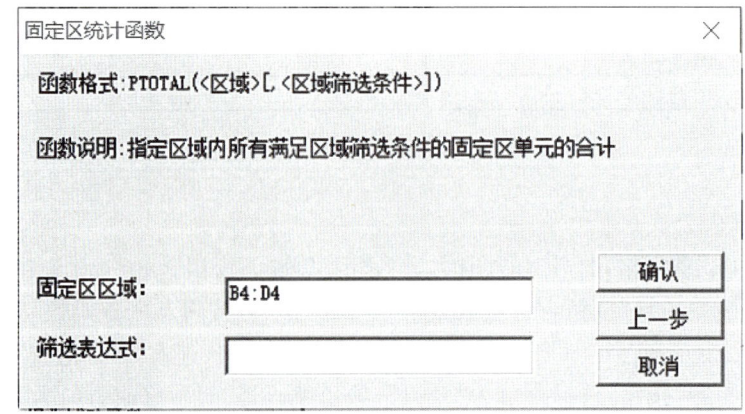

图 5-36　输入固定区区域

(9) 单击"确认"按钮，返回"定义公式"窗口后，单击"确认"按钮。

(10) 根据任务内容，参照上述步骤，完成"E5"单元格的公式定义。所有公式定义完成，如图 5-37 所示。

图 5-37　单元公式定义

11）保存报表格式

(1) 执行"文件"—"保存"命令，弹出"另存为"窗口。

(2) 选择 UFO 报表文件夹，修改报表文件名为"销售明细表"，选择保存类型为"报表文件(*.REP)"，单击"另存为"按钮，报表文件已保存。

> **提示**
>
> 报表格式设置后切记要及时保存报表格式，以便以后随时调用。如果没有保存就退出，系统会弹出"是否保存报表？"提示框，以防止误操作。".REP"为用友报表文件专用扩展名。

2. 自定义报表生成

(1) 在 UFO 报表管理系统打开销售明细表，单击报表底部左下角的"格式/数据"按钮，使其当前状态为"数据"状态。

(2) 执行"数据"—"关键字"—"录入"命令，进入"录入关键字"窗口，输入年为"2024"，月为"3"，如图 5-38 所示。

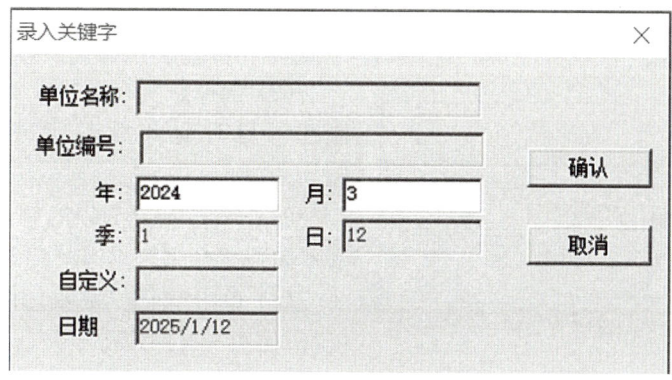

图 5-38　录入关键字

(3) 单击"确认"按钮，弹出"是否重算第 1 页？"提示框。

(4) 单击"是"按钮，系统会自动根据单元公式计算 3 月份数据，如图 5-39 所示。

	A	B	C	D	E
1	销售明细表				
2		2024 年 3 月			单位：元
3	项目	落地扇	吊扇	鸿运扇	合计
4	销售收入	63600.00	9880.00	16000.00	89480.00
5	销售成本	54920.00	9100.00	13000.00	77020.00

图 5-39　生成的销售明细表

（5）单击"保存"按钮，保存报表数据。

 提示

报表数据处理必须在数据状态下进行。

子任务 5-11　调用模板生成报表

 任务内容

1. 利用报表模板生成资产负债表和利润表
2. 利用报表模板生成现金流量表主表

 任务操作

以"002 许丽"的身份登录企业应用平台，进行报表管理操作。

示例 5.19 调用报表模板生成资产负债表及利润表

1. 调用报表模板生成资产负债表及利润表

1）调用资产负债表模板

（1）在 UFO 报表管理系统中，执行"文件"—"新建"—"格式"—"报表模板"命令，进入"报表模板"窗口。

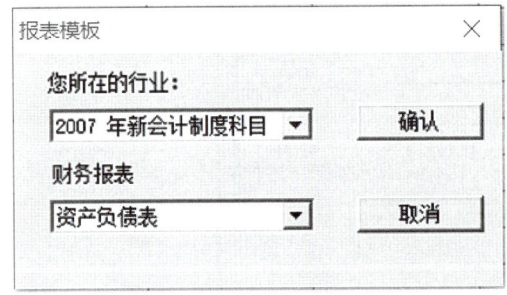

图 5-40　调用报表模板

（2）选择您所在的行业为"2007 年新会计制度科目"，财务报表为"资产负债表"，如图 5-40 所示。

（3）单击"确认"按钮，弹出"模板格式将覆盖本表格式！是否继续？"提示框。

（4）单击"确定"按钮，打开"资产负债表"模板，如图 5-41 所示。

2）定义审核公式

（1）在已生成的"资产负债表模板"中，确认左下角为"格式"状态。

（2）执行"数据"—"编辑公式"—"审核公式"命令，进入"审核公式"窗口。

	A	B	C	D	E	F	G	H
1				资产负债表				
2								会企01表
3	编制单位:		xxxx 年	xx 月	xx 日			单位:元
4	资　产	行次	期末余额	年初余额	负债和所有者权益	行次	期末余额	年初余额
5					(或股东权益)			
6	流动资产:				流动负债:			
7	货币资金	1	公式单元	公式单元	短期借款	32	公式单元	公式单元
8	交易性金融资产	2	公式单元	公式单元	交易性金融负债	33	公式单元	公式单元
9	应收票据	3	公式单元	公式单元	应付票据	34	公式单元	公式单元
10	应收账款	4	公式单元	公式单元	应付账款	35	公式单元	公式单元
11	预付款项	5	公式单元	公式单元	预收款项	36	公式单元	公式单元
12	应收利息	6	公式单元	公式单元	应付职工薪酬	37	公式单元	公式单元
13	应收股利	7	公式单元	公式单元	应交税费	38	公式单元	公式单元
14	其他应收款	8	公式单元	公式单元	应付利息	39	公式单元	公式单元
15	存货	9	公式单元	公式单元	应付股利	40	公式单元	公式单元
16	一年内到期的非流动资产	10			其他应付款	41	公式单元	公式单元
17	其他流动资产	11			一年内到期的非流动负债	42		
18	流动资产合计	12	公式单元	公式单元	其他流动负债	43		
19	非流动资产:				流动负债合计	44	公式单元	公式单元
20	可供出售金融资产	13	公式单元	公式单元	非流动负债:			
21	持有至到期投资	14	公式单元	公式单元	长期借款	45	公式单元	公式单元
22	长期应收款	15	公式单元	公式单元	应付债券	46	公式单元	公式单元
23	长期股权投资	16	公式单元	公式单元	长期应付款	47	公式单元	公式单元
24	投资性房地产	17	公式单元	公式单元	专项应付款	48	公式单元	公式单元
25	固定资产	18	公式单元	公式单元	预计负债	49	公式单元	公式单元
26	在建工程	19	公式单元	公式单元	递延所得税负债	50	公式单元	公式单元
27	工程物资	20	公式单元	公式单元	其他非流动负债	51		

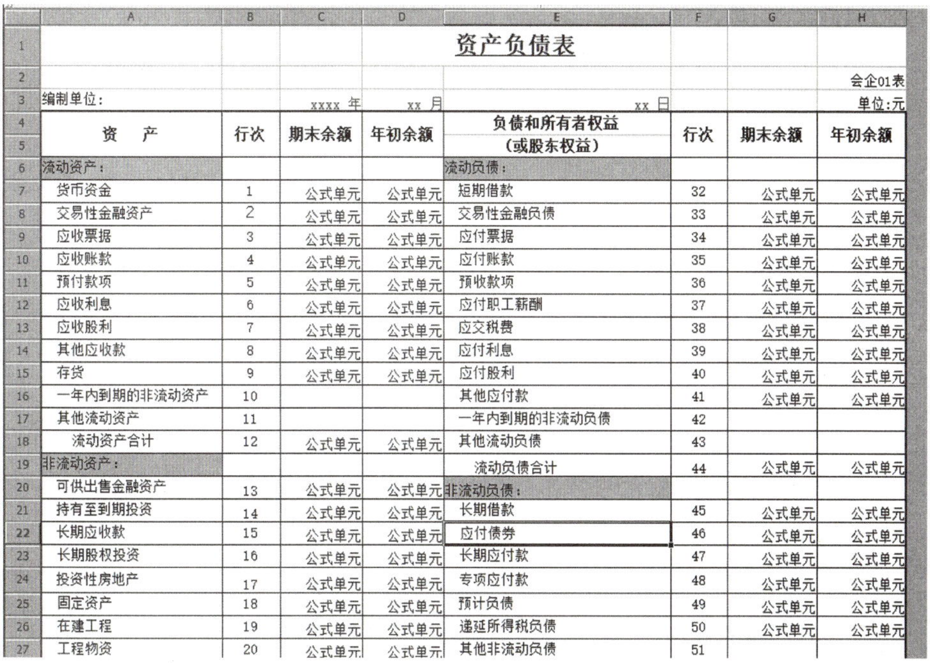

图 5-41　资产负债表模板

(3) 在“审核关系”对话框中输入“C38=G38 MESS“期初资产合计不等于期初负债及所有者权益合计!”””C38=G38 MESS“期末资产合计不等于期末负债及所有者权益合计!””公式,如图 5-42 所示。

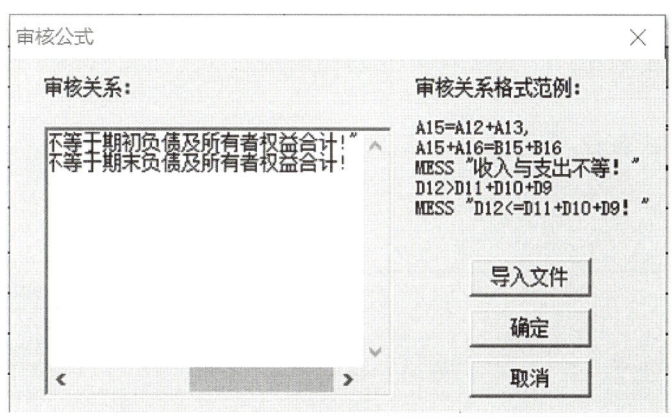

图 5-42　审核公式

(4) 单击“确定”按钮。

3) 生成资产负债表数据

(1) 在“格式”状态下,输入编制单位为“广州新风电器制造有限公司”。

(2) 切换数据状态,执行“数据”—“关键字”—“录入”命令,进入“录入关键字”窗口。

(3) 输入关键字,年为“2024”,月为“03”,日为“31”。

(4) 单击“确认”按钮,弹出“是否重算第 1 页?”提示框。

(5) 单击"是"按钮,系统会自动根据单元公式计算3月份的数据。

(6) 单击"保存"按钮,在"另存为"窗口中,修改文件名为"2024(03)资产负债表",单击"另存为"按钮。

(7) 参照上述步骤,生成2024年3月利润表,此处不再赘述。

> **提示**
> 第一次调用报表模板生成资产负债表以后,需要检查资产负债表中每个项目是否取数,再根据企业需要设置公式。

2. 调用报表模板生成现金流量表主表

示例5.20
调用报表模板生成现金流量主表

1) 调用现金流量表模板

(1) 在UFO报表管理系统中,执行"文件"—"新建"—"格式"—"报表模板"命令,进入"报表模板"窗口。

(2) 选择您所在的行业为"2007年新会计制度科目",财务报表为"现金流量表"。

(3) 单击"确认"按钮,弹出"模板格式将覆盖本表格式!是否继续?"提示框。

(4) 单击"确定"按钮,打开"现金流量表"模板。

2) 调整报表模板

(1) 在已生成的"现金流量表"窗口中,确保为"格式"状态下,单击"C6"单元格。

(2) 单击"fx"图标,进入"定义公式"窗口。

(3) 在"定义公式"窗口,单击"函数向导"按钮,在"函数分类"框中单击"用友账务函数",在右侧的"函数名"列表框中选择"现金流量项目金额(XJLL)"函数,单击"下一步"按钮,进入"用友账务函数"对话框。

(4) 单击"参照"按钮,在"账务函数"窗口中选择与现金流量表项目对应的现金流量项目"01"。

(5) 单击"确定"按钮,返回"定义公式"窗口,如图5-43所示。

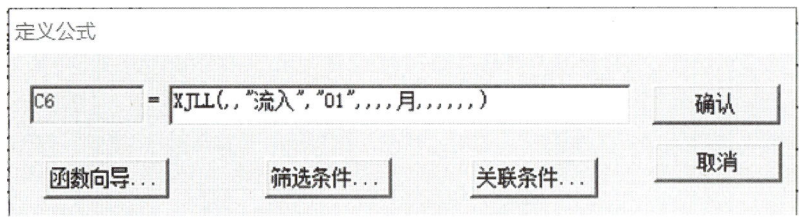

图5-43 现金流量表公式定义

(6) 参照上述步骤,依次输入其他单元公式后,单击"保存"按钮。

3) 生成现金流量表主表数据

(1) 在"格式"状态下,输入编制单位为"广州新风电器制造有限公司"。

(2) 切换"数据"状态,执行"数据"—"关键字"—"录入"命令,进入"录入关键字"窗口。

(3) 输入关键字,年为"2024",月为"03",日为"31"。

(4) 单击"确认"按钮,弹出"是否重算第1页?"提示框。

(5) 单击"是"按钮,系统会自动根据单元公式计算3月份数据,如图5-44所示。

	A	B	C	
1	现金流量表			
2		演示数据		
3	编制单位：广州新风电器制造有限公司	2024年	3月	
4	项　　　目	行次	本期金额	上期
5	一、经营活动产生的现金流量：			
6	销售商品、提供劳务收到的现金	1	141250.00	
7	收到的税费返还	2		
8	收到其他与经营活动有关的现金	3		
9	经营活动现金流入小计	4	141,250.00	
10	购买商品、接受劳务支付的现金	5	385225.00	
11	支付给职工以及为职工支付的现金	6	120175.00	
12	支付的各项税费	7	3950.00	
13	支付其他与经营活动有关的现金	8	51088.50	
14	经营活动现金流出小计	9	560,438.50	
15	经营活动产生的现金流量净额	10	-419,188.50	
16	二、投资活动产生的现金流量：			
17	收回投资收到的现金	11		
18	取得投资收益收到的现金	12		
19	处置固定资产、无形资产和其他长期资产收回的现金净额	13		
20	处置子公司及其他营业单位收到的现金净额	14		
21	收到其他与投资活动有关的现金	15		
22	投资活动现金流入小计	16	-	
23	购建固定资产、无形资产和其他长期资产支付的现金	17	9040.00	
24	投资支付的现金	18		
25	取得子公司及其他营业单位支付的现金净额	19		
26	支付其他与投资活动有关的现金	20		
27	投资活动现金流出小计	21	9,040.00	

图5-44　已生成的现金流量表

(6) 单击"保存"按钮,在"另存为"窗口中,修改文件名为"2024(03)现金流量表",单击"另存为"按钮。

拓展资料

思政小故事

剑指网红偷税,多人偷税被罚上千万!给网络主播偷逃税戴上"紧箍咒"

近几年,直播电商迅猛发展,众多网络主播在"税海"中沉浮,偷逃税现象愈发严重。前有知名主播薇娅因偷逃税被罚13.41亿元,今有多名网红因同样问题"塌房"。2024年,网络主播偷逃税行为频繁曝光。

2024年11月15日,四川、辽宁、浙江等地税务部门依法查处并公布了多起网络主播偷税案件。

(1) 四川省泸州市税务局稽查局依法处理网络主播余洋偷税案件。经查,余洋在2021年至2023年,以个人及其成立的个体工商户名义从事网络直播带货,通过个人账户收款等方式隐匿销售收入,未依法申报纳税,少缴个人所得税、增值税等税费共计805万元。国家税务总局泸州市税务局稽查局依据相关法律法规,对余洋追缴税费款、加收滞纳金并处罚款,共计1431万元。

(2) 税务总局驻沈阳特派办组织辽宁省营口市税务局稽查局依法处罚网络主播田小龙偷税案件。经查,田小龙在2020年至2022年,以个人及其成立的个体服装销售中心名义从事网络直播带货,通过个人账户收取网店销售收入等方式隐匿销售收入,未依法申报纳税,少缴个人所得税、增值税等税费共计735万元。国家税务总局营口市税务局稽查局依据相关法律法规，对田小龙追缴税费款、加收滞纳金并处罚款，共计1 348万元。

（3）浙江省台州市税务局稽查局依法处理网络主播金茜茜偷税案件。经查，金茜茜在2021年至2022年，从事直播表演取得收入，通过将网络直播取得的劳务报酬所得转换为经营所得进行虚假申报，少缴个人所得税125万元。国家税务总局台州市税务局稽查局依据相关法律法规，对金茜茜追缴税款、加收滞纳金并处罚款，共计247万元。

（4）国家税务总局上海市税务局第三稽查局依法处理网络主播王子柏偷税案件。经查，王子柏（网名：柏公子，粉丝量292万）在2021年至2023年，为合作商家指定的商品开展网络直播带货，并在个人账号发布商品宣传推广视频，以此收取带货佣金，通过近亲属个人账户收款等方式隐匿收入，未依法申报纳税，少缴个人所得税、增值税等税费共计749万元。国家税务总局上海市税务局第三稽查局依据相关法律法规，对王子柏追缴税费款、加收滞纳金并处罚款，共计1 330万元。

（5）国家税务总局厦门市税务局第一稽查局依法处理网络主播程虎偷税案件。经查，程虎（网名：厦门小程，粉丝量500万）在2020年至2022年，个人从事网络直播进行商品代销取得佣金收入，并成立个体工商户从事网络直播进行商品销售取得经营收入，通过其个人账户收款等方式隐匿收入，未依法申报纳税，少缴个人所得税、增值税等税费共计121万元。国家税务总局厦门市税务局第一稽查局依据相关法律法规，对程虎追缴税费款、加收滞纳金并处罚款，共计199万元。

2024年12月20日，国家税务总局发布《互联网平台企业涉税信息报送规定（征求意见稿）》，向社会公开征求意见。此前，税务部门已在天津、江西、湖北、广东、湖南五省市开展试点，针对存在虚假申报、偷逃税等行为的经营者，特别是不合规经营的高收入者，偷逃税非法行为将被有效遏制。

案例思考

根据案例内容，思考网络直播从业人员作为公众人物，为何应依法履行纳税义务？

案例分析

思政案例考查点：法律意识与社会责任；税务合规与制度完善；诚信纳税与公平竞争。

网络主播作为公众人物，其行为具有显著的示范效应，理应率先垂范，积极履行纳税义务，为社会树立正面榜样。其偷逃税行为不仅违反了《中华人民共和国个人所得税法》和《中华人民共和国税收征收管理法》，更背离了社会公德和职业道德。诚信纳税是社会文明进步的重要标志，税收源自于民、服务于民，只有诚实缴纳税款，国家才能高效地提供公共服务、基础设施建设等，回馈社会大众。税务部门通过严厉打击偷逃税行为，形成强有力的震慑效应，使网络主播深刻认识到税费并非利润，依法缴税才是应尽的责任。特别是那些被镜头聚焦、粉丝关注、流量加持的头部网络主播，更应严于律己，引领行业形成健康、规范、合法的风气。

目前，电商税务监管已从传统的人治模式转变为智能化、信息化管理，借助数据治税手段，让偷税行为无处藏匿，有效遏制偷逃税款现象，维护公平竞争的市场经营环境。